英語の考古学
英語史提要

マーティン・F・ウェクリン
谷口伊兵衛 訳

THE ARCHAEOLOGY OF ENGLISH

而立書房

目次

はしがき　5
謝辞　6
略語リスト　7
発音記号およびその他の記号　9
言語学用語の略解　10

第1章　考古学　13
第2章　前－英語期　39
第3章　古英語（1150年頃まで）　53
第4章　中英語（1475－1500年頃まで）　107
第5章　初期近代英語（1700年頃まで）　140
第6章　近代英語（現代まで）　199

参照文献および書誌選　234
訳者あとがき　245
索引　247

装幀・大石一雄

英語の考古学
―英語史提要―

Martyn F. Wakelin
The Archaeology of English

©Martyn F. Wakelin 1988
Japanese Version ©2003 by Jiritsu-shobo, Inc., Tokyo

はしがき

　本書は英語史に関して述べたものである。
　別に屋上屋を架すことを意図してはいない。本書の真の目的——この歴史の背後に所在する資料を調査し陳述すること——は，第1章においてさらに説明してある。
　私は学生たちを念頭に置いて本書を執筆した（思うに，彼らが以前にはこの種のアプローチを提案したことはなかった）が，本書が関心のある専門外の人たちをも魅することを切望している。どうしてもやや専門的にならざるを得ない個所もある（これを最小限に留めようと試みはしたけれども）し，そのため，略語（7頁）や記号（9頁）のリスト，さらには，使用した言語学用語の略解（10頁）も添えておいた。本書を読む前や，必要が生じたときにこれらを参照すれば，助けとなるかも知れない。巻末の書誌は，本書で軽く触れただけの話題のいくつかについて，おそらくさらなる読書の示唆となるであろう。
　書物というものは，著者がまったく目ざさなかったやり方で記述される傾向がある。だから，ある程度はこういう傾向もあって，私が当初に思ったよりもかなり重く，例証テクストや，挿し絵や，地図に頼る結果になってしまった。だが，これらは英語の抽象的な歴史の骨格の背後にある，本質的な"身体的"成分を示すのには明らかに必要なものなのである。
　私が本書を私の学生たちに献じたのは，彼らが私にとっては，25年以上もの教育で，絶えざる慰めと刺激の源だったからである。しかしまた，フラン，カティー，およびデイヴィットの諸君に対しては，彼らから助言を得たことに深謝したい。
　　1988年，聖燭節［2月2日］
　　　　　　　　　　　　　　　　　　　　　　　　　　　　　　　M. F. W.

謝　辞

以下の資料の複写を許可されたことに対して深謝したい。

地図 1 : John Morris, *The Age of Arthur* (Weidenfeld and Nicholson, 1973), map 15.
地図 2 および 4 : G. L. Brook, *English Dialects* (2nd ed., Basil Blackwell, 1965), maps 2 & 3.
地図 3 および 10 : M. F. Wakelin, *English Dialects* (2nd, rev. ed., the Athlone Press, 1977), maps 2 & 8.
地図 5 : Paul Thième, 'The Indo-European Language', *Scientific American*, 199, 1958, p. 70.
地図 6 : R. I. Page, *An Introduction to English Runes* (Methuen and Co. Ltd., 1973), fig. 7（改変を加えた）。
地図 7 : M. Kirkby, *The Vikings* (Phaidon Press Ltd., 1970), p. 63.
地図 8 : M. F. Wakelin, *Patterns in the Folk Speech of the British Isles* (the Athlone Press, 1972), p. 75（改変を加えた）。
地図 9, 11 および 12 : the Survey of English Dialects（白地図）。
地図 13 : K. Sisam, *Fourteenth-Century Verse and Prose* (Clarendon Press, 1921), p. viii.
地図 14 : M. Gilbert, *American History Atlas* (Weidenfeld and Nicholson, rev. ed., 1958), map 9.
地図 15 : M. F. Wakelin, *Language and History in Cornwall* (Leicester University Press, 1975), map 23.
地図 16 : W. Viereck, 'On the Interrelationship of British and American English', in W. Viereck (ed.), *Focus on: England and Wales* (John Benjamins, 1985), p. 279.
地図 17, 18 および 20 : L. H. Burghardt (ed.), *Dialectology: Problems and Perspectives* (University of Tennessee, 1971), figs. 21, 10 & 17（改変を加えた）。
地図 19 : H. Orton and N. Wright, *A Word Geography of England* (Seminar Press, 1974), map 10 A（改変を加えた）。
R. W. V. Elliott, *Runes* からの資料 (pp. 18, 34, 38, 91-92) は著者および Manchester University Press (1959) の許可を得て複写。
Cawdrey の *Table Alphabeticall* は *Facsimile Reproductions* (R. A. Peters の序論付き) から複写。
OED 'Kirk' は Oxford University Press の許可を得て複写。
ヨークシャーの *Olmenac* のページは Yorkshire Dialect Society の許可を得て複写。
Bridekirk Font 碑文の写真は Dr. R. I. Page より，氏の許可を得て本書に掲載。
Beowulf および *Festial* の複写は British Library の厚意による。

略語リスト

一般的なもの

acc.	accusative（対格）
adj.	adjective（形容詞）
adv.	adverb（副詞）
A. Fr.	Anglo-French（英－仏語）
A. N.	Anglo-Norman（アングロ・ノルマン語）
A. S.	Anglo-Saxon（アングロ・サクソン語）
dat.	dative（与格）
Du.	Dutch（オランダ語）
Fr.	French（フランス語）
I. E.	Indo-European（インド・ヨーロッパ語族）
inf.	infinitive（不定詞）
Kt	Kentish (O. E.)（ケント方言）
Lat.	Latin（ラテン語）
L. G.	Low German（低地ドイツ語）
Mcn	Mercian（マーシア方言）
M. E.	Middle English（中英語）
Mod. E.	Modern English（近代英語）
n.	noun（名詞）
Nb	Northumbria(n)（ノーサンブリアの）
nom.	nominative（主格）
Norw.	Norwegian（ノルウェー語）
n. r.	not recorded（記録なし）
O. E.	Old English（古英語）
O. H. G.	Old High German（古高地ドイツ語）
O. N.	Old Norse（古ノルウェー語）
O. S.	Old Saxon（古サクソン語）
P. G.	Primitve Germanic（原始ゲルマン語）
pl.	plural（複数）
p. p.	past participle（過去分詞）
Pr. E.	present-day English（現代英語）
pr. p.	present participle（現在分詞）
pr. sg.	present tense singular（現在時制単数）
pr. t.	present tense（現在時制）

p. t.	past tense（過去時制）
sg.	singular（単数）
St. E.	Standard English（標準英語）
Sw.	Swedish（スウェーデン語）
v.	verb（動詞）
W. G.	West Germanic（西ゲルマン語）
W. S.	West Saxon（西サクソン語）

各州

Cambs	Cambridgeshire（ケンブリッジシャー）
Lancs	Lancashire（ランカシャー）
Lincs	Lincolnshire（リンカーンシャー）
Nb	Northumberland（ノーサンバーランド）
Notts	Nottinghamshire（ノッティンガムシャー）
Yks	Yorkshire（ヨークシャー）

著書，雑誌，等

ASC	The *Anglo-Saxon Chronicle*（『アングロ・サクソン年代記』）
DB	Domesday Book（土地台帳）
EDD	WRIGHT, J., ed., *The English Dialect Dictionary,* OUP, 1898–1905
EDG	WRIGHT, J., *The English Dialect Grammar,* OUP, 1905
EEP	ELLIS, A. J., *On Early English Pronunciation, Part V,* EETS, 1889
EETS	Early English Text Society（O. S.='Old Series'）
OED	*Oxford English Dictionary*
SED	ORTON, H., et al., *Survey of English Dialects,* E. J. Arnold, 1962–1971
TYDS	*Transactions of the Yorkshire Dialect Society*

発音記号およびその他の記号

文字 b, d, f, g, h, k, l, m, n, p, s, t, v, w, z は現代英語の綴りが表わす音価と大体同じである。残余の文字の音価は概略以下のとおり。

母音

a	c*a*t		ɔi	c*oy*
a:	a の長音		əu	r*oa*d
æ	ɛ と a の中間		au	h*ou*se
æ:	æ の長音		iə	h*ea*r
a:	l*a*st		ɛə	h*ai*r
e	Fr. th*é*		ɔə	m*ore*
e:	e の長音		uə	g*our*d
ɛ	p*e*t			
ɛ:	*ai*r			

子音

i	b*i*t		tʃ	*ch*ur*ch*
i:	b*ea*t		dʒ	*j*u*dge*
o	Fr. *eau*		ʃ	*sh*eep
o:	o の長音		ʒ	lei*s*ure
ɔ	b*o*ttom		ç	ドイツ語の ni*ch*t
ɔ:	b*ou*ght		x	ドイツ語の a*ch*, スコットランド語の lo*ch*
u	p*u*t		ɣ	ドイツ語の sa*g*en
u:	r*u*de		θ	*th*in
ə	*ch*ina		ð	*th*en
ə:	b*i*rd		j	*y*es
ø	Fr. p*eu*		β	スペイン語の Bil*b*ao
ø:	ø の長音			
œ	Fr. f*eui*lle			
œ:	œ の長音			
y	Fr. t*u*			
y:	y の長音			

その他の記号

∥	音韻記号
[ ]	音声記号
~	二者択一
<	に由来
>	に変化
*	仮想形を示す

二重母音

| ei | pl*ay* |
| ai | k*i*nd |

言語学用語の略解

[注：以下の用語リストは，本書で用いられている意味だけの定義である。]

語形論（accidence）：名詞，動詞，形容詞，等の語尾を扱う，文法の一部門。

アングロ・ノルマン語（A. Fr., A.N.）：ノルマン人のイングランド征服後，イングランドで発達したフランス語方言。

定冠詞（definite article）：Pr. E. の *the*.

不定冠詞（indefinite article）：Pr. E. の *a, an*.

同化された（assimilated）：隣接した音が互いにより密接になること。例：*comfort* < O. Fr. *confort* において /n/>/m/ になったように。

後母音（back vowel）：口の奥の軟口蓋のほうへ舌の後部を持ち上げて発音される母音。例：/aː/, /uː/. Cf. 前母音。

後（または軟口蓋）子音（back (or velar) consonant）：子音に対して，上と用じようにして発音される。例：/k/, /x/, /ŋ/.

両唇子音（bilabial consonant）：両唇を合わせて発音される子音。例：/p/, /b/, /m/.

中舌音化（centralization）：口の中央へ向けての母音の動き。

同語源の（cognate）：同一の祖先ないし語根から派生している，したがってまた，関係があるか同類であること。

"含有する"（'contain'）：言語の或る段階の語は，それ以前の段階から受け継いた或る音を"含有する"と言われることもありうる。たとえば，*make, grade* は M. E. の *ā* を"含有する"というように。

二重母音（diphthong）：母音とわたり音（glide）との結合（発声器官が一つの位置から他の位置へと移動するにつれてつくられる音）。例：*gate* における /ei/, *house* における /au/（ただし，二個の文字の結合——たとえば，æ, œ——たる**二重字**（digraph）とは区別しなければならない）。

重複複数（double plural）：既存の pl. に新たな pl. 語尾が加わっている名詞。例：M. E. *childre* pl.+pl. ending-*en*.

語末音(的な)（final(ly)）：語末にある音。例：*rat* における /t/。Cf. 語頭音(的な)，および語中音(的な)。

前子/母音（front consonant/vowel）：口の前部の硬口蓋のほうへ舌の前部を上げて発音される子音または母音。例：/ç/, /j/, /iː/, /ɛ/.

前舌音化（fronting）：口の前部への或る音の動き。

傍注（glosses）：初期の作品における，本文中の語の説明的翻訳。通常，行間または余白になされる。**注解集**（glossary）は元来，こういう傍注の集成のことであって，こうして後には，一種の辞典となったのである。

過剰修正による発音（hypercorrect pronunciation）：正しさを目指すあまり，実際

にはありもしない特徴に適合している発音。例：*awful* とか *onward* における過剰修正の /h/。

屈折 (inflexion)：文法的関係を表わすための或る語（例：名詞，動詞）の末尾における語形変化。例：複数性，時制，等。

語頭音(的な) (initial(ly))：語頭に現われる音。たとえば，*tractor* における語頭音 /t/, *action* における語頭音 /a/。

母音間の (intervocalic)：二個の母音の間に現われる一個の子音。たとえば，*coming* における母音間の /m/。

語彙上の (lexical)：一言語ないし方言の語彙集に関係していること。

借用語 (loan-word)：他の言語または方言から採用された語。例：*window* < O. N. *vindauga, mushroom* < Fr. *mousseron.*

長母音 (long vowel)：短母音の約2倍の長さで発音される母音。例：*cart* における /a:/, *fool* における /u:/ (*cf. cat, full*)。

低舌化 (lowering)：口の中のより低い位置（つまり，より開いた位置）で或る母音を発音すること。たとえば，母音は /ɛ/ から /a/ へと**低舌化**されると言ってよい。*Cf.* 高舌化。

語中音(的な) (medial(ly))：語中に現われる音。例：*bottle* における /t/。

古ノルウェー語 (Old Norse)：一グループとしてのスカンジナヴィア諸語のより古い段階を指す名称。

硬口蓋音 (palatal)：舌の前部が口の前部に近い硬口蓋に触れるか，かすかに触れることによって発音される，母音または子音を指す。例：/y/, /ç/。後母音または後子音は硬口蓋音化されてもかまわない。たとえば，/u:/ > /y:/, /x/ > /ç/ となってもかまわない。

音素 (phoneme)：一言語または方言の体系において，対照を成す音の最小単位。例：*bad* における /a/ は，*bed* における /ɛ/, *bid* における /i/ とは区別される。

高舌化 (raising)：口の中のより高い位置（つまり，より閉ざされた（位置）で或る母音を発音すること。たとえば，/a/ から /ɛ/ へと，母音は"高舌化"されうる。

後寄らせ (retraction)：ある母音を口の中の後方の位置へ寄らせること。

反り舌の /r/ (reverted /r/)：イングランド南西部，アイルランド，アメリカの一部地域におけるように，舌を口の奥へ反らせて発音させる一種の /r/。

丸め音 (rounding)："円唇" (rounded) 母音は，両唇を丸くつぼめることによってできる音。たとえば，/ɛ/ は両唇を丸めることにより，/œ/ になるし，/i/ は /y/ になるうる。非円唇化 (unrounding) は逆の過程である。

強勢のある母音 (stressed vowel)：ある語のもっとも優勢な音節において用いられる一母音。例：*cábbage, achiéve.*

統語論 (syntax)：文中での語の配列法を扱う，文法の部門。

有声音化（voicing）：気管が狭められるとき，声帯を通過する肺からの呼気によって生じる震動の効果を意味する，音声学用語。声帯を震動させることにより，"有声"音を生じさせるのである。たとえば，/v, z, b, g/ は，無声音——たとえば /f, s, p, k/（これらは声帯を広く開いた位置でつくられる）——とは区別される。"有声音化"の過程はしたがって，無声子音を有声子音にすることを意味する。例：/f/＞/v/, /p/＞/b/.

第1章　考古学

1.1　前置き

　チェンバーズ『20世紀辞典』によると，"考古学"とは「人類の古物の科学的研究」だという。もちろん，英語は他のいかなる言語同様，たんなる古物ではなくて，永続している一つの伝達・表現法である。けれども，まさしくそれには過去があるがゆえに，"考古学"として研究できるのである——ちょっとこの語の意味を拡大しようとするだけで。

　実際の言葉遣いでは，考古学とは「過去の掘り起こし」を意味するし，本書の目的は，過去の英語（話されたものも書かれたものも）を「掘り起こし」，かつそれを必要な場合（特に初期に関して）は考古学のやり方で再構して，英語およびその祖先が幾世紀もずっとどういう状態であったのか証拠を提示することにある。ことさら大袈裟に英語の歴史を謳ってはいないが，若干の個所では，要約および説明上の目的からだけであれば，抽象的な用語としての歴史が表われざるを得ない場合もある。むしろ本書の目的は，そういう歴史の背後に，さまざまな時代における英語の状態の記述，碑文，写本，地名，あらゆる種類の書き物，といった形で存在している"物理的な"証拠を提示することにある。しかし，この主題に新たに立ち向かおうとしている読者諸賢のためには，第一章後半で英語史の概要が述べられている。

　"歴史"とは変化を意味するし，このことは他のいかなるものに劣らず，言語の歴史についても真である。われわれが探しているのは幻灯のスライドではなくて，映画(フィルム)なのだ (Foster, 1970) とは，けだし至言である。言語変化の正確な理由にはわれわれは確信がないのだが，しかし理由は多様だし，それらには，社会的，政治的，経済的，宗教的，工学的要因，他のもろもろの言語や方言からの影響，言語使用上の流行，ならびに，世代から世代にわたって生起し，究極的にはときとして発音に激変を生じさせる，人間の発声器官の動きにおける段階的——したがって，ほとんど気づかれない——変化も含まれる。これは一大テーマであり，言語史家たちに委ねたほうが間違いなかろうが，とにかく，言語変化の結果が意味するところから，便宜上，われわれは言語を歴史時期

——"古英語"，"古フランス語"，"中期高地ドイツ語〔11-15世紀〕"，"現代スウェーデン語"，等々——に区分できるのである。英語に関する限り，われわれは慣習上それを"古英語"ないし"アングロ・サクソン語"（起源より1150年頃まで），"中英語"（1475-1500年頃まで），"初期近代英語"（1700年頃まで）および"近代英語"（現代に至るまで）に区分している。これらの年次はもちろん，慣例的である。なにしろ，言語は絶えず変化するのであって，固定した時代に変化するのではないからだ。けれども，主たる変化はだいたい上記の年次に生起しているのが看取できるし，われわれとしてもこれらの変化をこれから概観することになろう。

　周知のとおり，英語も時間および空間を通じて変遷している。すなわち，いかなる特定の時期でも，たとえば，ヨークシャー〔イングランド北部の旧州〕の英語は，コーンウォール〔イングランド南西端の州〕のそれとは違うであろうし，ニューカッスルの英語はプリマスのそれとは違うであろうし，グレートブリテン島の英語はアメリカのそれとは違うであろう。これらの相違の根底に所在する証拠をも，われわれはこれから考察しなければなるまい。

　言語は話された形でも書かれた形でも存在しうるし，両者はもちろん連関しているとはいえ，きっぱり異なる。綴り方とこれが表わす音との関係はしばしば解説されている。たとえば，*bough*, *bought*, *rough* における -*ough* なる綴り方は周知の事例だ。つまり，綴り方（*ough*）は同じでも，発音は英語の音声の展開様式のゆえに，相違しているのである。だから，綴り方の歴史と発音の歴史とは異なるし，われわれは綴りと同じようには必ずしも発音していないし（人によっては，そうすべきだと誤った考え方をしているが），さもなくば，われわれはたとえば，*knight* と *science* のような単語に関して恐ろしい難儀に陥ることであろう。前者では，かつては口語で実際に発音されていた *kn* と *gh* は，今日では消失したが綴り方では残存している。後者では，同じ音 /s/ が初めは *sc* で，後ろは *c* だけで表わされている。

　もちろん，現代英語時代に至るまで，われわれがもっているのは書かれた証拠のみであるが，書かれた，もしくは印刷されたページの背後にある口語の音をわれわれは驚くほど再構することができるのであって，このことが以下のページにおいて明らかになることを私は期待するものである。われわれはまた，言語を主たる3レヴェルから研究している——音声ないし音韻論（ストレス，

リズム，イントネーションを含む）のレヴェル，文法（語尾，名詞，動詞，文中の語順，等）のレヴェル，そして語彙ないし語彙論（レクシス）のレヴェルから。われわれはまた，書かれた言語を扱う際には，写本ないし印刷されたページでその言語を表わしている綴り方や句読法をも考慮に入れなければならない。

これまでの数パラグラフで私が書いたことを例証するために聖マタイによる福音書第 17 章の最初の 5 節から，最初期より今日までのさまざまな時期にラテン語原文からの訳（初めの二つ），ギリシャ語原文からの訳（後の二つ）を以下に掲げておく。

注記 テクスト 1 の中の母音上の長音符（マクロン）は，"短" 母音から "長" 母音を区別するために用いられる。これはまったく編集上の工夫であって，元の写本には現われていない。たとえば，長音 o と短音 o（O. E. $\bar{o}$ と o）との区別は，元の著者たちによっては明白になされていないにせよ，現代の読者はこの区別を理解することが重要である。O. E. の単語で写本では god（たとえば，テクスト 1，6 行目）と綴られているものは，母音の "長さ" に応じて二つのことを意味しうる。もしそれが長音 $\bar{o}$（= /o:/）であれば，この語は Pr. E. 'good' を意味するし，現在ではそのようになっている。もしそれが短音 o（/o/）であれば，この語は Pr. E. 'God' を意味するし，現在ではそのようになっている。同様のことは，たとえば，O. E. $r\bar{\imath}dan$（長音の $\bar{\imath}$）'to ride' と ridon（短音の i）'rode'（pl.）にも当てはまる。

テクスト 1

And æfter six dagum nam[1] se Hælend[2] Petrum, and Iacobum, and Iohannem, hys brōðor, and lædde hig on-sundron[3] on ænne heahne munt,[4] and he wæs gehīwod[5] beforan him. And his ansȳn[6] sceān swā swā[7] sunne; and hys reaf[8] wæron swā hwīte swā snāw. And efne[9]! ðā[10] ætȳwde[11] Moyses and Helias, mid[12] him sprecende. Ðā cwæþ[13] Petrus to him, Drihten,[14] gōd ys ūs hēr tō bēonne. Gyf ðū wylt, uton[15] wyrcean[16] hēr þrēo eardung-stōwa,[17] ðē āne, Moyse āne, and Helie āne. Him ðā gyt sprecendum, and sōþlīce[18]! ðā beorht wolcn[19] ofersceān,[20] and ðā efne ! cōm stefn[21] of ðām wolcne, and cwæþ, Hēr ys mīn leofa[22] sunu, on ðām me welgelīcaþ,[23] gehȳraþ hyne.

¹took ²the Lord ³together ⁴mountain ⁵transfigured ⁶countenance ⁷as ⁸garments ⁹lo, behold ¹⁰then ¹¹appeared ¹²with ¹³said ¹⁴Lord ¹⁵let us ¹⁶make ¹⁷'dwelling-places' ¹⁸truly ¹⁹cloud ²⁰shone over ²¹ voice ²²dear, beloved ²³pleases well

(West Saxon Gospels, MS Corpus Christi College, Cambridge CXL, dated *c.* 1,000)

テクスト2

And after sexe dayes Jhesus toke Petre, and Jamys, and Joon, his brother, and ledde hem asydis in to an hiʒ hill, and was transfigured bifore hem. And his face schoon as the sunne; forsothe his clothis were maad white as snow. And lo ! Moyses and Helye apperiden to hem, spekynge with hym. Sothely Petre answerynge seid to Jhesu, Lord, it is good vs to be here. ʒif thou wolt, make we here three tabernaclis; to thee oon, to Moyses oon, and oon to Helie. ʒit hym spekynge, loo ! a liʒty cloude shadewid hem; and loo ! a vois of the cloude, seyinge, This is my derworth sone, in whom I haue wel pleside to me; heere ʒe hym.

(Wycliffite version, *c.* 1382)

テクスト3

And after six days Jesus taketh Peter, James, and John his brother, and bringeth them up into an high mountain apart, and was transfigured before them: and his face did shine as the sun, and his raiment was white as the light. And, behold, there appeared unto them Moses and Elias talking with him. Then answered Peter, and said unto Jesus, Lord, it is good for us to be here: if thou wilt, let us make here three tabernacles; one for thee, and one for Moses, and one for Elias. While he yet spake, behold, a bright cloud overshadowed them: and behold a voice out of the cloud, which said, This is my beloved Son, in whom I am well pleased; hear ye him.

(Authorized Version, 1611)

テクスト 4

Six days later, Jesus took with him Peter and James and his brother John and led them up a high mountain where they could be alone. There in their presence he was transfigured: his face shone like the sun and his clothes became as white as the light. Suddenly Moses and Elijah appeared to them; they were talking with him. Then Peter spoke to Jesus. 'Lord,' he said, 'it is wonderful for us to be here; if you wish, I will make three tents here, one for you, one for Moses and one for Elijah.' He was still speaking when suddenly a bright cloud covered them with shadow, and from the cloud there came a voice which said, 'This is my Son, the Beloved; he enjoys my favour. Listen to him.'

(The Jerusalem Bible, 1966)

〔参考訳〕

六日後，イエズスはペトロとヤコボとその兄弟ヨハネを連れて，人里離れた高い山に登られた。そして，彼らの前で姿が変わり，顔は太陽のように輝き，服は光のように白くなった。そのとき，モーゼとエリアが現れ，イエズスと語り合った。ペトロが口をはさみ，「主よ，私たちがここにいるのはよいことです。お望みなら，私はここに三つの幕屋をつくります。一つはあなたのために，一つはモーゼのために，一つはエリアのために」とイエズスに言った。ペトロがなお話し続けていると，光る雲が現れ，雲の中から，「これは私の愛する子，私の心にかなうものである。これに聞け」と声があった。

（フェデリコ・バルバロ訳『新約聖書』，講談社，1981², 46頁）

ちらっと眺めただけでも，われわれが既述したすべての"〔3〕レヴェル"で各テクスト間のごく明白な相違が見つかるだろう。綴り方を別にすれば，もっとも明白な違いは，語彙のそれである。はっきり言えば，各単語が異なるのは，古英語期と中英語期の間に英単語にかなりの変化があったからなのだ。いわゆる文法的な語，*hig* 'them'，*pam* 'that' および 'whom'，*hyne* 'him' を別にしても，現代の読者には認識し難いであろうさまざまな語が 23 個ばかり

存在するので，これらには注釈を付しておいた。ただし，*beforn* 'before' や *gehȳraþ* 'hear' のような語に注釈がついていないのは，これらは明らかに現代の英単語の先祖であり，したがってこれと"違って"はいないからである。

　約400年後に，驚くべき変化が生じた。つまり，ウィクリフの訳では，現代の読者にただちに理解できないような語ははなはだ僅かである。若干の語は *asydis, forsothe, ȝif, oon, liȝty,* 等のように，やや馴染みが薄い外見をしているけれども。また17世紀初期からは，明らかに，語彙は古風な散文の感を漂わせている——*taketh, did shine, if thou wilt, spake,* 等——とはいえ，今日のものとほとんど同じである。

　語彙に次いで，初期の英語を現代の読者にかくも"外国風"に見えさせているのは，おそらく文法であろう。古英語はラテン語，ロシア語，ドイツ語のそれに近似した文法形式を有する言語だった。すなわち，いわゆる"格"なる，さまざまな語尾を用いて，語どうしの関係を表現していたのである。たとえば，*æfter six dagnum* 'after six days' はいわゆる'与'格の複数名詞 *dagum* をもつ文法的な一つの句である。他方，*eardung-stōwa* は，動詞 *wyrcean* のたんなる目的語であって，'対'格（または目的格）になっている。ウィクリフの時代までに，当初の英語が持っていた格語尾の入念な体系が大規模に破壊されていたことは明白である。

　古英語における名詞語尾の入念さは，動詞の機能法における同様の複雑さに匹敵している。特に語尾は現代の読者には異様に映る。たとえば，p. p. *gehiwod* 'transfigured'（ここの *-od* の語尾は Pr. E. の先祖であるし，だから，それほど馴染みが薄いわけではない）；pr. p. *sprecende* 'speaking'（ウィクリフの訳では，*-ende* は綴り方は古形だが，今や見馴れた *-ing* の形になっている）；命令法 *gehȳraþ* 'hear'（ウィクリフの訳では，*-aþ* なる語尾を失ってしまっている）。しかしながら，一，二の古形は14世紀にも残存している。たとえば，p. t. pl. *apperiden* は O. Fr. の語が英語に適応させられたものであって，1250年初頭から英語にも見つかるのである。

　聖書の O. E. 訳および M. E. 訳の土台になっているのは，聖ヒエロニムス（340?–420）がギリシャ語原典からラテン語に訳した"ウルガタ"聖書であるが，欽定訳聖書（1611年）はギリシャ語写本の原典から訳されたものであって，17世紀には知られるところとなった。これの動詞形はギリシャ語原文に忠実

に従っており，ギリシャ語が pr. t. から p. t. に変わるときにはそれを踏襲しているのに対して，初期の訳はいずれもどこでも p. t. で訳されているだけである。このことはわれわれに，古英語に始まった別の古い特徴，つまり，3 pr. sg. の動詞語尾 -eth の一，二の実例——*taketh, bringeth*——を供してくれる。これは最終的には，-es または -s の語尾で置き換えられた——*takes, brings* のように。古い p. t. 形のいくつかは欽定訳聖書でも残存している——*did shine, spake* のように。

　O. E. テクストでは，代名詞は Pr. E. のものと異なることがある。つまり，*hig* 'them' (対格)，*him* 'them' (与格)——これはウィクリフ訳では *hem* として残っている——。定冠詞 'the' は *se* であり，これはその後の訳では現われていないし，もし現われたとしたら，*the* になっていたであろう。初めの三つのテクストでは，*thou, thee* (O. E. *ðū, ðē* が保持されているが，しかし *ȝe/ye* がウィクリフ訳および欽定訳では，主語の形での pl. の"丁寧"形として現われていた。最後に"文法"の面で気づくことは，統語法（単語の配列法）がときどき初期の時代では異なっていることだ。つまり，*nam se Hælend* 'the Lord took' (O. E. では動詞が主語の前に置かれている); *make we here three tabernaclis; then answered Peter; hear ye him,* といった具合である。

　古英語では三つの見慣れぬ字 *æ, ð, þ* が現われており，それぞれ，/æ/, /θ/ 〜/ð/ の音価を有する。続くテクストでは，*æ* は *a, þ* や *ð* は *th* として現われている。第一テクストのやや近代化された訳では，A. S. の *ȝ* が隠されているが，ウィクリフ訳ではそれが露わになっている——たとえば，*ȝif* 'if' や *liȝty* 'bright' において。中英語では *ȝ* はヨッホ（yogh）として知られており，(*ȝif* における) *y* または (*liȝty* における) *ch*——ドイツ語 *nicht* におけるのと同じ——の音価をもつ。後者の *ch* はまた，*gh* でも表わされ得たことは，欽定訳テクストに見られるとおりである（ただし，この音はこの頃までに英語からすっかり消え失せていた）。

　終わりに，O. E. テクストと他の諸テクストとの間のもっとも顕著な相違の一つは O. E. において *ā*(/a:/)で綴られた単語が後には，*o* または *oo*（= /ɔ:/）となることである——*āne* 'one' が *oon* となるように。つまり，O. E. の長音 /a:/（Pr. E. *hard* におけるような）が，今や /ɔ:/（Pr. E. *hoard* におけるような）となったのである。

第 1 章　考古学

上述したことで，英語が幾世紀もの間にいかに大きく変化したかということをお分かり頂けたものと思う。こうした変化の背景として，以下の簡略な歴史概観では，英語の起源と発達を素描することにする。

1.2　アングロ・サクソンの侵入と定住

　英語が沿岸に初めて現われたのは，アングル族，サクソン族，ジュート族，および若干のフリジア人が北海沿岸の低地帯の平原や森からここに到着したときである。彼らは土着のケルト語文明をかき乱したのであり，たぶん一，二世紀の間に，この文明は（若干の追い散らされた奴隷を除き）低地地帯の全域から放逐され，以後高地地帯に押し込まれてしまった。最終的には，アングロ・サクソン族が絶えず入り込んだために，地理上三つの異なる区域――大雑把に言って，今日のデヴォン州とコーンウォール州，ウェールズ地域，および"カンブリア州"（スコットランド南西部とイングランド北西部の区域）――に分かれる結果になった。ケルト語のもう一分枝は，北スコットランド，およびアイルランド全土で話されてきた。

　尊者ベーダ（673?-735）および『アングロ・サクソン年代記』（*ASC*）によれば，アングロ・サクソンの侵入の主たる急襲は5世紀中葉だったことになるのだが，実際には，ゲルマン族の仲間たちがおそらく2世紀以来，ここに到達していたであろう。今日われわれがアングロ・サクソン族と呼んでよいものの到来は，明らかに，ヴォーティガンというケルト族の王による招待に応じてのことだった。彼はローマ人たちが去った後，ブリテン島から敵の侵入者たちを撃退するのを手助けしてくれるようにゲルマン族に頼んだのである。アングロ・サクソン族は頼みに応じたのだが，しかし到着してから，居残ることに決めたのであり，結果として，ケルト人（つまりブリトン人）は，イングランド人が国の中心から北海へと流れ込む大河の上流に進むにつれて，ますます西方へと押しやられたのである。けれども，多くのケルト人奴隷たちはイングランドのあらゆる部分に居残ったのであり，*wal*（O. E. *walh* または *wealh* 'foreigner'，その後 'Briton'）なる要素――たとえば，*Walcott, Walton* におけるような――は，しばしばこのことの証拠となっている。ケルト語方言は高地地帯として知られているところで話され続けてきたし，遺物の形で現代まで，この地区のあちこちに残存したのである。

1. 英語の原郷

第1章 考古学

1.3　原始ゲルマン語とインド・ヨーロッパ語族

　ゲルマン民族の話していた言語は西ゲルマン語の一方言であって，古サクソン語や古高地ドイツ語といった他のもろもろと同族であった。逆に，西ゲルマン語の諸方言はすべて，より大きなゲルマン語族——スカンジナヴィアの諸方言（スウェーデン語，ノルウェー語，デンマーク語，アイスランド語）およびゴート語を含む——の一部だった。しかも西ゲルマン語族そのものとても，インド・ヨーロッパ語族として知られる大きな語族の一部なのである。インド・ヨーロッパ語族は，ケルト語派（ウェールズ語，ブルターニュ語，ゲール語，等）やイタリック語派（たとえば，ラテン語およびその子孫——イタリア語，スペイン語，フランス語，等——）のような，おそらく，中央ヨーロッパに起源を有していたと思われる，周知の語派をもほかに含んでいる。

1.4　文語の古英語

　最初期のアングロ・サクソン人たちは，ゲルマン民族に共通の，ルーン文字（*runes.* 主として材木，石，鉄の上に彫られ，たぶん魔術的な目的をもっていたらしい）として知られている，はなはだ古い角ばった形を用いたことを別にすれば，文盲だった。ルーン文字はキリスト教時代でも十分に用いられ続けたのであり，たとえば，有名なラスワル十字搭（Ruthwell Cross）では，「十字架の夢」（*The Dream of the Rood*）の一部〔39‒64行〕がこの文字で彫られているのである。

　ローマ書体で見つかる最初のアングロ・サクソンの書き物は，アイルランドの宣教師たちが導入したものであって，彼らはさまざまなやり方でアイルランド式ラテン語アルファベット様式を補ったのである。彼らはソーン（*thorn.* þ）およびウェン（*wen, wynn.* ƿ）という二つの古いルーン文字を用いた——それぞれ，/θ/〜/ð/ および /w/ と発音される——し，前者〔þ〕を表わすのにアイルランド式ラテン文字 ð に斜線を加えたのだった。ラテン文字 æ, ae, および *e* の異形たる œ, oe が O.E. の音を表わすのに用いられた——たとえば，*æfter, wæs,* および（Nb）*groene* におけるように。

1.5 O.E. の方言

アングロ・サクソン語は8世紀以降、ノーサンブリア方言 (Nb. ハンバー川以北の文語)、マーシア方言 (Mcn. 大雑把に言って、テムズ川とハンバー川との間)、ケント方言 (Kt. 主としてイングランド南東部)、および西サクソン方言 (W. S. 大雑把に言って、テムズ川南部) として知られる、いくつかの方言の形で現われている。この最後の方言はアングロ・サクソン語後期に、アルフレッド王のウェセックス王国が目立つようになるにつれて、文語の標準となったのであり、他の諸方言による書き物もこの方言へ翻訳される傾向があった。このような文語の方言上の多様性の背後に、口語の多様性を前もって推定するとは自然かつ賢明であるのだが、ことの本質上、これを証明することは不可能である。

1.6 O.E. の文法

すでに述べたように、古英語は"屈折"語だった。つまり、単数および複数ともに名詞には四つの"格"があったのであり、これらにより、名詞の相互のつながり具合を表現していたのである。同じことは、男性、女性、中性の形容詞にも言える。代名詞と定冠詞には、若干のはなはだ充実した体系があった。動詞には多数の異なる種類があった。おそらく現代ドイツ語のそれにもっとも比べられうるであろう、この体系は、以後の諸時期に大いに簡素化された。

手短な実例を挙げると、'stone' を表わす O.E. の語は次のとおりである。

Sg. 主格：*stān*──主語，'this stone is heavy'.
　　対格：*stān*──目的語，'I picked up a stone'.
　　属格：*stānes*──所有格，'the stone's colour was beautiful'.
　　与格：*stāne*──with, by, to, from, for（etc.）a stone.
Pl. 主格：*stānas*──主語，'these stones are heavy'.
　　対格：*stānas*──目的語，'I picked up some stones'.
　　属格：*stāna*──所有格，'the stone's colours were beautiful'.
　　与格：*stānum*──with, by, to, from, for（etc.）stones.

他方、'door' を表わす O.E. の語は次のように語形変化する。

Sg. 主格および対格：*duru*.

第1章　考古学　23

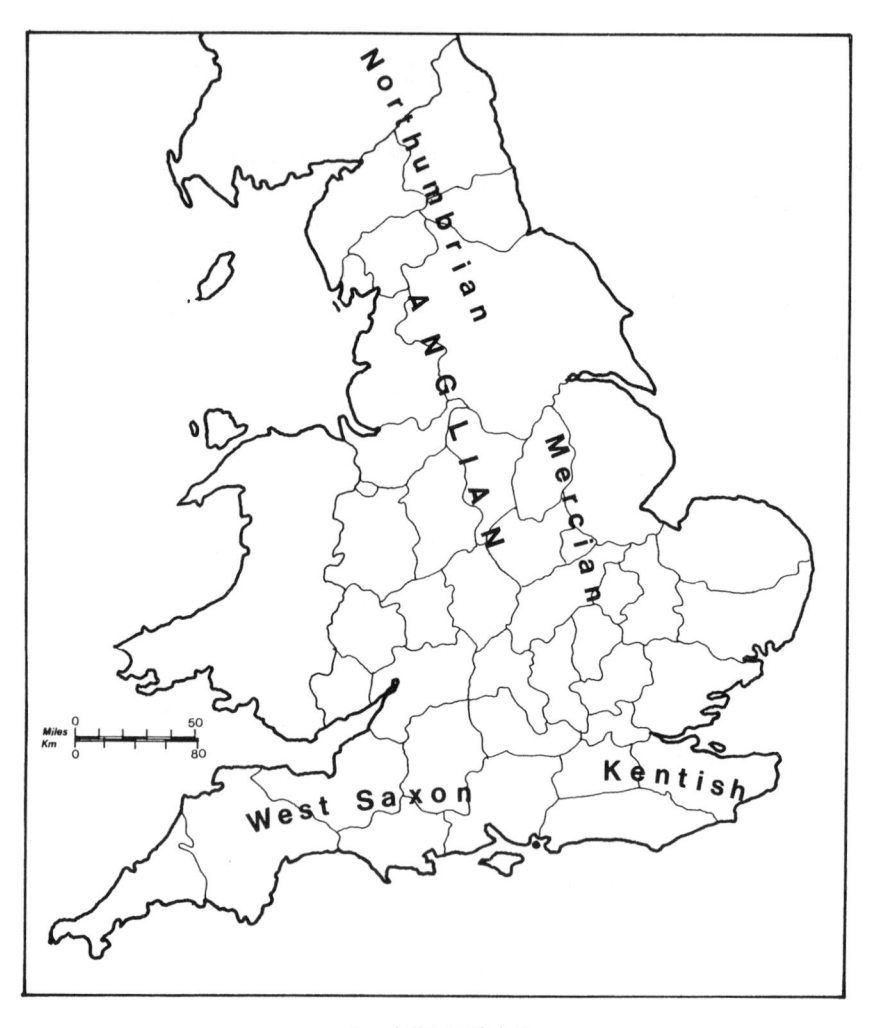

2. 古英語の諸方言

   属格および与格：*dura*.
- Pl. 主格，対格および属格：*dura*.
   与格：*durum*.

他方，O. E. の 'eye' はこうなる。
- Sg. 主格および対格：*ēage*.
   属格および与格：*ēagan*.
- Pl. 主格および対格：*ēagan*.
   属格：*ēagena*.
   与格：*ēagum*.

　繰り返し強調しておくが，以上は O. E. の名詞の数多い種類のうちのたった三つに過ぎないのである。ほかの名詞は別の仕方で格を形成しているのだ。形容詞，人称代名詞（多人数よりも二人だけを指す，"両数"の場合を含む），所有代名詞，指示代名詞 'this'，等や，定冠詞 'the'，の格体系を例示することはできないが，以下において私は，動詞の二大部類——"強"動詞（主たる母音を変化させて p. t. をつくるもの）と"弱"動詞（-d を加えて p. t. をつくるもの）——の代表例の最重要な形を示すことにする。

Helpan 'to help'（強）：
 Pr. t. sg.: 1. *helpe*; 2. *hilpst*; 3. *hilpþ*; pl. *helpaþ*.
 P. t. sg. *healp*（ただし，2 sg. は *hulpe*）; pl. *hulpon*; p. p. (*ge*) *holpen*;
 pr. p. *helpende*.

Lufian 'to love'（弱）：
 Pr. t. sg.: 1. *lufie*; 2. *lufast*; 3. *lufaþ*; pl. *lufiaþ*.
 P. t. sg.: *lufode*（ただし，2 sg. は *lufodest*）; pl. *lufodon*; p. p. *gelufod*;
 pr. p. *lufiende*.

1.7　他の諸言語からの借用

　もっとも初期から，英語は他の諸言語よりいろいろの語を"借用してきた"。これらは"借用語"として知られている。もちろん，ゲルマン民族がこの地に到来したときでさえ，彼らは大陸の舞台に存在したローマの大君主たちから引き継いだ若干のラテン語を帯同したのだった（例：*strǣt* < Lat. *strāta via* 'street'; *pytt* < Lat. *puteus* 'pit'）。ほかのラテン語は後にブリタニア自体におけ

るケルト人のラテン語話者たちから入り込んだ（例：*ceaster*（地名，たとえば，Chester, Irchester において）＜ Lat. *castra* 'camp'; *Læden*＜ Lat. *Latīna* 'Latin'）し，それ以上に，キリスト教への改宗後にはローマ教会の影響を通して入り込んだ（例：*abbod* 'abbot'＜ Lat. *abbātem; nōn* 'noon'＜ Lat. *nōna* (*hōra*) 'ninth hour'; *munuc* 'monk'＜ Lat. *monachus*）。ラテン語の影響は中世を通して，またそれ以後も強く続いたのだが，しかし一方では，他の借用源も言及しなくてはならない。つまり，8世紀末に，スカンジナヴィアの侵入者たちからの最初の急襲がイングランド北東岸に感じられるところとなったし，そして9世紀中葉からは，イングランドでスカンジナヴィアの入植が行われたのである。東部における当初の侵入および植民に続いて，他にも西部でそれらが行われ，ついにはイングランドの広大な地域がひどくスカンジナヴィア化された。植民とともに，二民族どうしの通婚や，完全なる融合がなされた。この融合は，言語学的に言えば，とりわけ北部の方言――または他の諸方言――において，英語への借用語の大流入となったし，また地図上に新しい数々の地名（特に，語尾 *-by* によって代表される――*Grimsby, Forby,* 等――）の大流入ともなった。スカンジナヴィアの人名もいろいろと十分に証明されているし，しかも，ルーン文字のスカンジナヴィア化された少数のものをも含めて，多数の碑文が存在しているのである。

1.8　ノルマン人のイングランド征服

　アングロ・サクソン時代の終わり頃に，アングロ・サクソン民族と彼らの古代スカンジナヴィアからの来訪者たちは，別の来訪者，つまりノルマン人たち――自らもスカンジナヴィア人の子孫で，北フランスに早い時期に定住し，そこで通用しているフランス語の形態を採用していた――と共闘するために団結した。しかし，O. E. 期は一般には，これよりもう100年後まで続いたと思われている。なにしろ言語では"アングロ・サクソン"であることが明確な書き物が，1150年頃まで書かれ続けたからだ。こうして，われわれは中英語期に到達することになる。

1.9　誰が何を話したり書いたりしたのか？

　ノルマン人のイングランド征服による，フランス語に支配された時期を通じ

ても，文学が英語で書かれることを決して止めたわけではなかったのだが，ノルマン人の征服は廃されたアングロ・サクソンのそれに代わって，フランス貴族による統治組織の大規模な交替を行ったから，アングロ・ノルマン（またはアングロ・フランス）語という，イングランドで話されたフランス語の方言が正式の文語と化すようになっていった。それは14世紀に英語が唯一の"公認"言語として再現するまで，通信および法律記録において権威ある地位を享受しもしたのである。

この時期を通じてもずっと，下層階級はおそらく英語を話し続けたであろう。なにしろ，ノルマン人——もはやサクソン人ではない——の地主たちが所領を支配したとはいえ，下層民たちが英語以外の言葉を話す理由は存在しなかったからだ。これら農場主および農民と，フランス語を話す上層階級との間には，さまざまなタイプの新興中産階級が存在した。たとえば，英語の'squires'（郷士）——地味な地主であって，言語の媒介者の役をし，しばしば，ノルマン社会の中流および下層階級と結婚することを切望した——，あまり特権を持たないノルマン人たち（僧侶や召使い）——彼らはイングランドの女性と喜んで結婚した——がそれである。

ノルマン人の貴族階級はもっぱらフランス語だけを話すことからスタートしていたとはいえ，12世紀から13世紀頃には多くの，もしくはほとんどの貴族は二カ国語を話したらしい。そして，ひとたびこういう事態が生じるや，このあまり実用的でない"上層"言語の究極的喪失と，"下層"言語——つまり英語——の復活への道が開かれたのである。

ラテン語はもちろん，教会の儀式や正式の伝達や，多くの法律文書の公認言語であり続けたが，他方，コーンウォールの西半分，ウェールズ，マン島，スコットランドおよび北アイルランドの大半では，英語がすでにこれらすべての地域に浸透していたとはいえ，ケルト語の方言が会話や書き物の中に根づいていたのである。

1.10 綴り方と音声における変化

最初期の中英語はフランス人書記たちによって書かれた。彼らは外国語と言っても，その音声組織がO. E.期の終わり頃に大規模な変化を蒙り，そのために，末期のO. E.の綴り方が流行遅れとなり，徹底的修正を要するに至って

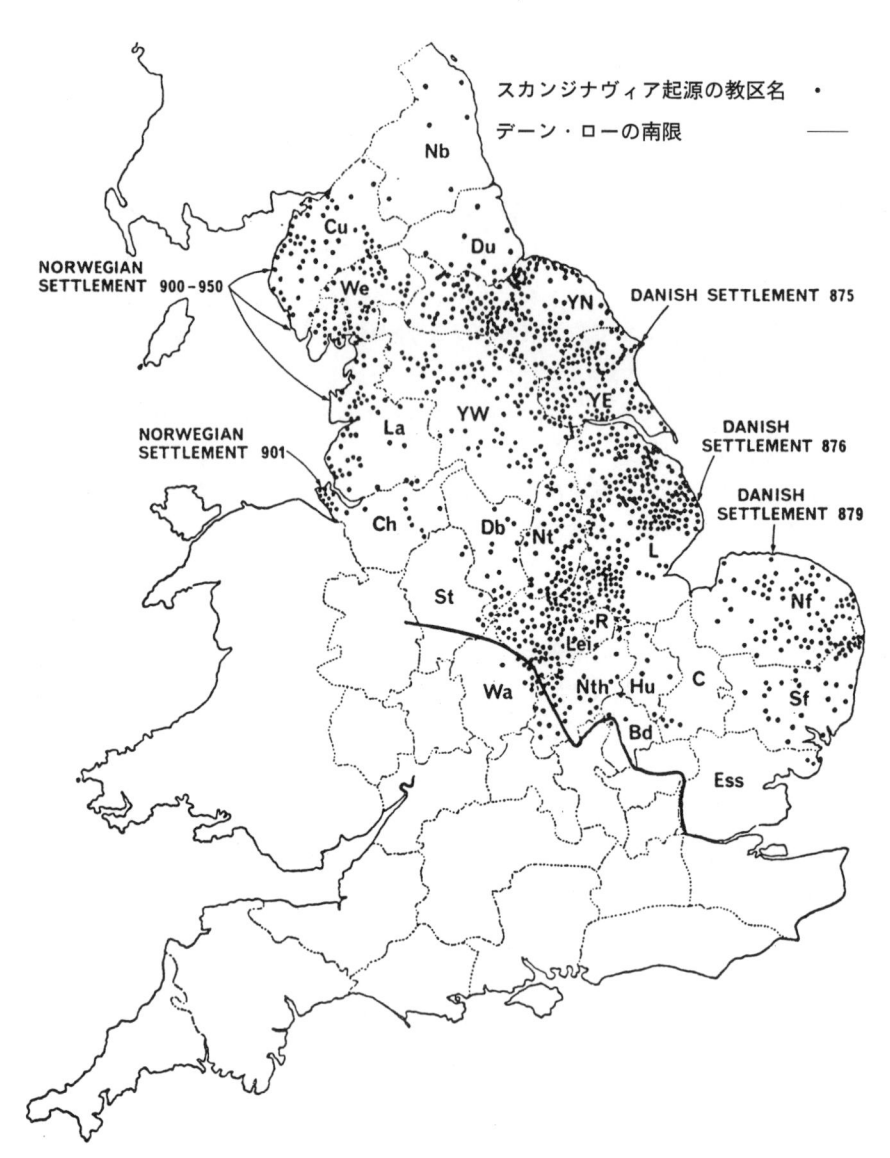

3. スカンジナヴィア人の定住 地図が示すとおり，イングランドにおけるスカンジナヴィア人の定住の規模ははなはだ広大である。-by（＜古デンマーク語 bý 'village, town'）で終わる地名は 700 以上，ヨークシャーでは 200 以上，リンカーンシャーでは 200 以上もまだ知られているし，他方，-thorp（＜O. N. þorp 'village'），-toft（＜O. N. topt 'knoll', 等）および -thwaite（＜O. N. þveit 'clearing'）といった要素を含む地名もやはり厖大である。

いたような外国語で書くという，羨ましくない仕事を引き受けたのだった。この修正は，たとえば，*king, Kent* における音のために（つまり，前母音の隣りの /k/ を表わすために）字 *k* を用い，*cow, colour* といった語のために（つまり，後母音の隣りの /k/ のために）*c* を残し，*ch* は *inch, chair* における音のために用いる，といった手段によって試みられた。O. E. 後期には，*c* は全般的に，これら三つの表記すべてを表わしていたのである。やや古めかしい字——*æ, þ, ð,* および *ƿ*——は徐々に消え失せて行き，それぞれ，*a, th, w* で取って替わられた。これらは二例に過ぎないし，しかも，ひどく単純化された例に過ぎない。だが，M. E. 初期に綴り方を支配した混乱は，第 4 章〔107 頁以下〕において十分明らかになるであろう。

1.11　M. E. の文法

この面では，はるかに重要極まる変更は屈折語尾の徹底的な縮減にあったのであり，その結果，たとえば，完全に屈折する stān（*cf.* 1.6）の代わりに，たんに *stoon* sg.（母音も変化してしまった）と *stoones* pl.（および gen. の sg. と pl. も同じ）だけになっているのである。O. E. の語形変化のほとんどはとどのつまり *stān* 類に収まったのだから，同じことは O. E. *duru* にも当てはまった（今や簡単に *door*, pl. は *doors* または *doores* となった）し，O. E. *ēage* にも当てははった（*eye*, pl. は *eyes*——いくつかの方言は古い pl. 形の *een* を保持したけれども——となった）。動詞の語尾，形容詞，代名詞もみな簡素化された。もちろん，こういうすべてのことにおいて，故意の変更への意志はいささかも存在しない。言語使用を規制するための"アカデミー"は存在しなかったのである。原因は簡単だった。つまり，英語は通例，単語の第一音節に弱勢を置く言語なのであり——*cábbage, méeting, hárbour*——そして外来語，たとえば，*perfume, garage, envelope* でさえ，究極的にはこのパターンに適応する傾向があるのだ。このことはつまり，単語の語尾はどちらかと言えば，重要ではなくなる傾向にあるということだし，したがって，O. E. 期の終わり頃には，たとえば，O. E. の *stānas, ēagan, helpan, lufian* における無強勢の母音は，不定母音（しばしば中英語では字 *e* で表わされる）に還元されていたのである——Pr. E. の *afraid* における第一母音とか，*dearer* における最終母音のように（音声学者たちは通常，記号 [ə] で表記する）。こういう根本的原因から，

文法組織は M. E. 期の終わり頃には，以前の己れが姿の影と化していたのである——ちょうどわれわれがそれを今日見ているのと同じように。

1.12 語彙

中英語の語彙のもっとも特徴的な様相は，ノルマン人のイングランド征服——その後の宮廷，教会，法体系のフランス化——に続いて，文字通り幾千もの単語がフランス語から殺到したことである。この現象はあまりにも大規模だったから，（ときたまに，かつくだらないことだが）英語はその英語らしさを喪失して，たんに異種言語のアマルガムと化したと示唆されてきたほどである。不幸にもチョーサーは，"大量の"フランス語を英語に導入したと非難されてきた。だが，この非難は——『カンタベリー物語』のたとえば，最初の18 行中に 18 個ものフランス語が存在するにもかかわらず——おそらくばかげているであろう。詩人はより初期の，文語であれ口語であれ，すでに英語の中に出現していた豊富な単語の蓄えをはるかにもっと利用しようとしていたようだからである。最初期のいくつかは，法律やその施行に結びついていた。たとえば，*castle, prison, chancellor* はすべて，『ピーターバラ年代記』(*Peterborough Chronicle*, 1154; *cf.* 3.10) に出ているのである。他方，後には，*dance, carol, mansion, beef, mutton, riches, prince* といったような，他の単語が上流階級の優雅な生活や洗練された娯楽の圏域から，中産階級や下層階級へと下のほうへ流れ込んだ。しかし，ほかのものは教会と結びついていたのであり，教会という，より高い段階は圧倒的にフランス語だったのである——*chapel, rosary, chasuble, vestments, sacrament*, 等。他の多数の主題領域も見事に指摘されてきたし，今やまた，土着の英語要素をフランス語と組み合わせて，*unreasonable*（<O. E. *un-*＋O. Fr. *raisonable*）といったような新しい複合語を産みだすことも可能となった。フランス語が英語の語彙に残した印ははなはだしいのであって，ラテン語をもって O. E. 後期のローマ人聖職者たちがなしたそれ，または 8 世紀以降のスカンジナヴィアの暴漢たち（とにかく，彼らの語彙は，社会的地位でも音声型や文法でも古英語のものと酷似していた）がなしたそれとは，はるかにラディカルかつ完全に異なるものだったと言うに止めておこう。

ラテン語も直接に（つまり，フランス語を介さないで）英語の中へ入り続け

た——例：*pater* 'paternoster', *methacarpus* 'metacarpuls', *orphan* 'orphan'——し，そしてわれわれ〔英国人〕は北海沿岸の低地帯とますます接触が深まってゆくのが分かるのである。これらのことはアングロ・サクソン時代からずっと起きていたし，結果としては，低地オランダ語（つまり，フラマン語，フリジア語，低地ドイツ語）起源のかなり重要な要素が英語に入り込んいる——例：*orte* 'leavings from food'〔残飯〕, *hobble, splint, firkin*, 方言的な *rean* 'furrow', *stull* 'large piece of food', *pad* 'path'.

1.13 諸方言と，標準文語英語の興隆

最後の数パラグラフでは，この段階の英語があたかも統一された言語であるかのように記述しておいたが，これは断固として事実ではなかったのだ。O. E. 期の終わりに文語の標準としての西サクソン語の地位が廃れて後は（*cf.* 1.5)，この種の地位を有する文学英語はフランス文学によって覆い隠されたために，舞台から消え失せたのだった。それが 14 世紀に完全に再出現したときには，付図 4 が示すように，四つの主要アングロ・サクソン方言——さらなる下位区分を有するのだが——の地域パターンにはっきりと依存した，方言集合として再出現したのである。こういう集塊を外れて，最終的には，ウェストミンスターの大法官庁の権威のある公文書が 14 世紀初頭から優勢になりだしたのであり，これが今日の標準文語英語の基礎となるのである——その歴史的変遷は本質的には 1700 年頃に成就した——。中世期以降，方言的特徴は文語や印刷された英語から消失し始めた。ただし，文学的ないし骨董趣味的目的から故意に保持され続けた限りでは，例外もあるのだが。

しかし，今日イングランドで用いられている標準口語についてはどうなのか？ 中世におけるこれの存在の証拠はほとんどないのだが，13, 14 世紀に生じた人口のますますの流動化につれて，ある形の標準はすでに結晶化しつつあったと十分に予測してかまわないであろう。しかし，16 世紀以前にはいかなる証拠も見つからないのである。今日までブリテン島のどこでもずっと口語方言が存続しているところから明らかなように，口語の標準化への運動は，ほんの部分的な成功しか収めなかったのだ。文語の標準化のほうが，口語のそれよりもはるかに容易に成就されるのである。

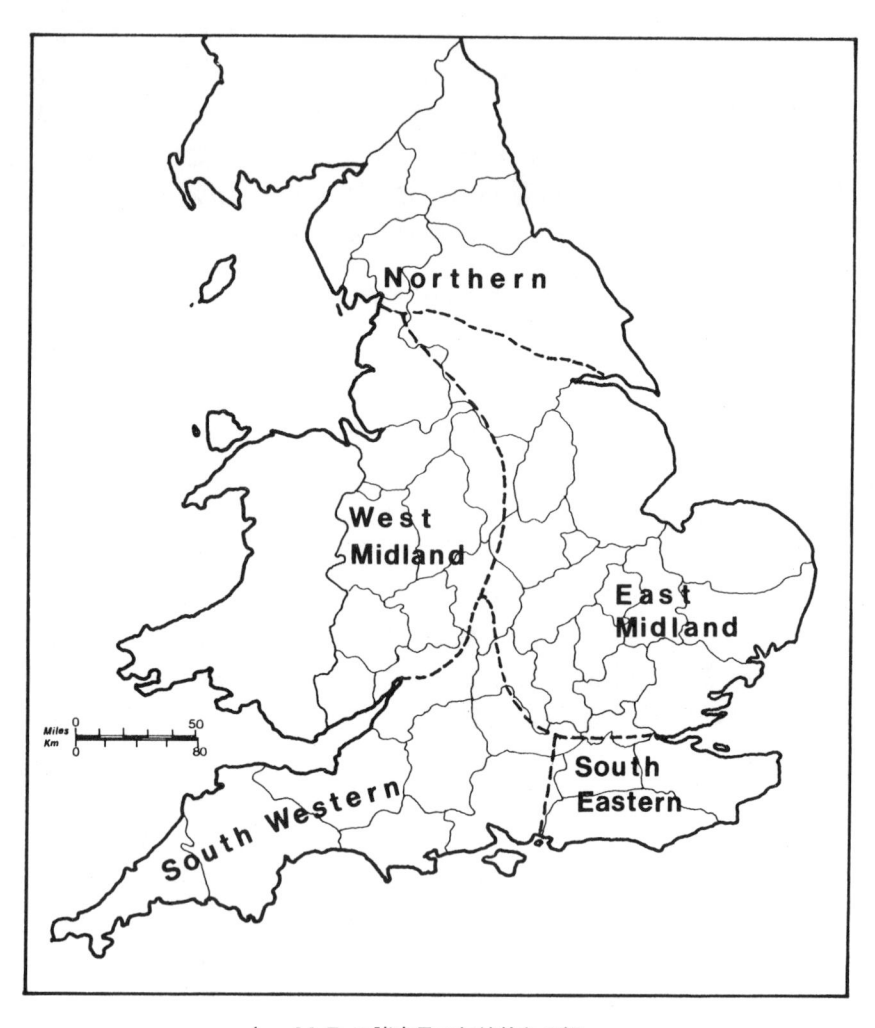

4. M. E. の諸方言の伝統的な分類

1.14 初期近代英語 (1500年頃–1700年頃)

　この時期の当初は，写本——や，印刷術の出現以後は印刷された著作——において，まだかなり綴り方に差異が見いだされる。実際，印刷機の発明は，しばしば想像されているほど，英語に対し統合への迅速かつ永続的な影響を及ぼしはしなかったのである。しかしながら，この時期が経過するにつれて，文語が定着していった証拠がますます発見されるし，18世紀初頭までには，僅かな相違を別にすれば，今日われわれに知られているような形に，きっぱりと多少とも結晶化していたのである。

　綴り方はだんだんと時代遅れの形を取っていったのに対して，口語は頑固にこの範例に従うことを拒否した（もっとも時代の推移につれて，書かれた語が示唆するものに，口語でも順応しようとする欲求が絶えず増大してきたことが分かる，という留保条件つきでだが）。いつものように，変化し続けたのは，実際上定着してしまっていた屈折語尾においてというよりも，音声においてだった。（ほかにもあったが）音声変化のもっとも影響力が強かったのは，大母音推移（Great Vowel Shift）として知られているものである。大雑把に言って，この出来事は以下のとおりだった。後期中英語にあった7つの長母音は，綴り方では年月および方言次第でまちまちに表記されていたのだが，慣習的に今日では編集上，こう表わされる——$\bar{\imath}$（発音は /iː/）; $\bar{u}$（発音は /uː/）; $\bar{\underset{.}{e}}$（発音は /ɛː/）; $\bar{e}$（発音は /eː/）; $\bar{\underset{.}{o}}$（発音は /ɔː/）; $\bar{o}$（発音は/oː/）; $\bar{a}$（発音は/aː/）。中世後期以降，これらすべて変化を蒙り，$\bar{\imath}$ は結局，たとえば，Pr. E. の *sky, tie* における母音〔ai〕となったし，$\bar{u}$ は *brown, cow* における母音〔au〕となったし，$\bar{\underset{.}{e}}$ および $\bar{e}$ は（両方とも）*bean, greet* における母音〔iː〕となったし，$\bar{\underset{.}{o}}$ は *nose, road* における母音〔ou〕となったし，$\bar{o}$ は *moon, boot; good, cook*; または *gloves, mother* における母音〔uː〕〔u〕〔ʌ〕となった（この三様の展開は，近代初期を通して整頓され続けた）し，そして，$\bar{a}$ は *maze, sake* における母音〔ei〕となったのである。

　ほかの重要な音声変化を一，二挙げれば，この時期に *some, butter*, 等における Pr. E. や St. E. の母音（/ʌ/）は，M. E. の /u/ から発達し，東部ミッドランド地方から南部へと（ただし，北部やミッドランド諸地方へではない）広がったのである。*grass, chaff, path* といったような単語における M. E. の短

第1章　考古学　33

い a (/a/) は，標準英語では（方言によりばらつきはあるが）/a:/ に引き伸ばされた。/r/ は子音の前および語末では消え始めた（例：*cart, pear*）。M. E. の *ȝ/gh* も発音されなくなった（*bough, daughter, light, weight* におけるように）か，あるいは /f/ になった（*laugh, cough*）。/w/ の後の /a/ は /ɔ/ になった（*what, was, wash,* 等）。

綴り方はこれら発音上の変化に摑まれることが決してなかったから，たとえば，*brown* における"新しい"音は依然として中世の綴り方のままだし，*what, was* および *wash* でも同じである。しかも——もっと注目すべきことに——*bough, laugh* 群は依然として，以前の /x/ を示唆する中世的綴り方を保持しているのである。

1.15 正音学者たちと文法学者たち

この時期の英語の音声をかなり明確に規定できる一つの理由は，他の時期にはないことだが，この時期の英語に関する十分に大量の書き物が存在するということである。ルネサンス期に，古典古代への熱狂が新たに興り，新しい諸国家が発展するとともに，国語への新しい関心も湧き上がった。これはいくつかの形を取った。一つは，多くの新しい言葉——あるものは幻想的で不条理なもので，今日ではありがたいことに廃れている——を使用するか使用しないかに関する論争だった。こういう新語は，外国起源（この時代は大発見の時代だったし，このため，たんにフランス語やラテン語よりも異国風の源泉からのものが流入したのだった）からか，または，ラテン語の要素との組み合わせによって，英語をあふれさせていたのである。もう一つの形は，方向が骨董趣味的であって，アングロ・サクソン語を研究したり再発見したりして，特に歴史的興味のある言語形態として方言を保存しようと試みられたのだった。第三の形は，記述的/規範的だった。つまり，多くの著者たち——ギリシャ語 *ὀρθοέπεια*〔正しい言葉遣い〕（<*ὀρθός* 'upright, strait' +*ἔπος* 'word'）から，"正音学者たち"(orthoepists) と呼ばれた——は，英語（および他の諸言語をも）話されるがままに記述しようと試みたのであり，そしてしばしば，彼らは何を正しい話し方と考え，何を間違った話し方と考えるかをも述べたのだった。こういう記述の総体は，われわれが 16 世紀およびそれ以降の諸世紀の英語についての納得のゆく輪郭を描くことができるために，適度の十分な情報を供してくれ

ている。

1.16 辞典のいろいろ

これら著者たちはすべて，ルネサンス期に言語や諸言語へ新しい関心が芽生えたことの証拠になるし，彼らの仕事は当時の英語についてわれわれが知るための貴重な典拠なのである。こういう関心のさらなる結果は，いろいろの単語帳や辞典の製作だった。こういうことは中世時代から事実上行われていたのだが，当時には問題の著作は，たんにラテン語の語彙集に過ぎなかったのである。16世紀この方，"難解な語"――つまり，理解し難いと思われる単語――の編集物がいろいろと現われた。これらは多くの点で，"学者ぶった"論争の傍流だった。なにしろそれらの目標は，採用されたり，造られたりした多くの新語の説明にあったからである。それらの目標はまた，"最上の"語を記録に残すことだったから，それらは本質上，一種の規範的運動でもあったことになる。だが時の経過につれて，いろいろの辞典がますますより包括的となり始めたのであり，それらの意図は，英語語彙の全体――しばしばそれの方言要素をも――含み込むようになって行った。この運動が頂点に達したのはサミュエル・ジョンソンの大辞典（*A Dictionary of the English Language*, 1755）においてである。しかし，この後でさえ，各種辞典への飽くなき渇望があったらしく，辞典の編纂は，1833年の偉大な *Oxford Engfish Dictionary* の開始まで，次の100年間ずっと弱まることなく続いたのである。

1.17 辞典の拡大

冒険，発見，植民地開拓は，英語の中に多くの新語を出現させた。フランスとの接触は多くのさまざまな仕方で続いたが，この源泉からの単語の流入は中世に頂点に達していたのであり，今や減少しつつあった。北海沿岸の低地帯との接触は続行して実り多い結果をもたらしたし，ドイツとの接触も続いていて，ドイツ人は英語の採掘においてとりわけ傑出した役割りを演じたのだった。英語へは，これらの源泉からのみではなく，イタリア語，スペイン語，および他の多くの言語からも，いろいろの単語が浸入した。ギリシャ語は英語中世期にはほとんど未知だったし，この時代にはギリシャ語からの単語は通常，ラテン語の形で英語の中に入ったのだが，古典への関心が復活するとともに，単語は

相互に独立に，両方の言語から英語の中へ直接入り込んだのだった。

この時期は新しい発明と発見の時期であるとともに，科学および医学が現代的な形で興隆した時期でもあったし，そのために，新しい概念を新語へ適応させる必要があった。これら新語は主として，総合の過程によって——つまり，ラテン語およびギリシャ語の諸要素から新語を寄せ集めることによって——造られたのである。

1.18 初期近代英語文法

若干のより古い形態が残存しているとはいえ，初期近代英語文法は，だんだんと安定した状況に到達しつつあった。この時期には，ほとんどの名詞の複数形は，*stone, stones* タイプの馴染みのパターンに落ち着いた。いくつかは違ったパターンを採用したし，それらは今日でも保持されている——*oxen, children, brethren*（方言ではこういうものはもっと多い），*geese, mice, swine*, 等——けれども。形容詞はすっかり語形変化がなくなっていたし，また代名詞は多かれ少なかれ現在の形を採るようになっていた。ただし，*thou* と *thee* は（"丁寧"形の *you, ye* とは別に）保守的なタイプの英語において（たとえば，1611年の『欽定訳聖書』において），しかも目上の者が目下の者へ向かって使うために依然として存在した——しかし，これらはともに，この時期に廃れたのである。反対に，16世紀には新しい所有代名詞 *its* が，当初は口語英語で，その後は徐々に文語英語で1600年頃に出現した。動詞では，-(e)st と -(e)th なる語尾が *thou* と *he/she/it* にそれぞれ付随することになる——つまり，*thou comest, he goeth, it seemeth*, 等——が，これらもこの時期に廃れている。-(e)th 形は，M. E. 期以降 -(e)s 語尾によって絶えず置き換えられてきたし，-(e)st は *thou* および *thee* が廃った自然な結果として，消失した。過去時制では，一部類の動詞から他のそれへと絶えず変動がおこなわれた。たとえば，*chode* 'chided' は，*bote* 'bit' 同様，なおも存在したし，*spake* 'spoke', *stale* 'stole' や *brake* 'broke' といった，より古い形はなおも普通に行われていた。これらは時期の経過とともに，徐々に，今日われわれの知っている形で取って代わられて行ったのである。

一般的に，文法を話題にするときには，われわれは1500年頃から1700年頃にかけての時期を，中世期という変化が生じ始めたときから，文法水準が固定

化した18世紀にかけての移行の時期，と見なすことができるのである。

1.19　初期近代英語の頃の標準英語と口語方言

　1589年に，『英詩の技巧』(*The Art of English Poesy*) の高名な著者ジョージ・パトンハムは，最上の英語は宮廷とロンドンの周囲60マイル以内で話されるもの——つまり，教養のあるロンドン近郊諸州〔ミドルセックス，エセックス，ケント，サリー〕の英語——だ，との歴史に残る宣言を行った。しかも彼が最初ではなかったのだ。この声明は，ある時期にたぶん生じつつあったこと——他を犠牲にして教養のある南東の英語が威厳のあるものとして興隆したこと——を確認しているに過ぎないのである。16世紀以降，北部，中部および南西部の方言はずっとただ衰退状態に置かれていた。実際，これらの方言は1500年頃には，公式の書かれた形では存在するのをほとんど止めてしまっていたのである。

　この時期の口語方言についてのわれわれの知識は，離れ離れの地方的な綴り方が16,17世紀の文書の中に存続しているものや，正音学者たち，文法学者たち，辞書編集者たちによる（主として軽蔑的な）さまざまな陳述や，舞台やその他の形で用いるために書かれたもの——独白，対話，用語集，等（16世紀以降，だんだんと書かれるようになった）——としての方言に依存している。用語集は，骨董趣味的/文献学的動機からか，または，英語の周辺的な形を後世に保存したいという欲求からか，そのいずれかから生じたのであり，とりわけ，方言が特に強力だった地域——北部，南東部，ある程度はイースト・アングリア〔ノフォーク，サフォーク両州を含むイングランド東部地域〕——から，18, 19世紀にあふれ出すことになったのである。

1.20　海外の英語

　前世紀における新世界の発見および探検に続いて，1620年にはイングランドの各地から群れをなす旅行者たちが，主に宗教的自由を求めて，アメリカ東海岸へ航海した。彼らが一般に話していた諸方言の混合したものが，アメリカ英語の土台になったし，この時期以降，さまざまな理由から，英語は既知の世界の至るところへ——特に北アメリカや，後にはオーストラリアおよびニュージーランドへ——言わば輸出されたのだった。

われわれは今や，英語史提要の終わりにほぼ到達したことになる。残るは，論じられるべきごく最近の時期のみである。1700年以来，英語には当然ながら変化があったし，そしてそのとき以降，文語英語は実際上静止したけれども，口語英語は大いに変化したのである。われわれはやがて，方言および標準英語の両方における変化を考察しなければならなくなるであろう。

第2章　前－英語期

2.1　前置き——諸言語の再構

　言語学上の再構は魅力的な仕事だし，もちろん，言語の"考古学"の本質に属する。私はまず第一に，記録なき時期，つまりインド・ヨーロッパ語の時期について何が再構できるのかを簡略に述べ，次にゲルマン語の時期をやや詳細に論じることにしたい。だが最初に，語源上の同族性なる概念を考察する必要があるし，これがどういう意味かは，一例を挙げれば判明するであろう。英語の *pilgrim* を見るに，これは古フランス語から採られ——または"借用され"(1.7)——ているが，突きつめれば，ラテン語 *peregrinus* 'foreign' に由来しているのであり，この語はプロヴァンス語 *pelegrin*, カタロニア語 *pelegri/peregri*, スペイン語 *peregrino*, イタリア語 *pellegrino*, 古フランス語 *pèlerin*（以前は **pelegrin*）の元をなしている。これらの語は明らかに互いに同族である，——進化の過程で，一つの語族は第一の /r/ を /l/ に変えてしまったとはいえ。

　事柄を簡潔かつ大雑把に述べると，いくつかの言語において若干の語はあまりにも互いに似かよっているように見えるために，それらは同族であり，共通の祖先に由来していることが自明なのである。ほんの一例として，Pr. E. の *tooth*——古英語では *toþ* と書かれる——を取り上げて，この古形を古フリジア語の *toth, tand*; O. S. の *tand*; O. H. G. の *zand, zan* といった対照的な語と比較すれば，一つの事実がはっきりする。いずれの形も明らかに共通のゲルマン語起源に溯ることが見て取れるのだ。しかし，似た形は O. N. (*tǫnn*) およびゴート語（*tunþus*）の記録にも出てくるから，明らかに，*tooth* は西ゲルマン語（おそらく，**tanþ-* のような何らかの形での）に溯るばかりか，P. G. の単語の共通の蓄えの一部だったことが分かる。なにしろ，さもなくば，これらのいわゆる"同族的な"形が，東西両方のゲルマン語群で生じることはあり得なかったからだ。これらの語群は最古の記録より数世紀前に互いに，しかも西ゲルマン語族から分裂したのだった。

しかしながら，話はここで止まらない。ちらっと見ただけでも明白なように，この語の他のもろもろの形が，ゲルマン語族のほかにもこの語に結びついている。すなわち，サンスクリット語 *danta,* ギリシャ語 *ὀδοντ-,* ラテン語 *dent-,* リトアニア語 *dantis,* ウェールズ語 *dant* が。実際，英語の形には n はないが，われわれに知られているゲルマン語でもっとも原始的な型であるゴート語ではそれが現われているし，そして，英語と同じ W. G. 語たる古高地ドイツ語には, *zand, zan* があったのである。

　さて，上記のラテン語から派生した語の場合には，われわれはたんにラテン語という先祖を引用すればよかった。だが，W. G. や P. G. の祖形は記録されていないから，われわれとしては理論的再構に頼らざるを得ないのである。とはいえ，古英語や古高地ドイツ語に特有の音声変化について知られていることから，われわれは，これら両方の古形が W. G. の *tanþ-* に由来しており，これが古英語および古高地ドイツ語においてそれぞれ違った発達を遂げたのである，と確言できるのだ。語源的再構というおなじ原理を用いて，われわれはこう仮定できる。つまり，おそらく一つの基本形——すなわち，*tanþ-* および *tunþ-* ——が P. G. 祖語において現われたこと，そして，さらに遡ると，I. E. 大語族にはこの語の多数の形, *dent, *dont, *dnt があって，これらが上記のサンスクリット語，ギリシャ語，ラテン語，リトアニア語，ウェールズ語の諸形や，ゲルマン語の諸形を生じさせたのだろうと仮定できるのである。この種の再構のおかげで，われわれは第一に，諸言語の"語族"を認識したり，承認したり，話題にしたりすることができるのである。

　規則はやがて，比較文献学研究で明らかとなるのだが，それは，所与の音は条件が同じなら，いつも同一方言において，同じように変化するということである。たとえば，I. E. のギリシャ語では，語頭の s は >h になり，また母音間ではすっかりなくなる。ケルト語では，語頭の p はなくなる。サンスクリット語，ペルシャ語，バルト・スラヴ語族では，（ギリシャ語およびラテン語では k として，ゲルマン語では h として現われている）音は，sh または s の音になっている。ゲルマン語は古形の p, t, k を f, þ, h にそれぞれ変えてきた，等のことを突き止めることができたのである。

　この要約でも恩恵を蒙っている，H・C・ワイルド（1870-1945）の大語源辞典の序説から，最後にもう一つ啓発的な例を挙げよう。それは *stream,* O. E.

strēam であって，この語はギリシャ語 hréein (ῥέειν) 'to flow' と同族であり，インド・ヨーロッパ語では *strew-ein だったと思われる。周知のように，ギリシャ語では sr->hr となるし，また，ゲルマン語ではそれは >str- となる。さらに周知のように，母音間の w はギリシャ語ではすっかり消え失せるが，しかし別の子音が後続するときには，母音>u となる。したがって，ギリシャ語 hreuma (ῥεῦμα) 'a flow, flux'——接尾辞 -m- を有する——は hréein と同族であり，それの古形は *srew-ma だったに違いない，と言うことができる。これは，ゲルマン語では，>*streum となるであろう。これは P. G. の形が O. E. strēam になったのと酷似しているが，まったく同じではない。なぜなら，ゲルマン語の先祖は *straum だったのであり，これは O. H. G. の straum (O. N. straumr) においてそっくり保存されているからだ。ところで，これはインド・ヨーロッパ語では，*sroum- であるだろうし，したがって，われわれは二つの元の I. E. 形——つまり，これと，*sreum- (ギリシャ語 hreuma の祖先)——を仮定しなければならないのである。しかし周知のとおり，インド・ヨーロッパ語では，二重母音 eu と ou とは，文献学者たちに "母音交替"（原始インド・ヨーロッパ語において，元は同じ根の語における母音（複）が，強勢の位置，または音調における相違により交替させられること。Ablaut) として知られている原理により，一つの語の同一の "根" ないし "底" で入れ替わったのである。さらに，第三のありうべき形は，二重母音の前半をなくした u だったから，われわれは措定した *sru- (または，接尾辞 -m- の付いた *sru-m-) をもつことになる。これは現にサンスクリット語 sru 'to flow' において見いだされるし，サンスクリット語 'srávati 'flows', srōtas 'stream' (＝ギリシャ語 ῥόος)——ここでは，（ゲルマン語に見られる）m とは違った接辞が根に付加されている——と同族をなしている。

　さて，ほとんどの言語は共通の I. E. の先祖によりはっきり結びついたものとして，ごく初期の形では存在している。たとえば，サンスクリット語は，この語族ではもっとも早くから記録に残っている言語であって，西暦紀元前 2000 年からのテクストを擁している。さまざまな方言に分かれるギリシャ語は，西暦紀元前 850 年頃から記録されている。比較的最近発見されたヒッタイト語は，西暦紀元前 2000 年紀に小アジアとシリアで盛えた民族の言語であるが，彼らの言語および文化は西暦紀元前 12 世紀に滅ぼされてしまった。また，

トカラ語は 20 世紀に中国のトルキスタン地方から出てきた資料中に再発見されたものであって，明らかに，700 年頃には二つの方言で用いられていたらしい。これらの言語や他の I. E. 諸語——イタリック語派，ゲルマン語派，ケルト語派，および他の諸グループ——において見いだされる古い語形から，"比較文献学的方法"の手続きにより，もはや記録されていないインド・ヨーロッパ語の諸形をかなりの確度をもって再構することができるのである。

2.2 インド・ヨーロッパ人たち (1.3) は何者だったのか？

われわれとしては，インド・ヨーロッパ人たち自身に接近するのに，彼らの言語，いやむしろ，I. E. 語族から出た諸言語を通して行わねばならない。言語学者たちの推測によると，当初から，インド・ヨーロッパ語は一様だったのではなくて，密接な関係のある諸方言——とはいえ，西暦紀元前 3000 年紀まで明らかに単一の実体みたいなものとして存在していた——の一"連続体"だったらしい。明らかに，インド・ヨーロッパ語の話者たちには放浪的な習慣が広がっていたために，究極的には，これら方言はまったく別々の言語へと微分化するようになった。それらの関係は，西暦 18 世紀末まで発見されなかったし，その後，19 世紀に比較文献学研究の勃興とともにそれは決定的に補強されたのだった。それ以後，"インド・ヨーロッパ語"なる概念は，問題の諸言語の地理的所在地，つまり，インドからヨーロッパに伸びる地域を指すために浮上したのである。

インド・ヨーロッパ語の原郷に関しては多くの推測がなされてきたが，今日ではどうやら，それは西方からインドに達していたらしいから，われわれとしては，それをヨーロッパのどこか——たぶん優れて中央および東部ヨーロッパ——に位置づけねばならない。以前の意見では，それはメソポタミア近辺にあると想像されていたエデンの園に最初に言語が現われたという考えに基づき，インドないしアジアに置かれていた。この意見はサンスクリット語——アジアに位置しており，19 世紀初頭までに I. E. 語の一つとして確定された——の発見により，確認されたようである。サンスクリット語は他のいかなる I. E. 諸語における多くの特徴よりも，はるかに古い，共通言語の特徴を保持したのだが，しかし，初期のもろもろの部族がさまざまな歴史的理由で，東部に出現して後，西方へと懸命に移動したのだ，とする仮説は結局のところ，誤りである

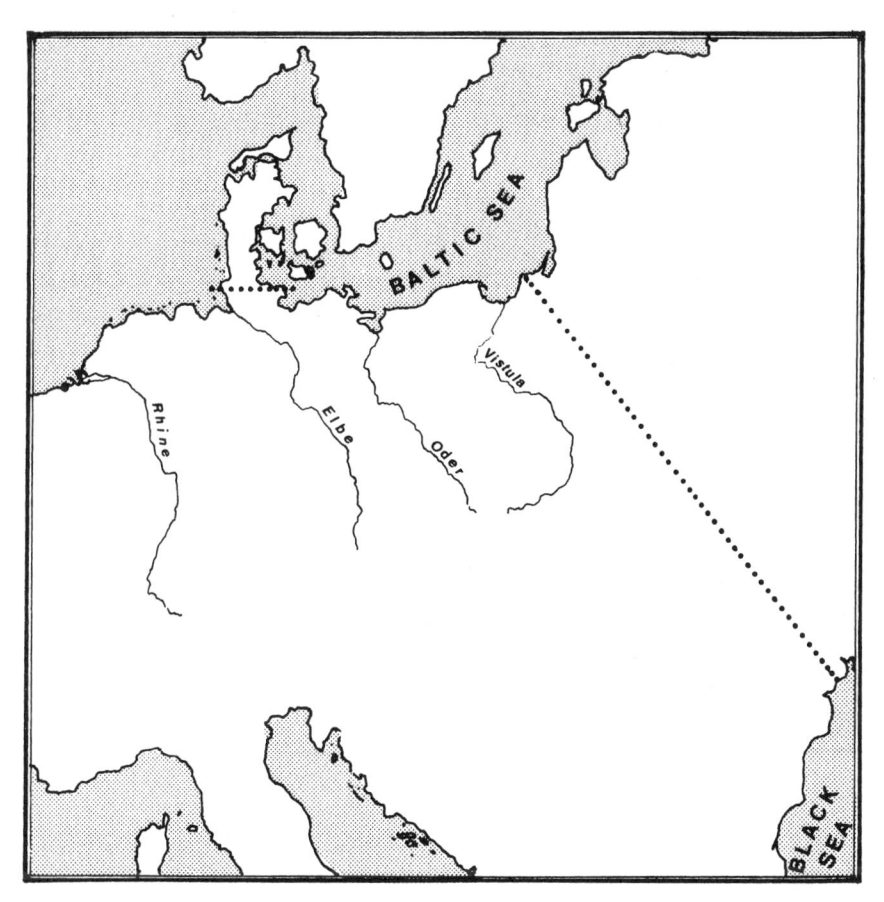

5．インド・ヨーロッパ語の原郷　原郷は地図に示した地域内に位置しているらしい。インド・ヨーロッパ人たちには"ブナノ木"を示す語があったから，彼らはブナノ木の生えている地域に住んでいたに違いない。この地域の東端は右側の点線で示してある。"亀"を表わす I. E. 語も明らかに存在した。古代には，亀は上の左側の点線の北には住まなかった。こうして大雑把に I. E. の原郷をこれら二つの語で規定することができるのである。この位置づけは，"サケ"（おそらく元は"跳び魚"）を示す語によって立証される。なにしろ，サケはバルト海と北海へ注ぐ川の中に見つかるが，黒海ないし地中海に注ぐ川の中には見つからないからである。

ことが証明されたのである。つまり，I. E. 群のほとんどの言語は，われわれの知らないごく初期から，ヨーロッパに存在していたのだった。したがって，ヨーロッパのほとんどすべての言語がアジアからヨーロッパへもたらされたらしいということよりも，アジアにおける語族の少数の代表たちが東方へ移動したらしいということのほうが確実なのである。

　当然のことながら，インド・ヨーロッパ人たちの原郷は，彼らの共通の語彙の検討を通して探されねばならなかった。相当数の諸言語に出てくる単語はおそらく原始 I. E. 語彙の一部だったであろうし，そしてその語が存在したとすれば，その語が指し示す事物も存在したのに違いない。この方法は細心の注意を要するのだが，用心してやれば，I. E. の祖先たちの原郷や文化についてきっと何かをわれわれに告げてくれるかも知れない。たとえば，冬，雪，雨を指す共通の語が存在するという事実は，ときには寒いかも知れぬ気候を暗示している。また，"海"を指す共通の語が明らかに存在しない（だが"船"を表わす語は存在し，しかも川や小川は共通だったらしい）ということは，インド・ヨーロッパ人たちが内陸に住む共同体だったことを暗示している。家畜や羊を表わす共通の語は存在するし，これらはさまざまな I. E. 語の初期の書き物において顕著に出てくる。他の家畜には，馬，犬，そしてたぶん，豚，山羊，ガチョウがいた。他方，農業の完全な語彙は存在しないが，穀物を表わす共通の語は存在するし，しかもギリシャ語やサンスクリット語には鋤やすき跡を表わす共通の語が存在するから，農業の知識がいくらかあったことになる。道具や武器（矢をも含む）を表わす多数の共通の語も存在する。

　以上は利用できる証拠をほんの少し選び出しただけであるが，全資料体を積み重ね合わせると，われわれが扱っているのは，ほぼ西暦紀元前 2500 年頃に，四方八方へ拡張し始めるまで，中央または東部ヨーロッパの平原のどこかに生活していた遊牧民ないし半遊牧民——共通の神々と似かよった社会組織を有する，もろもろの共同体の，連携の緩い集団——なのだということが，大半の現代の学者たちに示唆されるのである。

　私は本節を閉じるに当たり，ポール・ティエームの I. E. 諸語に関する論文（1958 年）から，例証的な例を最後に挙げたい。それは或るプロテスタントの牧師が言語の相似を示すために 1625 年，古いリトアニア語の諺をラテン語に翻訳したものである。諺の意味は「神は歯を与えたもうた。神はパンも与えた

まうであろう」。リトアニア語では, *Dievas dawe dantis: Dievas duos ir duonos.* ラテン語では, *Deus dedit dentes: Deus dabit et panem.* これをサンスクリット語の古形に翻訳すれば, *Devas adadāt datas: Devas dāt*（または *dadāt*）*apidhānas* となろう。I. E. に再構すれば, *Deivos ededōt dntns: Deivos dedōt*（または *dōt*）*dhōnās* となるかも知れない。

2.3 ゲルマン諸語 (1.3)

　一般的に言って，ゲルマン諸語が代表するのは，インド・ヨーロッパ人たちが徐々に拡大したことは別にして，西暦紀元前に居残った原郷，もしくはその近くに，もっとも長く残存したI. E. グループの分枝である。プロコッシュによると (Prokosch, 1939 : 25*ff.* どうやら考古学上の証拠に基づいているらしい), ヘルシニア山地の北方，エルベ川とオーデル川との間から，南スカンジナヴィアへ伸びていた地域で，これらの民族は彼らをI. E. 語族の一分枝たらしめた，言語・文化・身体上の特徴を発達させたのだった。けれども，この見解は初期の歴史家たち（たとえば，西暦550年に書いた，ゴート族の歴史家ヨルダネスとか，830年頃のフランク族の人フレシュルフ）のそれとは符合しないのであって，彼らによると——長い伝統に従って——ゴート族，あるいはすべてのゲルマン族さえもが，"スカンジナヴィア"からやってきたことになる，とプロコッシュは認めているのである。しかし，スカンジナヴィアという名称が"危険な海岸"（たぶん，思いがけぬ突風やゴワゴワした崖の傍の，航海上の危険を指しているのだろう）のようなものを意味する複合語であるという事実は，この名称が元来は現在のスカンジナヴィアの領域を指していたのではなくて，南バルト海周辺の国々を——少なくとも，南スウェーデン，デンマークの諸島，ユトランド半島，そしておそらくは，エルベ川周辺の北ドイツをも——指していたことを示唆している。

　西暦1世紀の直前には，ゲルマン語族は——分化していたとはいえ——比較的均質な言語・文化単位をなしていたらしい。その後の人口過剰は，しばしば移民や拡大を招いたから，最終的には——ほぼ西暦紀元の始まり頃には——今日，言語学者たちが北ゲルマン語，東ゲルマン語，西ゲルマン語と名づけているものへとグループ分けされたのだった。

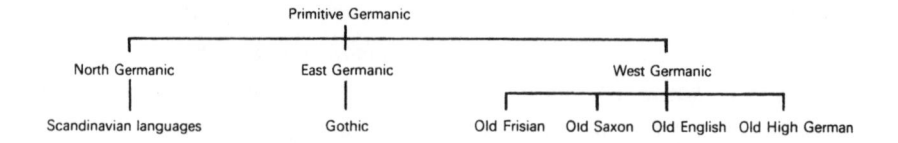

```
                        Primitive Germanic
        ┌───────────────────┬───────────────────────┐
   North Germanic       East Germanic           West Germanic
        │                   │         ┌─────────┬─────────┬─────────┐
 Scandinavian languages  Gothic   Old Frisian Old Saxon Old English Old High German
```

2.3.1　北ゲルマン語 (1.3)

　これは（W. G. を話す集団の一部たる）アングル族の大半が 5, 6 世紀の A. S. の侵入の間にイングランドに移住してから，北ゲルマン（デンマーク）語化したユトランド半島，スカンジナヴィア北部の言語である。その後，（9 世紀頃以降）スカンジナヴィア人の植民地がアイスランド，グリーンランド，フェロー諸島，オークニー諸島，シェトランド諸島，そしてもちろんグレートブリテン島に築かれた。

　100 年以上に及ぶ初期のルーン文字の碑文——ほとんど方言的差異が見られない——は，（西暦 3 世紀末から 800 年頃にかけての）"原始スカンジナヴィア語〔古代ノルウェー語〕の証拠である。この時期より後に，まずはノルウェー語，スウェーデン語，デンマーク語への分裂，それからはそれらの後の子孫への分裂がますますはっきりしてくる。われわれが相手にしているのは，O. E. および M. E. 期に英語に決定的影響を及ぼした限りでの，ゲルマン語のこの分枝だけである。

2.3.2　東ゲルマン語 (1.3)

　これは，西暦紀元前の最後の 200 ～ 300 年間に，オーデル川の東，バルト海の南東沿岸に定住した民族——もっとも主要なものはゴート族——の言語である。ゴート人たちはその名を南スウェーデンの原郷（ゴトランド島）から採ったらしい。西暦 200 年頃，彼らは人口過剰によりやむなく，南東に移住し，黒海北部の平原に定住した。ここで彼らは二つのグループ——つまり，ドニエプル川東部の東ゴート族と，同川の西部の西ゴート族——に分かれた。ゴート族の王国はフン族〔匈奴〕によって滅ぼされたが，後にゴート族はローマ帝国に姿を現わした。いくつかのゴート族の植民地は，フン族の侵入にも生き伸び，6 世紀まで存在した。以下 (2.5) において，われわれはゴート語を考察する

ことにしたい。

2.3.3 西ゲルマン語 (1.3)

これは，エルベ川とオーデル川との間の大陸の語族が西部および南西部へと拡大したことを表わしている。これの諸言語は，ローマの歴史家タキトゥスの『ゲルマーニア』(西暦98年)によって証明されるのである。これらの拡大は扇状のパターンをなしていたし，いくつかの方言グループを形成するに至ったのだが，これらをわれわれは二つの主要グループ——ドイツ語群とオランダ語群——に分けることができる（さらにいろいろの下位区分がある）。そして，われわれの目的にとってより重要なのはアングロ・フリジア語である。部族の状況ははなはだ込みいっている (Prokosch, 1939：31) のだが，結局は史上，アングル人，サクソン人，ジュート人，フリジア人として知られた若干のグループに行き着くのである。これらすべての人びとを私としては，プロコッシュ（上掲）とともに，"アングロ・フリジア語"（Anglo-Frisian）のレッテルの下に載せることで満足したい。彼らはブリテン島を占領し，そして，"アングロ・サクソン語"ないし"古英語"として知られている方言をもたらした，最初のゲルマン族だったのである。

2.4 原始ゲルマン語——碑文

P. G. の母音および子音の系統について，これらがインド・ヨーロッパ語に由来した，とすることを可能ならしめる正当な理論的推測に加えて，ゲルマン期のわれわれのもっとも初期の明白な証拠は，古英語に結びついた諸言語——ゴート語，古代ノルウェー語，フリジア語——によるルーン文字の碑文の形で登場する。以下の私の要約の大半は，R・W・V・エリオットの『ルーン文字——序説——』(Runes: an Introduction) に負うている。

ルーン文字は今日ではしばしば不可解な，旧い書体であって，木材，石，金属の上に刻み込まれ，後には，写本に取り込まれた，角ばった文字から成っている。それらは魔法的な意味をもつと思われていたらしい——し，事実ですらあるようだ——。この文字の起源はいろいろと論議されてきたが，今日の説では，アルプス山地で用いられた文字に由来し，それ自体起源が不明の古いエトルスク字母の末裔だったらしい。ある初期の段階に，一ゲルマン部族（どれか

第2章 前-英語期 47

は知られていない）がこの北イタリアの文字と接触していた。なにしろ，ルーン字母，つまり，フーサルク（fuþark）——周知のとおり，ルーン文字の最初の6文字のこと——は西暦3世紀までに，北方へもたらされ，スカンジナヴィアに達していたからである。

　この昔のジグソー・パズルにおける貴重な考古学上の一つのピースは，1812年にオーストリアと旧ユーゴスラヴィアとの国境近くのネガウで発見された26個のブロンズのヘルメットの一つに刻まれていたものである。それには西暦紀元前3世紀の北イタリアの文字で，ゲルマンの言葉 *Hariχasti teiva* とあり，一般には，これは祈願の刻文 'to the god Herigast'（*teiva* は O. N. の *Týr* 'Tiw'〔戦争・空の神，"ティーウ"〕に関連している）と解釈されている。このことが暗示しているように，ある時期にゲルマン語の或る話者，もしくは話者たちは——おそらく西暦紀元前3-2世紀には——北イタリアの文字を知っていて，彼ら自身の言語の単語のためにそれを十分に使いこなしていたのであり，そしてわれわれとしては，フーサルクの進化の年代を，この頃と西暦紀元前1世紀との間——たとえば，西暦紀元前の250年頃から150年頃にかけての間——とおそらく推測できるであろう。なぜなら，西暦紀元前2世紀以降，ラテン語の影響が増大し，北イタリアの文字とラテン文字とがだんだんと混じり合うようになり，ついには西暦紀元前1世紀には，アルプス山地の字母は用いられなくなったからである。実際，ラテン語の影響はフーサルクの創出，とりわけ，ルーン文字 *f*〔ᚠ〕および *b*〔ᛒ〕において看取できるのだ。

　フーサルクは北イタリアから，ゴート族（彼らは南スウェーデン——"ゴトランド島"——から始まり，南のポーランドや黒海へ西暦3世紀までに移住した），北海のゲルマン諸部族，そしてスカンジナヴィアへと広がった。フーサルクの伝統的な順序や，24個のルーン文字から成る，通常のゲルマン式フーサルクの個々の文字の形についての，われわれの知識は，フーサルクの全体ないし一部が書かれているルーン文字の5個の刻銘に基づいている。これらのうち最初期の，しかも24個のルーン文字の完全な順序を示している唯一のものは，400年頃のキルヴァー（ゴトランド島）から出土した石であり，この後には，6世紀のスウェーデンの2個の大メダル，同時期のシャルネー（ブルゴーニュ）から出土した銀ブローチが続く。さらにその後は，ブレザ（サラエヴォ近辺）出土の柱石の一部があるが，これにはおそらく6世紀の初期のものと思

	Kylver		Vadstena	Grumpan	Charnay	Breza
1	ᚠ	f	ᚠ	ᚠ	ᚠ	ᚠ
2	ᚢ	u	ᚢ	ᚢ	ᚢ	ᚢ
3	þ	þ	þ	þ	þ	þ
4	ᚨ	a	F	F	F	F
5	ᚱ	r	ᚱ	ᚱ	ᚱ	ᚱ
6	<	k	<	<	<	^
7	X	g	X	X	X	X
8	P	w	P	P	P	P
9	H	h	N	H	H	H
10	✝	n	✝	✝	✝	✝
11	I	i	I	I	I	I
12	ᛜ	j	ᛂ	ᛌ	ᛜ	ᛟ
13	ᛇ	p	ᛚ	ʃ	ʃ	ʃ ė
14	ʃ	ė	B	b/p	ᛇ p	W p	⊠ p
15	ᛉ	z	Ψ		✳	Y
16	ᛋ	s	ᛊ		ᛊ	ᛊ
17	↑	t	↑	↑	↑	↑
18	ᛒ	b̄	P	B	B	
19	M	e	M	M	M	M
20	ᛘ	m	ᛘ	ᛘ	ᛘ	ᛘ
21	ᛚ	l	ᛚ	ᛚ		
22	□	ŋ	◇	Y		
23	⋈	d̄	⋈	⋈	e	
24	⋈	o		⋈	d	

2. の u は /u/; 3. の p は /θ/; 7. の g は /ɣ/, また (稀には) /g/; 9. の h は後に O. E. の /x/ または /ç/ として現われる "摩擦音"。またはほかの場合には, Pr. E. の hat におけるような, "気息音" の /h/。12. の j は /j/; 13. の ė (＝キルヴァーの þ) はたぶん, /e/ と /i/ との中間音であり, ここでは, e の上に点を付して, /e/ とは区別してある。15. の z はおそらく現代英語の /r/ と /z/ との中間音である――しばしば R と転写さるる。18. の b̄ は /β/。また (稀には)/b/; 23. の d̄ は /ð/。また (稀には)/d/。

われる，19個のルーン文字しか現われていない。

　これら初期のフーサルクから，われわれは原始ゲルマン語の最初の形（とは言っても，決してその全貌を表わすものではない）を部分的に再構できるのであり，私はこれらを前ページにおいて，エリオット（Elliott, 1959 : 18）から要約して示すことにする。これには各ルーン文字に対しての彼が示唆した音価と，彼の要約に至る前の3ページに依拠した，付加的な若干の説明も付しておいた。

2.5　ゴート語

　われわれは"前－英語"（ないしゲルマン語）期のために，碑文にすっかり依存しているわけではない。なにしろ，ゲルマン語はさまざまな写本の形でも存在しているからである。古スカンジナヴィア語〔古ノルウェー語〕はこの時点ではわれわれの関心外である。それというのも，これら方言による写本で英語に関連しているものは，後の，"ヴァイキング"期からのみ利用できるからだ。英語にもっとも関係の深いフリジア語も，記録としては，14世紀以降からのみ存在する。ゴート語は写本で現存する最古のゲルマン語であって，テクストとしては，4世紀に西ゴート族の司教ウルフィラ（UlfilasまたはWulfila）によってギリシャ語から初めてなされた，聖書の翻訳の断片も含まれる。言語学的に言って，ゴート語の主たる価値は，原始ゲルマン語のもっとも初期の形を再構するのを可能にすることにある。ゴート語はこの祖語にもっとも近いからだ。

　翻訳でもっとも有名な写本は，6世紀のCodex Argenteus（ラプサラ大学図書館蔵）である。見るからに凝った飾りつけをしてあり，紫色の上等皮紙（ウェラム）の上に銀文字で書かれ，金銀で装飾されており，アンシャル字体（西暦4世紀から9世紀にかけて用いられた太くて丸味のある写本用字体）のギリシャ語，ルーン文字，ローマ文字を独特に混合して用いている。以下の見本（「マルコによる福音書」，第9章2-7節）は，第1章に掲げたものと同じく，キリストの変容の物語の一部を伝えてある。アクセントを付したのは，長母音を示すためとか，さまざまな二重母音を示すためである。古英語におけるのと同じように，そういうアクセント類は写本本体にはいっさい出ていない。

·ᛗᛞ· ᚢᚾᛏᛖ ᚷᚨᛒᚨᛁ ᚨᚠᛚᛖᛏᛁᚦᛗᚨᚾᚾᚨᛗ
MD.　UNTE　YABAI　AFLETIþ　MANNAM
xliv.　Enim　si　　remittitis　hominibus

ᛗᛁᛋᛋᚨᛞᛖᛞᛁᚾᛋᛁᛉᛖ·ᚨᚠᛚᛖᛏᛁᚦᚷᚨᚻ
MISSADEDINS　ĪZE,　AFLETIþ　YAH
transgressiones　eorum,　remittit　et

ᛁᛉᚹᛁᛋᚨᛏᛏᚨᛁᛉᚹᚨᚱᛋᚨᚢᚠᚨᚱᚻᛁᛗᛁᚾᚨ·
ĪZWIS ATTA ĪZWAR SA UFAR HIMINAM.
vobis　pater　vester　ó　super　coelis.

ᛁᚦᚷᚨᛒᚨᛁᚾᛁᚨᚠᛚᛖᛏᛁᚦᛗᚨᚾᚾᚨᛗᛗᛁᛋ
Īþ YABAI NI AFLETIþ MANNAM MIS-
Autem　si　non　remittitis　hominibus　trans-

ᛋᚨᛞᛖᛞᛁᚾᛋᛁᛉᛖ·ᚾᛁᚦᚨᚢᚨᛏᛏᚨᛁᛉ
SADEDINS　ĪZE, NI ÞAU ATTA ĪZ-
gressiones　eorum,　neque　pater　ves-

ᚹᚨᚱᚨᚠᛚᛖᛏᛁᚦᛗᛁᛋᛋᚨᛞᛖᛞᛁᚾᛋᛁᛉᚹᚨ
WAR AFLETIþ MISSADEDINS ĪZWA-
ter　remittit　transgressiones　vest-

·ᛗᛖ· ᚱᛟᛋ:ᚨᚦᚦᚨᚾᛒᛁᚦᛖᚠᚨᛋᛏᚨᛁᚦᚾᛁᚹᚨᛁᚱ
ME.　ROS. AþþAN BIþE FASTAIþ, NI WAIR-
xlv.　tras.　Autem　quum　jejunatis,　non　fia-

ゴート語の Codex Argenteus の一部 (「マタイによる福音書」, 第6章14-16節) の複写。転写とウルガタ聖書のラテン語テクスト付き。(*The Gothic and Anglo-Saxon Gospels* (ed. J. Bosworth), 2nd ed., London, 1874から再録)

Jah afar dagans saíhs ganam Iēsus Paítru jah
Iakōbu jah Iōhannēn, jah ustáuh ins ana faírguni háuh sundrō áinans:
jah inmáidida sik in andwaírþja izē,
Jah wastjōs is waúrþun glitmunjandeins, hweitōs swē snáiws,
swaleikōs swē wullareis ana aírþái ni mag gafleitjan.
Jah atáugiþs warþ im Hēlias miþ Mōsē; jah wēsun rōd-
jandans miþ Iēsua.
Jah andhafjands Paítrus qaþ du Iēsua: rabbei, gōþ ist unsis
hēr wisan, jah gawaúrkjam hlijans þrins, þus áinana jah

第2章 前-英語期 51

Mōsē áinana jah áinana Hēlijin.
Ni áuk wissa hwa rōdidēdi; wēsun áuk usagidái.
Jah warþ milhma ufarskadwjands im, jah qam stibna us
þamma milhmin : sa ist sunus meins sa liuba, þamma
háusjáiþ.

2.6 要約

最後に，本章の初め（2.1）において概略を述べたのと同じ比較方法を用いて，われわれは若干のゲルマン語に存在している一，二の単語の実例を以下に示して，かつこれらに共通の仮定される起源を追跡することができる。そのときには，われわれは原始古英語のせとぎわに居ることになるであろう。（他のゲルマン語形も古英語にもっとも近く，記録されている証拠を示すものとして含めてある。もちろん，これらはインド・ヨーロッパ語とゲルマン語がそうであるように，P. E. のさまざまな形の先祖ではなくて，同族的な形，もしくはパラレルな形なのである。）

(i) Gothic *taíhun*, O.N. *tíu*, O.S. *tehan*, O.H.G. *zehan*, O.E. *tīen*, P.G. **teχan, -un* (= Lat. *decem*, Greek *déka*); Pr.E. *ten*.
(ii) Gothic *hunds*, O.N. *hundr*, O.S. and O.E. *hund*, O.H.G. *hunt*, P.G. **hundo-z* (= Lat. *canis*, Greek *kúon*); Pr.E. *hound*.
(iii) *Gothic fisks*, O.N. *fiskr*, O.S. and O.H.G. *fisk*, O.E. *fisċ*, P.G. **fisko-z* (= Lat. *piscis*, Greek *ichthús*); Pr.E. *fish*.
(iv) Gothic *dags*, O.N. *dagr*, O.S. *dag*, O.H.G. *tag*, O.E. *dæg*, P.G. **daʒ-az*; Pr.E. *day*.
(v) Gothic *baíran*, O.N. *bera*, O.S. and O.H.G., O.E. *beran*, P.G. stem **ber-* (= Lat. *feran*, Greek *férein*); Pr.E. *bear*.
(vi) Gothic *ga-dēþs*, O.N. *dáð*, O.S. *dād*, O.H.G. *tāt*, O.E. *dǣd*, P.G. **dǣdi-z*, Pr.E. *deed*.
(vii) Gothic, O.S., and O.H.G. *fāhan*, O.N. *fā*, O.E. *fōn*, P.G. **faŋχanan* 'to seize'; no Pr.E. equivalent.

第3章 古英語（1150年頃まで）

3.1 前置き（1.4）

　別個のW. G. の方言としての古英語のもっとも初期の証拠は，8，9世紀のあちこちの地域のイングランドから，とりわけ，この初期のノーサンブリアとマーシアからの写本をも含めて，O. E. のルーン文字の形で現われている。規模では劣るが，もっと後には，ウェセックスからのものも現われている。

　しかしながら，われわれとしては10，11世紀のW. S. 写本の伝統から主として出発し，遅かれ早かれ，時間的にも空間的にもそこからやり遂げることにしよう。この西サクソン語は，古英語の学徒が通常，初めに教育されるものであるし，このことははなはだ賢明でもある。なにしろ，他のもろもろの方言をすべて合計したより以上に多くの著作が，"標準"古英語の，この後の形で存在するからである。

3.2 後期西サクソン語の背後にある形成的なもろもろの影響（1.5）

　後期西サクソン語の興隆への最初の手がかりは，アルフレッド王が即位（871年）の際に述べた有名だが，はっきりしない言葉に見いだされる。それはグレゴリウス1世（540?–604）の『牧師の仕事』（*Cura Pastoralis*）についての彼の翻訳への序文の中に見られる。

So entirely had it [sc. learning] declined in England that there were very few this side of the Humber who could understand their missals in English, or even translate one letter from Latin into English, and I think that there were not many beyond the Humber. There were so few of them that I cannot think of a single one south of the Thames, when I succeeded to the kingdom.

　疑いもなく，長期にわたるスカンジナヴィア人の侵入および植民の影響による，この衰退の軸を取り除くために，アルフレッドは自ら多数の著作を書くという，教育改革プログラムに着手したのであり，その成果は，（おそらく890

年頃にアルフレッドによって着手された，『アングロ・サクソン年代記』を含めて）今日われわれが手にする厖大な W. S. の散文となったのである。このプログラムはアルフレッド後の修道院再興へ主たる刺激を与えた。そのうちもっとも傑出した人物は，エインズハムの修道院長アルフリック（955頃－1020頃）とウスターおよびヨークの大司教ウルフスタン（1023歿）だった。

アルフレッドの計画の重要性は，いろいろの文書をウェセックスから残余のイングランド各地へと流布させたことにある。彼の意図は，入手できた新しいそれぞれの著作のコピーを各司教管区に送らせることにあった。この厖大な資料体を産み出した写字生たちの名前はもちろん不明だが，かりに彼らがウェセックス人だったとしても，非ウェセックスの学者たちから訓練されていたに違いない。なにしろ，話題にすべき博識な W. S. の著作家は明らかに皆無だったからだ！　彼らはおそらく集団として訓練されたのであろう――だからこそ，彼らが産み出した文書には，共通の特徴（もちろん，純粋に西サクソン語のそれではない）があるし，また，筆者たちが自分自身の口語習慣とはそぐわない慣習を用いていたことを示唆する，矛盾した要素を含んでもいるのである。とにかく，彼らが国全体に普及させた標準文語――"初期"ないし"アルフレッド"西サクソン語――は，10世紀ルネサンスの作家たちによって用いられる，標準文語形の源泉となるのである。

以上のごく簡略な背景的概要を念頭に置きながら，あらゆる O. E. の詩のうちでもっとも記念碑的な『ベーオウルフ』の唯一存残している写本（MS Cotton Vitellius A XV）からの一ページを瞥見するのがよかろう。この詩作品は Mcn もしくは Nb 方言による 8 世紀のものから，1000 年頃に西サクソン語へ転写された。1731 年，この写本は周知のコットニアの火事で損傷されたのであり，そのため，へりがすり切れている。けれどもそれほどひどくすり切れていたわけではなく，1787 年には，デンマークの学者 G・J・ソークリンが初めて原文をコピーしたのであり，そのため，脱落部分は代々のもろもろの編集者たちによってしばしば復元されうるのである。

写本にあるがままの詩行を保存している，複写から最初の 6 行余りを転写すると，次のようになる（もちろん，現代の編集者たちなら，このテクストをキャドモンの『賛歌』――*cf.* 3.3.1――におけるのと同じものとして説明するであろう）。

『ベーオウルフ』の冒頭

Hƿæt þe garde
na ingear dagum þeod cyninga
þrym ge frunon huða æþelingas ellen
fremedon oft scyld scefing sceaþen
þreatum monegum mægþum meodo setla
ofteah egsode eorl syððan ærest þearð
feasceaft funden

〔参考訳〕
ああ，我らは去りし日々に槍のデーンの王者の栄え業を伝え聞いた，
如何に勇将達がその勇気を振るったか。
幾たびかシルド・シェーヴィングは害敵の群から，
あまたの部族から酒宴の席を奪い去り，
エルーリー達を恐れしめた。その始め
乏しい思いをしていたが，……

(山口秀夫訳『古英詩　ベーオウルフ』，泉屋書店，1995年，25頁)

特に注目すべきは，þ, ð, æ, ƿ という"特殊な"文字である。さらに，g ("島嶼の" g)，r, s, および d のそれも。これらは以下の3.3においてより詳しく論じてある。

古典的な西サクソン語の代表例がどのようであるかを見た後では，今やわれわれはこの重要な方言を少しばかり深く考察できるであろう。

初期の西サクソン語が現われるのは，二つのラテン語憲章，若干の系図，そして，殉教史の二つの断簡（いずれも9世紀のもの）においての，名称や周辺においてだけである。実際，われわれはアルフレッドの時代までは，西サクソン語について何も知らないのである。しかしながらその後，資料ははるかに豊富になる。9世紀末ないし10世紀初頭から，われわれは ASC のパーカー写本や，『牧師の仕事』（既出）のアルフレッド訳の二つの最古の写本や，彼の"オロシウス"に対しての O. E. 語訳のローダデール写本を手にしている。アルフリックの仕事（1000年頃）は，後期 W. S. の書き物の大部分を構成しており，これに特別に付加されるべきなのは，『ユニウス詩編』（*Junius Psalter*）や『リーチの書』（*Leech Book*）——両者とも10世紀初頭の写本——への注解である。*ASC*（10世紀末，および11世紀）のアビングドム，W. S. の福音書

（初期の写本は1000年頃），O. E. の"オロシウス"（11世紀）のアビングドン写本，ベネディクト会会則（1000年頃）の写本"A"，W. S. の諸王の憲章における周辺，国王の数々の詔書も。

　もう一度強調しておくべきことは，西サクソン語が文学的標準として十分に確立するようになった，後の段階においてさえ，依然としてそれは地方の方言に特徴的な言葉の形を示しているということである。こういう方言的一様性の欠如はたぶん，現存のO. E. のほとんどの韻文——主として，1000年頃に書かれた四大写本に保存されている——においてもっともよく見られるであろう。これらは，ほとんどは言語が後期西サクソン語なのだが，方言形にひどく富んでいるのである。

　西サクソン語と他の諸方言との対照は，以下に示す実例から十分明白に現われるであろうし，W. S. の見本はキャドモンの『賛歌』や『十字架の夢』の諸版にも現われるであろう。これらはノーサンブリア方言の形でもW. S. の形でも存在しているのである。

3.3　O. E. のその他の写本伝統（1.5）

　われわれが依拠しているのは当然のことながら，文語形で現われてくる約四つの主要方言へ古英語を分かつ伝統的なやり方である。これら方言どうしの間にしっかりした境界線を引くことをわれわれに可能ならしめるのに十分な証拠はないのだが，（一方言から他のそれへの"借用"の問題に然るべき注意を払いながら）それらの個別特徴を区別することをわれわれに可能ならしめるのに利用できる証拠は十分にあるのだ。これらはG・L・ブルック（Brook, 1965: 44-50）によって有用な概説がなされているし，そして，いろいろの方言は，われわれがそれらを異なる地域に割り当てることができる限り，地図1に現われている。残存している証拠がわれわれに告げうるよりも多くのさまざまな古英語が存在したかも知れないし，だからわれわれとしては，書き物に見られる地域的相違は，口語における根底所在の相違を反映しているものと仮定できようが，しかし証拠の性質上，これがわれわれのやりうる限度なのである。これらは多くの中心的な修道院における地方出身の写実生たちの実践を示す証拠と見なすほうがましなのだ。たとえば，10世紀の『ダーラム祭式』（*Durham Ritual*）はダーラム地方に由来するのが分かるから，写字生たちがそこでどういうやり

方で書いたかについてわれわれは何かを言うことができる。同じく、『ウェスパシアヌス詩編集』(*Vespasian Psalter*, 3.3.2 参照)——これは独立した出典と比較することにより、Mcn の著作と規定されうる——は、Mcn 地域の一つの中心（どこかはまだ不明だが）についてわれわれに知らせてくれる。繰り返しておかねばならないことは、古英語は幾世紀にわたり拡大したので、方言的相違は地域にも年代にも帰属させられるだろうということである。実際、方言的特徴を古風なそれと切り離すのは、不可能ではないにせよ、困難なのである。けれども、方言見本を眺める前に、A. S. のアルファベットに少しばかり深く立ち戻るべきであろう。

既述したとおり (1.4)、最初の宣教師たちが使用したアルファベットのアイルランド式ラテン語の形は、いくつかの追加や修正を必要とした。もっとも重要なものは次のように生じた。

(i) "ローマ文字" には O. E. の /θ/ および /ð/ の音に対応する記号がなかった。初期の非ルーン文字による刻印や写本は、それらのために d や th を用いたが、後には、横棒の付いたアイルランド式 ð とともに、ルーン文字 þ が採用され、無差別に——つまり、音 /θ/ と音 /ð/ を区別しないで——用いられた。これら両方が最初に現われるのは 8 世紀である。/ð/ は 13 世紀まで存続したが、þ は 16 世紀まで存続した。

(ii) 当初、/w/ のためには、u または uu が用いられたが、8 世紀には、ルーン文字の記号 þ 'wynn'〔ウェン（wen）〕が——デンホルム＝ヤング (Denholm-Young, 1954: 19) によれば 692 年の憲章において——現われ始めたのであり、そして、13 世紀まで存続した。

(iii) 今日では奇異な、他の文字や文字群も "ローマ文字" から採られた。とりわけ、œ (Nb. の /œ/〜/œ:/ のために) と、ae または æ (/æ/〜/æ:/ のために)。これらはラテン語では、/ε/ 音を表わすための異形だった。

(iv) 語頭では /f/、語中では /v/ と発音される f のための、もっとも初期の綴り方は b だった。どうしてかと言うと、/f/ は /b/ と /v/ との中間音から展開したのであり、当初 b がこの音をうまく表わすものと考えられたからである（ごく初期の古英語では /f/ はまだこの性質をいくぶんか保持していたのかも知れない）。しかし、8, 9 世紀には、b は f に交替するのである。

3.3.1 ノーサンブリア方言

ルーン文字の刻印 (3.4.2) にくわえて，この地域の方言を代表するのは，『リンディスファン福音書』(Lindisfarne Gospels)，『ラシュワース福音書』(Rushworth Gospels) （明らかに北 Mcn で書かれている部分を除く）および『ダーラム祭式』――いずれも 10 世紀の長大なテクスト――に関する注解である。もっと以前（8, 9 世紀）の作品は，キャドモンの有名な『賛歌』の二つのごく初期の写本やベーダの『死の歌』――韻文 5 行の断片――と『ライデンの謎』(Leiden Riddle. こう呼ばれているわけは，この写本がオランダの今日のライデンで見られるからだ）――14 行の詩作品――といったごく初期の写本で代表される。

この方言をG・L・ブルック（Brook, 1965: 51）の例に従い，かつ Nb 語版のキャドモン『賛歌』を引用することにより，例証することにしよう。そして，方言間の対照をより鋭くするために，W. S. 語版（2 世紀以上も後のもの）をも呈示したい。これはジャロウの有名な修道士，尊者ベーダ (672-735) により，その『イギリス教会史』において，明らかに宗教的韻文を書く才能に例外的に恵まれた 7 世紀のウィトビー修道院の助修士〔平修士〕キャドモンなるもののごく初期の作品として引用されているものである。

Nu scylun hergan   hefaenricaes uard,
Metudæs maecti   end his modgidanc,
uerc uuldurfadur;   sue he uundra gihuaes,
eci Dryctin,   or astelidæ.
He aerist scop   aelda barnum,
heben til hrofe,   haleg Scepen;
tha middungeard,   monncynnæs uard,
eci Dryctin,   æfter tiadæ
firum foldu,   Frea allmectig.

〔参考訳〕
今わたしたちは天の国の創造主，創世主の力，その企て，栄光の父のなし給うたことを称うべし。神が永遠であるとき，どのように神はあらゆる奇跡の作者として現われ給うたか。神は先ず人間の子のため，蔽いの屋根として天を創り，それから人類の万能の保護者は地を創り給うた。

(ベーダ/長友栄三郎訳『イギリス教会史』,創文社,1965年334頁)

西サクソン語版——
Nu we sculan herian　heofonrices weard,
Metodes mihte　and his modeþonc,
weorc wuldorfæder;　swa he wundra gehwæs,
ece Dryhten,　ord onstealde.
He ærest gesceop　eorðan bearnum
heofon to hrofe,　halig Scyppend;
ða middangeard,　moncynnes weard,
ece Dryhten,　æfter teode
firum foldan,　Frea ælmihtig.

[Now we must praise　the Guardian of the heavenly kingdom,
the Lord's might　and his thought,
the work of the Father of Glory;　as he, of wonderful things,
the eternal Lord,　made a beginning.
He first created　for the children of men [W.S. 'of earth']
heaven as a roof,　the holy Creator;
then 'middle-earth'　mankind's protector,
the eternal Lord,　afterwards created
the earth for men,　God almighty.]

二つの版どうしのもっとも重要な相違は次の点にある。つまり、æ と i は非強勢の位置に出ている (*hefaenricaes, maecti, tiadæ, Dryctin*); *ia* (*tiadæ* における) は本テキストでは W. S. 語の Nb 版 *eo* である、子音 *u* または *uu* の綴り方は W. S. 語の *p/w/* のために用いられており、*th* は W. S. 語の *þ* または ð/θ/(tha) のために、*c* は W. S. 語の *t* の前にくる *h* (*maecti, Dryctin*) のために、そして、*d* (*modgidanc* における 2 番目のそれ) と *b* (*heben*) とはそれぞれ、W. S. 語の *þ* または ð/ð/ と、母音間の *f* (この位置では /v/ と発音される) との等価なものとして用いられている。これらはすべてよく知られている初期 Nb の特徴なのである。われわれはまた、*uard, barnum, uerc*——W. S. の等価なものは、それぞれ、*weard, bearnum, weorc* であって、二重母音の形を示している——をも付け加えることができよう。語彙では、前置詞 *til* は O. E. の稀な北部の語だが、後には O. N. の *til* によって"強め"られ、

そして＞Pr. E. の till となった。

3.3.2 マーシア方言

この方言によるもっとも初期のテクストは，8, 9世紀の若干の語彙集である。つまり，『コーパス』(*Corpus*)，『エピナル』(*Épinal*)，『エルフルト語彙集』(*Erfurt Glossaries*)，および他の8世紀の語彙集である（やや後のもの——1000年頃の『勅命語彙集』(*Royal Glosses*)——も存在する）。少し後には，『ラシュワース福音書』(10世紀) に関する語彙集の一部が存在するが，マーシア方言についてのわれわれの知識のはるかに広大な唯一の源泉は，9世紀中葉の賛美歌・賛歌に関する厖大な注解シリーズ『ウェスパシアヌス詩編集』(MS Cotton Vespasian A. I., 大英図書館蔵) である。やはり，ブルック (Brook, 1965: 53) と同じ本文の一部を用いて，「イザヤ書」第12章の賛美歌に関する注解を，ラテン語テクスト (Sweet, 1978 (rev. T. Hoad): 117に従い) をも付した上で例示することにする。注意——"7" とあるのは，"and" を表わす写本の記号である。

ic ondettu ðe dryh*ten* fordon eorre ðu earð me ge-
Confitebor tibi Domine, quoniam iratus es mihi. con-
cerred is hatheortnis ðin 7 frofrende earð mec sehðe god
versus est furor tuus, et consolatus es me. ecce Deus
hęlend min getreowlice ic dom 7 ne ondredu forðon
salvator meus; fiducialiter agam, et non timebo. quia
strengu min 7 herensis min dryh*ten*, 7 geworden is me
fortitudo mea et laudatio mea Dominus, et factus est mihi
in haelu gehlaedað weter in gefian of ★wellu haelendes
in salutem. aurietis aquas in gaudio de fontibus salvatoris,
7 cweoðað in ðæm dege ondettað dryh*ten* 7 gecegað
et dicitis in illa die : confitemini Domino; et invocate
noman his cyðe duð in folcum gemoetinge his ge-
nomen ejus. notas facite in populis adinventiones ejus; me-
munað forðon heh is noma his singað dryh*ten*
mentote quoniam excelsum est nomen ejus. cantate Domino
forðon micellice dyde seggað ðis in alre corðan

quoniam magnifice fecit; adnuntiate hoc in universa terra.
gefeh 7 here eardung Sione forðon micel in midum
exulta et lauda habitatio Sion, quia magnus in medio
ðin halig Israel
tui sanctus Israhel.

[以下の訳は古英語——ときおりラテン語に由来する——のみを現代語に移してある。]

I will praise thee, Lord, because (sic) thou art angry with me. Thy fury is turned back, and thou art comforting me. Behold, God is my Saviour; I act faithfully, and do not fear, because God is my strength and (object of) praise, and has become my salvation. You shall draw waters in joy frm the wells of the Saviour, and shall say in that day, 'Praise the Lord, and call upon his name. Make known his deeds among the peoples in his assembly; declare that his name is exalted. Sing to the Lord because he has worked magnificently; say this in all the earth. Rejoice and give praise, oh dwelling of Sion, for great among you is the Holy One of Israel.']

〔参考訳〕
「主よわたしはあなたに感謝します。
あなたは、さきにわたしにむかって怒られたが、
その怒りはやんで、わたしを慰められたからです。
見よ、神はわが救である。
わたしは信頼して恐れることはない。
主なる神はわが力、わが歌であり、
わが救となられたからである」。

あなたがたは喜びをもって、救の井戸から水をくむ。
その日、あなたがたは言う、
「主に感謝せよ。
そのみ名を呼べ。
そのみわざをもろもろの民の中につたえよ。
そのみ名のあがむべきことを語りつげよ。
主をほめうたえ。

主はそのみわざを，みごとになし遂げられたから。
これを全地に宣べ伝えよ。
シオンに住む者よ，声をあげて，喜びうたえ。
イスラエルの聖者はあなたがたのうちで
大いなる者だから」。

（『旧約聖書』，日本聖書協会，1955 年，958-959 頁）

　Mcn のもっとも重要な特徴を要約すると，こうなろう。すなわち，*heland* における長音の *e*（W. S. の長音 *æ*）；*weter* および *dege* における短音の *e*（W. S. の短音 *æ*）；*gemoetinge* における古い記号 *oe*（=/œ:/ これはまた，たとえば（以下に出てくる）ラスワル十字塔（Ruthwell Cross）にルーン文字で刻まれているように，初期の Nb でも現われている）は，西サクソン語では *e*（/e:/）となるであろう；語末の非強勢音節における古風な *u* は W. S. *e* に等しいし，そして，たとえば，*ondettu, ondredu* における一人称単数の母音や，n. の *haelu* において現われている；古風な *d* はこの一節では一度っきり，ð または þ の代わりに用いられている——つまり，*singad* がそれだ。しかしながら，あらゆる方言的特徴のうちでもっとも奇妙なものはおそらく，*dom*（字義は 'do'）であって，*eam*（'am'）との類推に基づき，*-m* がアングル族によって添加されたものである。

　以上は決して，上の一節に現われた特殊 Mcn の全特徴なのではない。より完全な要約のためには，ブルック（Brook, 1955: 53）を参照。

3.3.3　ケント方言

　この方言は 8 世紀には，ラテン語の憲章の中の名前に出てくるだけだが，9 世紀には，一連の憲章そのものの言語にも使用されている。ベーダの『教会史』の写本（3.3.1）の一つに関する注解には，Kt の要素（900 年頃）が含まれているかも知れないし，四つのラテン語の憲章にも Kt の名前が出てくる。900 年後には，Kt の古英語を代表するのは，『ケントの讃美歌』（*Kentish Psalm*），『ケントの賛歌』（*Kentish Hymn*），『箴言』に関する注解（すべて，10 世紀後期の MS Cotton Vespasian D VI に収蔵されている）だけだが，M. E. 時代に再びこの方言にわれわれは出くわすであろう。

イールバーグ憲章の部分

(MS Cotton Augustine II. 52) 850 年頃

Ðis sindan geðinga Ealhburge 7 Eadwealdes et ðem lande et Burnan hwet man elce gere ob ðem lande to Cristes cirican ðem hiwum agiaban scel for Ealhburge 7 for Ealdred 7 fore Eadweald 7 Ealawynne: XL ambra mealtes, 7 XL 7 CC hlaba, I wege cesa, I wege speces, I eald hriðer, IIII weðras, X goes, XX henfugla, IIII foðra weada. 7 ic Ealhburg bebiade Eadwealde minem mege an Godes naman 7 an ealra his haligra, ðet he ðis wel healde his dei, 7 siððan forð bebeode his erbum to healdenne, ða hwile ðe hit cristen se. 7 suelc mon se ðet lond hebbe eghwylce sunnandege XX gesuflra hlafa to ðare cirican or Ealdredes saule 7 for Ealhburge.

[These are the agreements of Ealhburg and Eadwald with regard to the land at *Burna* – what every year is to be donated from that land to Christ's Church to the monks for Ealhburg and for Ealdred and for Eadwald and Ealawynn: 40 measures of malt and 240 loaves, one 'weigh' of cheese, one 'weigh' of spice, one mature ox, four wethers, ten geese, 20 hen-fowls, four fothers of wood, And I Ealhburg bid Eadwald, my son, in the name of God and all his saints, that he keep this well during his own day, and thereafter entrust it to his heirs to hold, as long as it be Christian. And whoever owns that land [is to give] each Sunday 20 loaves (?) of fine flower to the church, for Ealdred's and Ealhburg's souls.]

ここで西サクソン語とのもっとも顕著な相違は、たとえば、*et, scel, mege, hebbe* において、短音 æ の代わりに短音 e になっていることである (Mcn と共通する特徴)。また同じく、長音 æ の代わりに長音 e になっている (*ðem* = W. S. *ðæm*) し、f の代わりに、すでにわれわれが出くわした古風な b になっている――*ob* 'of', *agiaban* (= W. S. *agiefan*), *hlaba* (上の引用のほとんど最後のへんにある *hlafa* を参照)。これ以上のことは、Brook, 1955: 54 を参照。

3.4 ルーン文字

ルーン (*rune*) という語の古英語および中英語での意味は、"神秘、秘密" であり、たとえば、A. S. の族長たちの秘密会議における協議、といったこと

や，後には"秘密の恋歌"(derne runes) におけるように，いろいろな用いられ方をしている。この意味は，"耳元で囁く"(roun または round) という語において 17 世紀まで保たれてきたし，その後でさえ，スコット (1771-1832)，カーライル (1795-1881)，キングズリー (1819-1875) といった古物研究作家たちによって使われてきた。A. S. 時代におけるこの語の使用を示す最初期のものの一つは，『ベーオウルフ』において（剣に言及して）である。

Swā wæs on ðǣm scennum scīran goldes
þurh rūnstafas rihte gemearcod.
[Also the hilt-plates of glittering gold
were carefully inscribed with runic letters.]

〔参考訳〕
そのように金板の上に輝く金の
ルーン文字で正しく記され……
　　　　　　（山口秀夫訳『古英詩　ベーオウルフ』，泉屋書店，1995 年，115-117 頁）

　5 世紀中葉の A. S. の侵入が勢いを増した頃には，前章で論じたルーン文字はノルウェーで広く流布していたし，スカンジナヴィアのいずこでも現われており，さらには，東ヨーロッパ，旧ソ連，ポーランド，ハンガリーからも例は出てくる。O. E. ルーン学にとってもっとも重要なのは，フリジアからの一群である。それというのも，初期フリジア方言は古英語にもっとも密接な言語上の隣人であるからだ。
　全資料体を，北ゲルマン系と西ゲルマン系の二つのグループに分かつことができる。両グループとも，若干の文字を除き，同じようなフーサルクを有している。イングランドにおけるもっとも初期の刻文が示唆しているところでは，二つの流れがこの地に到達した。一つの流れは北ゲルマン語の領域から，もう一つはおそらくフリジアから直接，西ゲルマン語の流れが。不幸なことに，初期のフリジアのルーン文字はほとんど不可解であり，したがって，古英語にもっとも近い W. G. 方言を再構するのにはほとんど役立たないのである。

3.4.1 A. S. のルーン文字による刻文

　これら刻文の主要部分がもちろん，古英語の最重要な源泉となっている。これらは約65個存在するのだが，ひどく損傷されているか，ひどく断片的であるかのいずれかのせいで，ほとんどわれわれに告げるところのないものや，あるいは初期の（たぶん不正確な）線画だけで知られているか，信憑性の疑わしいものか，魔法の意味不明なものか，解釈の疑わしいものを無視すれば，われわれに残されているのは30以下の有意味なテクスト——それらの若干は人名だけから成る——だけである。若干のO. E. 写本に出てくるルーン文字とても，実際上，有名な"ルーン文字の詩"の土台になっている。ルーン文字はまた，個別的にも小さなグループにおいても，ときどき写字生たちが何らかの理由で個々の文字を目立たせようと欲したときに，写本の中で用いられて出ている。A. S. の『謎』の中に用いられたルーン文字はその意味に手掛かりを与えてくれるし，そして，すべての中でもっとも有名なものとしては，作者キネウルフ（9世紀頃活躍）の詩作品の末尾に挿入されたルーン文字による署名がある。

　ブリテン島におけるもっとも長いルーン文字の刻文は，ダムフリーズシャーのラスワル十字塔にあるそれ（320文字）や，大英博物館所蔵のフランクス小箱として知られている，彫刻されたクジラのひげの箱（260字以上），ヨークシャー州ソーンヒルの記念石（54文字），目下，ノルマンディーのモルタンで所蔵されている，遺物ないし小箱（38文字），そして，伝統的にダービに帰属させられている骨の標札（24文字）である。こういう資料体は時間的にも空間的にも多様である（エジンバラからケントに広がっている）し，たとえば，表示されている音に関しては，多くの不明な点が存在する。しかし当座は，われわれは初めに戻るつもりである。

　A. S. の植民者たちはどうやら，より古いゲルマン語のフーサルクの修正版を大陸からもたらしたらしく，このことはルーン文字の数を増加させている（ノーサンブリアでは最大の33個に達している）のであり，この過程はたぶん，ブリテン島へのA. S. の植民より以前に，フリジアの地で始まったと思われるのである。けれども，最古の刻文はひどく短い。すなわち，4世紀ないし5世紀初頭のケイスター・バイ・ノーウィッチ出土の距骨（アキレス腱の丸く隆起した部分）の上——かすかに，*raihan* と読める——や，ウェイカリー（ノーサンプトンシャー州）出土の6世紀のブローチの上や，ジョージ3世の戸棚で

発見された6世紀の有名なコインの上——（たぶん）人名らしき *skanomodu*（ただし、これはアングロ・サクソンのものではまったくなくて、フリジアのものかも知れない）が彫られている——に見られるのである。ルーン文字学は不確かさに満ちた対象なのだ。

3.4.2 フーソルクのアルファベット

初期のA.S.のルーン文字刻文でもっとも長いものが出てくるのは、やっと8、9世紀になってから、テムズ川出土のスクラマサクス——片刃のナイフ——の上に彫られた28個のルーン文字のフーソルク（fuþork. こう呼ばれているのはゲルマン語の *a* がO.E.の *o* に変化しているからである）からである。これらに、"ザルツブルク写本"（今日ではウィーンのオーストリア国立図書館所蔵 Codex 795）における各ルーン文字の名称と音価を付して、書き留めておいた。両方とも、実質的には同じ順序を保っており、この順序は、明らかにより古いゲルマン語のフーサルクに由来している（ただし、四つの付加——þo, þa, þy, þea——がなされている）。テムズ川出土のナイフと、エリオット（Elliott, 1959: 34）によるA.S.文字への転記とを次に再録しておく。

```
ᚠ ᚢ ᚦ ᚩ ᚱ ᚳ ᚷ ᚹ ᚻ ᚾ ᛁ ᛄ ᛇ ᛈ ᛉ ᛋ ᛏ ᛒ
f u þ o r c g w h n i j ė p x s t b
        5               10          15
ᛖ ᛝ    ᛞ ᛚ ᛗ ᛟ ᚫ ᚣ ᛠ
e ŋ(=ng) d l m œ a æ y êa
  20           25
```

テムズ川出土のスクラマサクスの上に彫られたフーソルク

その後、5個のルーン文字がだんだんとこの体系に付け加えられていったが、しかし、それはたぶんNb方言においてだけだったらしい。8世紀初頭のラスワル十字塔は31個を用いているが、最終的に33文字が現われるのは、やっと

フランクス小箱の上の羽目板 2 枚

ケイスター・バイ・ノーウィッチのルーン文字

ジョージ・ヒックスの『北部の古い諸言語シソーラス』(*Linguarum Veterum Septentrionalium Thesaurus*, 1705) においてである。これは幸いにも、MS Cotton Otho B X――1731年の大英博物館の火災で消失した――のルーン文字から書き写されたものである。加わったルーン文字は、Þ*ia* または *io*, Þ*k*, Þ*g* /ɣ/, Þ*q*, Þ*st* の5個である。かくして、われわれは800年頃のノーサンブリアで用いられた33文字のフーソルク (fuþorc) を以下のとおり手にすることになる。

ᚠ ᚢ ᚦ ᚨ ᚱ ᚳ ᚷ ᚹ ᚺ ᚾ ᛁ ᛄ ᛇ ᛈ ᛉ ᛋ
f u þ o r c g! w   h n i j ė/[ç] p x s t
           ᛒ ᛖ ᛗ ᛚ ᛝ ᛟ ᛞ ᚫ ᛡ ᛠ ᛁᛟ ᛣ ᚸ ᛢ ᛥ
           b e m l ŋ œ d æ y êa îo k g" q ŝt

3.4.3 年代と場所

ルーン文字が刻まれたものの年代や場所を特定するのは冒険的な仕事なのだが、R・I・ペイジは650年前後のイングランドに特定されたこれら刻印についての二つの優れた地図を示している。第一の地図では、分布の重点は南東にあり、第二の地図では、マーシアおよびノーサンブリアにある。しかしペイジは、とりわけ持ち運び可能な品物(コイン、ナイフ、輪、箱、ブローチ、等)はほかで作られたのかも知れないし、だから、それらがO. E. の諸方言にとって完全に信頼できる証拠とは限らない、と慎重に指摘しているのである。けれども私としては、北方のルーン文字の刻まれた石碑(とくにラスワルやニューカッスルにおける巨大な石碑)に刻まれたものは、とりわけ、Nb 起源が知られているO. E. の写本類の言語と関連づけられた場合、後期の古英語がどのようなありさまだったのかに関してあらゆる示唆をわれわれに供してくれるものと考えている。これら石碑の大半はキリスト教起源であることが明白であり、この地域のキリスト教は古い異教の書き方を受け入れつつあったのである。

3.4.4 古英語にとってのルーン文字の証拠

長文のルーン文字テクストが初期古英語についてのわれわれの知識の基本データーであるのに対して、短文のそれでさえ、初期の音変化や、われわれの知っている最初期の古英語の発音および文法について何かを供してくれたり、

第3章 古英語(1150年頃まで) 69

古英語の語彙をいくらか増やしてくれたりする。ルーン文字が供してくれるものを次に例示するが、これらはペイジの分析に負うている。

ペイジがひどく原始的な O. E. の形を例証するのだろう、と考えている独創的な解釈の一例（Page, 1973: 183）は、先に述べたケイスター・バイ・ノーウィッチの距骨における *raihan* であって、彼はこれを P. G. の*raiho に結びつけるのだ。そこから、O. E. の *raha* や *rā*, Pr. E. の *roe* が出てくる（実際、距骨は roe〔ノロジカ〕のものである）と考えている。この解釈が正しければ、この刻文ははなはだ初期の二つの特徴——つまり、後には失われてしまうのだが、母音間に保存された原初の O. E. の *h* と、維持された P. G. の *ai*（後にはこれは＞O. E. *ā* となる）——を示していることになるのである。

またしても、ルーン文字の刻文は、「かつて存在したがアングロ・サクソンのイングランドの主たる写本伝統の圏外にあるために記録されずにいる膨大な量の〔O. E.〕語」(Page, 219) に注意を引きつけるのだ。たとえば、ときには、初期の写本におけるように、刻文が示しているのは、その言語が以前には非強勢母音 -*æ* と -*i* がすべて後の O. E. の -*e* になったということである。つまり、グレートアースウィック（ランカシャー州、砂丘の北）出土の記念碑には、*setæ* (W. S. *sette*) 'set up' (p. t.) や *saulæ* (W. S. *saule/sawle*) 'soul' (dat.) のような綴り方が保たれているし、これらの語尾は、同じ記念碑の上の人名 *Tūnnini*（= W. S. *Tūnwine*）のそれと対照をなしている。

ルーン文字の記念碑において区別されうる特殊地方的な特徴は、実際上すべて、ノーサンブリア方言およびマーシア方言である。それというのも、これらは持ち運び不能な物体が存する主な地理上の地域であるからだし、そして、これら二つの方言は、これらの地域に由来することが知られている、初期の写本の言語と明らかに似かよっているからだ。このことの単純な一例は、言語学者たちが"わたり"(glide) と呼んでいるもの——つまり、二つの子音どうしの間で展開する母音——を示す、多数の語がルーン文字で記録されていることである。モーテイン小箱 (Mortain Casket) の *gewarahtæ*, カークヒートン（ヨークシャー州）の石碑の *worohtæ*（両方とも = W. S. の *(ge) worohte* 'became'）はその例であって、これらは（文語とは違って）古英語の口語は、写本が記録している以上にこの種の"わたり"をもっていたことの証拠となるかも知れないのである。

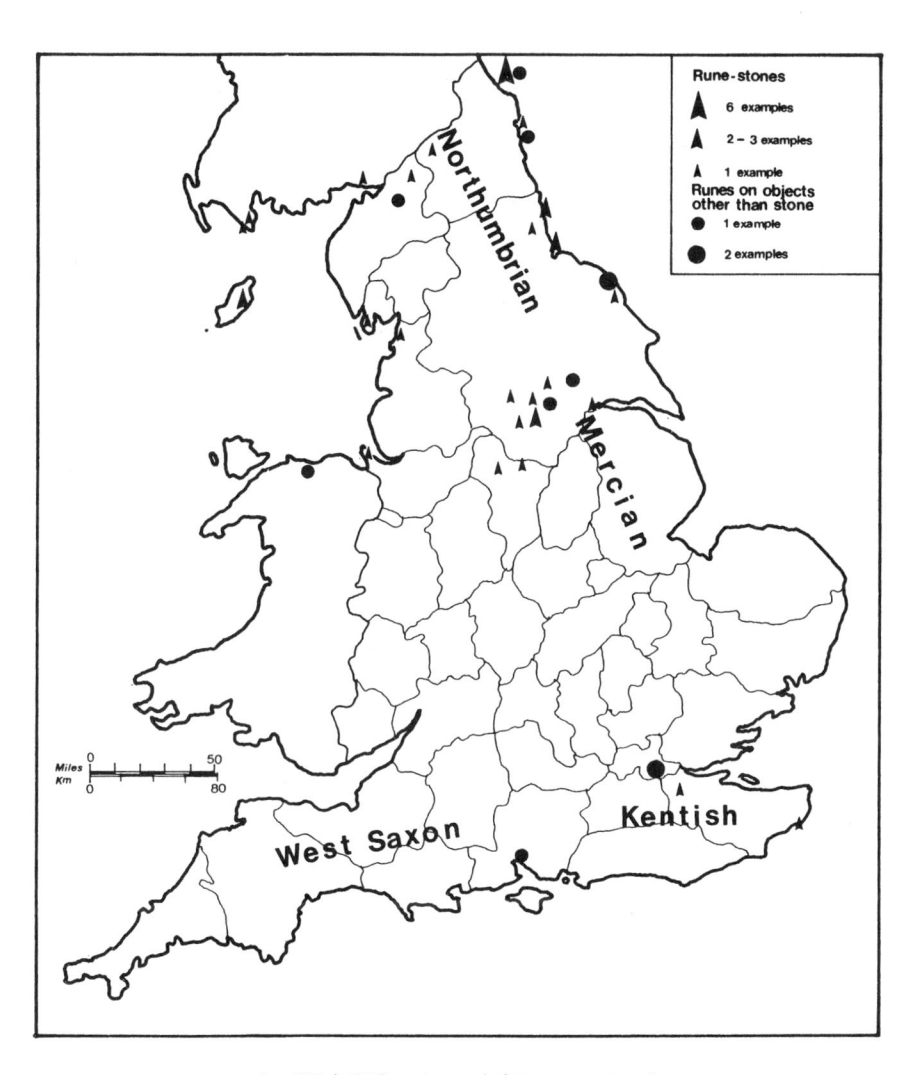

6. 650年以後のルーン文字のモニュメント

第3章 古英語（1150年頃まで）

最後にこれら刻文は A. S. の語彙に若干の付加を供してくれる。もっとも、問題の語は住々にして解釈し難いことがある。フランクス小箱からの三例がそのことを容易に証明してくれる——*fergenberig* ('cliff-bank' らしい); *gasric* (? 'ocean', 'rager', 'impetuous creature', 'spear-wounded', 'whale', といったふうに種々に解釈されてきた); *grorn* （海を指すのなら 'turbid' か、この小箱を作る素材たる鯨の骨を指すのなら 'sad' か、このいずれかである）。ルーン文字が、さもなくば記録され得なかった名前とか、既知の名前に基づく異形——*Pada*, Epa/*Æpa, Æpiliræd* (= W. S. *Æpelræd*), *Wigræd*, 等——を記録するため（というのも、これらは明らかにそういう異形と認められるし、さらなる解釈を必要としないからだ）とかになした貢献を考えるときには、われわれはいくらかもっと容易な基盤に立つことになる。

3.4.5 ラスワル十字塔

終わりに、われわれがラスワル十字塔の上に刻まれた厖大な一連のルーン文字を簡単に考察すれば、こういう刻文が原始古英語——しかも、より馴染み深い後期西サクソン方言からはるかに隔たった一方言におけるそれ——についてのわれわれの知識にどれほど寄与しているか、の簡潔かつ包括的な例証となるかも知れない。このように、これら刻文は古めかしいとともに、方言的でもあるのだ。以下は、R・W・V・エリオットがルーン文字を記述し転記しているもの（Elliott, 1959: 90-96）に基づくが、ヴェルチェッリ版の現代英語訳は筆者自身によるものである。（注—ブルース・ディキンズのそれに従った、エリオットの転記方式では、*ġ* は /g/ または /ɣ/ を意味し、/j/（前母音の前でこの文字がもっていた音価）とは違うし、また *k* はラスワルの特別なルーン文字を転写していて、前部のまたは口蓋化された /k/——つまり、*e* /e/ のような前母音の脈絡の中で現われる /k/——を指す。）

ありあまる彫刻的装飾に加えて、8世紀初期の Nb 芸術の素晴らしい見本であるとともに、もちろん、英国のあらゆるルーン文字石碑の内でもっとも知れ渡り、もっとも堂々とした、この18フィートの高さの石の十字塔には、ローマ文字とルーン文字の両方による刻文が彫られている。ローマ文字によるものは、10個の主要な彫刻されたパネルであって、キリスト教関係の肖像や聖書の場面を示している。

ラスワル十字塔（南側）　　　　　ラスワル十字塔（東側）

	Line 39	..ᚷᛖᚱᛖᛞᛇ ᚻᛁᚾᛇ ᚷᚩᛞ ᚪᛚᛗᛖᛋᛐᛐᛁᚷ
		geredæ hinæ g̅od almeʒttig
East	40	ᚦᚨ ᚻᛖ ᚹᚨᛚᛞᛖ ᚩᚾ ᚷᚨᛚᚷᚢ ᚷᛁᛋᛐᛁᚷᚨ
side		þa he walde on g̅algu gistig̅a
(north-	41	.ᛗᛗᛞᛁᚷ ᚠ... .... ᛗᛖᚾ
east)		(m)odig f[ ] men
	42	.ᚢᚷ. [about thirty characters lost]
		(b)ug̅(a)
	Line 44	....ᛁᚳ ᚱᛁᛁᚳᚾᛇ ᛣᚣᚾᛁᚾᚳ
		ic riicnæ k̅yniŋc
	45	ᚻᛖᚪᚠᚢᚾᛇᛋ ᚻᛚᚪᚠᚪᚱᛞ ᚻᛇᛚᛞᚪ ᛁᚳ ᚾᛁ ᛞᚩᚱᛋᛐᛇ
East		hêafunæs hlafard hælda ic ni dorstæ
side	48	ᛒᛁᛋᛗᛇᚱᛇᛞᚢ ᚢᚾᚲᛖᛐ ᛗᛖᚾ ᛒᚪ ᛇᛐᚷᚪᛞᚱᛇ..ᛁᚳ...
(south		bismærædu uŋk̅et men ba ætg̅ad(ræ) ic (wæs)
east)		ᛗᛁᚦ ᛒᛚᚩᛞᛇ.ᛁᛋᛐᛖᛗᛁᛞ.
		miþ blodæ (b)istemi(d)
	49	ᛒᛁ [about forty characters lost]
		bi
	Line 56	ᛣᚱᛁᛋᛐ ᚹᛇᛋ ᚩᚾ ᚱᚩᛞᛁ
		krist wæs on rodi
	57	ᚻᚹᛖᚦᚱᛇ ᚦᛖᚱ ᚠᚢᛋᛇ ᚠᛖᚪᚱᚱᚪᚾ ᚲᚹᚩᛗᚢ
West		hweþræ þer fusæ fêarran kwomu
side	58	ᛇᚦᚦᛁᛚᛇ ᛐᛁᛚ ᚪᚾᚢᛗ ᛁᚳ ᚦᛇᛐ ᚪᛚ ᛒᛁᚻ...
(south-		æþþilæ til anum ic þæt al bih(êald)
west)	59	ᛋ... ᛁᚳ ᚹᛇᛋ ᛗᛁ. ᛋᚩᚱᚷᚢᛗ ᚷᛁᛞᚱᛇ..ᛞ
		s(aræ) ic wæs mi(þ) sorg̅um gidrœ(fi)d
		ᚻ.ᚪᚷ [about eighteen characters lost]
		h(n)ag̅
	Line 62	ᛗᛁᚦ ᛋᛐᚱᛖᛚᚢᛗ ᚷᛁᚹᚢᚾᛞᚪᛞ
		miþ strelum giwundad
West	63	ᚪᛚᛖᚷᛞᚢᚾ ᚻᛁᛇ ᚻᛁᚾᛇ ᛚᛁᛗᚹᚩᛖᚱᛁᚷᚾᛇ ᚷᛁᛋᛐᚩᛞᛞᚢᚾ
side		alegdun hiæ hinæ limwœrignæ gistoddun
(north-		ᚻᛁᛗ.....ᛚᛁᚳᛇᛋ ..ᚠ..ᛗ
west)		him.....licæs (hêa)f(du)m
	64	..ᚻᚣ.ᛞᚢ. ᚻᛁ.ᚦᛗ [about twenty characters lost]
		(bi)hêa(l)du(n) hi(æ) þe(r)

74

ルーン文字による主な刻文は，十字塔の二つのやや狭い面に彫られており，『十字塔の夢』からの若干の個所に，8世紀初期の Nb の古英語ですっかり献じられている。便宜上，エリオット（Elliott, 1959: 91–29，枠の中に再現）は別々の語におけるルーン文字をヴェルチェッリ写本（1000年頃）中に主として W. S. 方言で見いだされる，この詩作品のフルテクストの詩行に該当する詩行の中で示している。しかしながら，十字塔では，いかなる区分の印も用いられてはいないのである。たぶんそうではないかと思われる読みに角括弧（[ ]）を付してあるし，点々の数は欠如しているルーン文字の数を示すために使われている。

より完全なヴェルチェッリ・テクストでは，当該の詩行は次のとおり。

Ongyrede hine þa geong hæleð (þæt wæs god ælmihtig)
strang ond stiðmod. Gestah he on gealgan heanne,
modig on manigra gesyhðe, þa he wolde mancyn lysan.
Bifode ic þa me se beorn ymbclypte. Ne dorste ic hwæðre bugan to eorðan,
Rod wæs ic aræred. Ahof ic ricne cyning,
heofona hlaford, hyldan me ne dorste.
Bysmeredon hie unc butu ætgædere. Eall ic wæs mid blode bestemed,
begoten of þæs guman sidan, siððan he hæfde his gast onsended.
cwiðdon cyninges fyll. Crist wæs on rode.
  Hwæðere þær fuse feorran cwoman
to þam æðelinge. Ic þæt eall beheold.
Sare ic wæs mid sorgum gedrefed, hnag ic hwæðre þam secgum to handa,
standan steame bedrifenne; eall ic wæs mid strælum forwundod.
Aledon hie ðær limwerigne, gestodon him æt his lices heafdum,
beheoldon hie ðær heofenes dryhten, ond he hine ðær hwile reste.

[Then the young Warrior (who was almighty God) stripped himself
Strong and courageous of heart. He ascended onto the high gallows,
Brave in the sight of many, when he intended to redeem mankind.
I trembled when the Hero embraced me. But I dared not bow to the earth,
I was raised up as a cross. I bore the noble King,

The Lord of the heavens, I dared not bend.
They mocked us both together. I was all soaked in blood,
Streaming from the man's side, when he had sent forth his spirit.
They* bewailed the King's death. Christ was on the cross.
But eager ones came there from afar
To that Prince. I beheld all that.
I was bitterly grieved with sorrows, but I bowed to the hands of men,
Standing bespattered with blood; I was utterly wounded with spears.
Then they laid down the limb-weary one, stood at the head of his body,
Then they looked at heaven's Lord, and he rested himself there a while.]

*i.e. all Creation

　二つのO. E. 版どうしでのいくつかの対照がただちに明らかとなるが、もっとも明白な点はおそらく、Nbテクストがときどき古風なæやi を——非強勢の場合に——含んでいるのに対して、W. S.のテクストはこの両方のためにe になっていることだろう。つまり、*riicnæ* (*cf. ricne*); *bismærædu* (*cf. bysmeredon* 等); *rodi* (*cf. rode*) といったように。W. S.の長音のe に代わるNbのœは典型的だ——*gidrœ(fi)d* (*cf. gedrefed*); *limwœringnæ* (*cf. limwerigne*)、語形変化では、もっとも顕著な特徴は、不定法やp. t. pls.における末尾の-n の消失である。これはNbの古英語では早く消え失せた——*hælda* (*cf.* W. S. *hyldan*); *bis-mærædu* (*cf. bysmeredon*); *kwomu* (*cf. cwomon*)。また、p. t. pls.もW. S.のo に代わる古風なu を示しており、この点では、O. N.の形（たとえば、*cf.* O. N. *kwomu*）により近い。

3.5　非ルーン文字の刻文

　これらの刻文はさまざまな素材の上——しばしば石の上、しかしまた、金属、象牙、鯨の骨、材木から成る多くの物体の上——に見いだされ、大多数は西暦紀元700年から1100年のものである。これらの地理的由来はわれわれにいくらか興味がある。とりわけ、石の上に刻まれたものは、ルーン文字の石碑と同じく、それらが建てられて以来おそらくその場所にずっとあったものと想定できるだけに興味深い。しかし、これらあらゆる刻文の完全な一覧表を作製した

エリザベス・オケイシャの指摘によると (Okasha, 1971: 4), それらは, O. E. の方言の証拠としては, 必ずしも信頼できないという。ある彫り師たちはたぶん地方の修道院に全時間制で雇われていた土地の人間だったかも知れないが, 多くの者はおそらく移動労働者だったらしいのである。だが, それらの言語が由来の知れた写本の言語に符合している場合には, われわれはそれを頼れるものとして確かに受け取ることができるであろう。

刻字された石の約 80 パーセントは, ほとんどウォッシュからウィラルにかけての線の北方に見いだされる (これらの配分パターンは, 石に刻まれたルーン文字の刻文のそれや, A. S. の彫刻された石のそれにぴったり従っている)。このことはおそらく, "ノーサンブリアの黄金時代" (7, 8 世紀) の文化的洗練によるのだろうし, より有力なのは (オケイシャによれば), 南部に比べてこの地方で利用できる適当な石が大量に見つかったことによるらしい。

すでに見たように, ルーン文字の刻文がわれわれの O. E. の語彙の知識を拡大する助けとなるのと同じように, 非ルーン文字の刻文もいろいろの理由で有益である。こういうことはローマ文字での刻文の場合ではそれほどでもないのだが, しかしルーン文字と同じく, それらは *becun* [Pr. E. の *beacon*] のような単語——あまりに頻出するから, 流行していたものに違いない——にとっては,「文脈的意味を供してくれる」(Page, 219) のである。この語は刻文にのみ出てきて, 写本では見当たらない。たとえば, デュースベリーで 1830 年頃に発見された, 9-10 世紀の十字塔には, こうある。(あちこちの [ ] の中には, 確かと思われる復元された字が入れてある。)

– RHTAE BECUN A[E]FTER BEORNAE GEBIDDAD D[A]ER SAULE

'– a monument in memory of his child (*or* lord); pray for the (i.e. his) soul.'

最初の不完全な語はたぶん, dat. sg. の O. E. の名前の一部であろうし, また BEORNAE は O. E. *bearn* 'child' (Pr. E. *bairn*), または *beorn* 'lord' の dat. であるのかも知れない。

Becun はルーン文字の記念碑的な韻文の刻文では三つの意味があることは

明らかだし (Page, 156-160)，これはおそらく，非ルーン文字のそれにも当てはまるだろう。つまり，（故人の）'token' ないし 'symbol'，'something impressive and conspicuous'，'brilliance'——文字通りには輝くかがり火（スカンジナヴィアの若干の石と同じく，イングランドの石も元は鮮やかに塗られていたらしい）——が。それだから，ここでわれわれは刻文慣行に特有な語を入手することになるし，こうして，O. E. についてのわれわれの知識は，地名における若干の要素や語彙集で拡大されるのと同じように，増大されるのである。これと関連した，第二の例は，8, 9世紀のヤーム（ヨークシャー州北部）の刻文における唯一のラテン語 *signum* 'token, symbol' の使用である。古英語へのこういう借用は，ほかのどこでも行われていない。

刻文における多数の人名も，写本からわれわれに知られている。たとえば，古英語では *Æðelmǣr, Ceolfrið, Ēadburg, Godwine, Wǣrmund* やそれ以上の多くが，また古いノルウェー語では *Brandr, Grímr, Iarl, Ormr, Ulfr*, 等があるのだが，しかし，若干の記録されていないもの，たとえばヨークの O. E. の *Costaun* (Okasha, no. 152), ハートルプールの *Torhtswið* (Okasha, no. 46), そして約半ダース以上の不確かな人名も存在する。ほかには稀にのみ発見されるもの，たとえば，たぶん 9, 10 世紀に属するのであろう，"イーウェン・リング" 上の *Ēawynn* (Okasha, no. 155) ——ほかには1回しか記録されていない——もある。これらすべてはオケイシャの包括的なリスト (OKasha, 152-154) に収められており，その中は，オルンマウスから出た古アイルランド語 *Muiredach* (Nb; Okasha, no. 2) や，ハッデンハムから出たたぶん古ウェールズ語の *Oue(i)n* （ケンブリッジシャー州; Okasha, no. 43. これが O. E. の *Ōwine* でなければの話だが）も含まれる。

もっと初期の刻文のいくつかは，ルーン文字の石碑の上のそれと比べられる形を示している。たとえば，*beornæ*（上掲）——*-e* の代わりに *-æ* になっている——；同じく，そういう形は Nb の *æftær*（後には *æfter*）, *eomae*（後には *eome* 'uncle'; Okasha, no. 39) と似ている。（ほかの石碑と同じく）これも D /ð/ を表わす古風な綴り方として，D をその刻文に使用している。

興味はやや劣る項目も一つ，二つある。ランティグロス十字棒 (Okasha, no. 69) は，その11世紀またはノルマン人のイングランド征服後の刻文が，コーンウォール出土の唯一の現存古英語を含んでいる（その断片的な現形では，こ

の地方における後期古英語について実際上何もわれわれに告げてはくれないが)という点で、いくらか重要性を有している。

一、二の刻文はO. N. の影響を示している。ハンバーサイド州のアルドブラフ出土の10-11世紀後期の日時計の刻文には、再帰代名詞の'himself'として用いられたO. N. のdat. 代名詞 *hanum* ('him') が含まれている。他方、1055-1065年に属する、カークデール(ヨークシャー州北部)の日時計上のはるかに長い三つの刻文 (Okasha, no. 64) には、スカンジナヴィア起源の名前——*Orm, Gamal, Tosti, Brand*——が含まれている。この刻文は、ノーサンブリア伯トスティ (1055-1065) とエドワード告解王 (1042-1066) の両方への言及によってかなり正確な年次を与えてくれる点で、はなはだ重要なものである。これら三つのテクストは後期O. E. の語形変化の欠落および混乱(このことは写本証拠にも反映している)を示している。

最後に、サットン〔ケンブリッジシャー州〕で発見された円盤状のブローチ上の(10-11世紀後期の)刻文 (Okasha, no. 114) を次に掲げておく。

+ ÆDVÞEN ME AG   AGE HYO DRIHTEN
DRIHTEN HINE AÞERIE   ÐE ME HIRE ÆTFERIE
BUTON HYO ME SELLE   HIRE AGENES ÞILLES

試訳

+ Ædvwen owns me   may the Lord own her.
May the Lord curse him   who takes me from her,
unless she gives me   of her own will.

これは"所有者の書式"の一つであって、遺言書や特許状にあるように、キリスト教的な呪いが続いている1行目はO. E. の伝統的な頭韻詩になっており、2行目は押韻している。これらはおそらく、当時行われていた二つのタイプの典型的な混合なのであろう。

本文中では、文字 þ が後の w の代わりにまだ用いられているし、そして、興味深い形 *hyo* 'she'——古典的な古英語の学徒は *heo* とか *hio* として、より見慣れているもの——が出ている。おそらく、y は、この時期や中英語に頻出している文字 i の置き換えに過ぎないのであろう。全体的に、このテクストは

その時期から期待されるような，"標準"西サクソン語で書かれている．

3.6 コインの上の刻印

ルーン文字および非ルーン文字の刻文についての考察は以上で終わるが，もう一つのタイプ，つまり，コイン上の刻印についての考察が残っている．これらはもっぱら，貨幣鋳造人たちの人名から成っているのだが，彼らについても何らかの言及がなされねばならない．なにしろ，5000以上ものA.S.後期のコインのこの資料体は，古英語と中英語の過渡期という重大なときの，音変化への目覚ましい証言をするものであるからだ．このテーマについての長い論文の中で，フラン・コールマンはエドワード告解王の治世（1042-1066）に鋳造されたコインの上に見いだされる人名から集まった言語学的証拠を検討した．そして，ルーン文字たると非ルーン文字たるとを問わず，コイン上の刻印はもっと以前から見つけられうるのだけれど，私としては範例の目的上，このよく資料に裏づけられたものだけに限定する．以下のコメントや実例はコイン上に見いだされるO. E. 後期の証拠についてのコールマンの要約に基づいている．

しかしながら，まず第一に，一つないし二つの前置きがある．コイン上の綴り方がわれわれの目的にとって特別な価値をもつのは，それらが写本（ここで考察するのは，3年以内のもの）が可能にするよりはるかに正確な限界の中に年代をつきとめられるし，したがって，鋳造時のO. E. の綴り方を記録しているからである．そういう証拠の相当な量も存在する．つまり，たとえば，種々な綴りによる約300人の貨幣鋳造者の名前が，エドワード告解王の治世だけでも記録されているのだ．これらは主にO. E. のものであるが，しかしまた，スカンジナヴィアおよび大陸のゲルマン起源のものもある——さらにまた，たぶんケルト語の語源や他の語源を有するものもいくつか存在する．それらは二つの要素（O. E. *Ladmær*, O. N. *Spraceling*）から成るのかも知れないし，あるいは一要素だけ——たとえば，O. E. の *Mann*——から成るのかも知れない．スカンジナヴィアの名前がふんだんにあふれているということは，デーン・ロー（とくに北半分）では分かり切ったことだが，とはいえ，人口が流動的なせいで，スカンジナヴィアの名前はロンドンやウィンチェスターほど離れた南部の土地でも見いだされてきたのである．上記の *Spraceling* は適切な一例であって，たぶん，元は一種のあだ名なのだろう——前半の要素は，O. N. の

spraka 'to creak, rattle' か，または *sprakki* 'a dandy or a woman' がくっついたのかも知れない。これらの名前は古英語初期ではありふれているとはいえ，古スカンジナヴィア語ではひどく一般的だったのであり，このことは，すべての王の中でもっとも有名な王 *Haraldr Fagrhár* 'Harold of the beautiful hair' が立証しているとおりである。

　ではより特殊的には，コイン上の名前が後期古英語で起きた音変化についてのわれわれの知識をどのように増やしてくれるのか？　以下に一つ，二つの実例を示す。

　1．古英語から中英語への移行の間は，O. E. の文字 æ (1.4, 3.3) によって表わされた音，および *a* によって表わされた音は，一つになり，両者の間にいかなる区別もなくなった。両方とも後者によって表記されるようになった（現代英語におけるそれと結びついた音を有していた）。コイン上の綴り方は，この変化の，ノルマン人のイングランド征服以前の目覚ましい証拠であって，コールマンは，*Alfsie* と並んで，チェスターからの *Ælfsige, Alfnað* と並んで，リンカーンからの *Ælfnoð*，ソールズベリーからの *Alfwald* と *Alfwold*, そして *Alfwold* と並んで，ウィルトンからの *Ælfwold*——いずれの名前も最初には，O. E. の *ælf* 'elf' なる要素を含んでいる——を引用することが可能となっている。

　2．O. E. 後期の間に，子音 /ɣ/（ドイツ語の *sagen* における音）は半母音 /w/ に変化した。したがって，たとえば，O. E. *fugol* > *fowl, sorg* > *sorrow* となった。ヨークからのコイン上の或る名前の形における二番目の要素は，この変化が実際に起きていることを示している。つまり，*-fuhel, -fuhl, -fuel* がより古い形 *-fugel* と並んで存在しているのであり，このことは，/ɣ/ が徐々に"弱まって"/w/ となっていったことを暗示している。

　3．最後に，コインは後期古英語および初期中英語におけるもっとも重要な変化の一つ——つまり，語末の非強勢音節における母音が弱まり，ついには"中立的な"音 [ə] (1.11) になったこと——を証示している。O. E. 時代後期までに，たとえば，語末の語形変化における，文字 *u, o, a* で表わされた音，つまり，[u]，[o]，[a] はすべて合同して，[ə] となっていたのである。リンカーンからのコインは，*Gife* (< O. E. *gifu* 'gift') なる名前を，ロンドンからのそれは，*Godsunu* と並んで *Godesune* を，カンタベリーからのそれは，

Manna と並んで Manne を，ヨークからのそれは，三つの平行した形，Scule, Scula, Sculæを，それぞれ示している。u と e, a と e, そして, a, æ と e, のそれぞれの交替は初期の M. E. 写本においてよく知られており，これらは後期 O. E. の非強勢母音どうしの間で写字生たちが混乱したことを示している。これら非強勢母音はみな，口語では一つの音［ə］に合同する傾向があったからだ。ノルマン人のイングランド征服以前のコインは，この動きへの付加的な，しかも年次を正確に示しうる証拠を供してくれているのである。

3.7 当座の要約

若干の O. E. 方言による章句や刻文は，第 1 章で概要を述べたように，文語の古英語にとっての厖大な証拠となる。これまでわれわれが眺めてきた資料からも，われわれは口語の古英語を再構することができる。なにしろ，ある言語の文語形を眺めることによって，われわれはその表面の裏を見抜いて，その音組織がどういうものなのかを——個々の音を詳細に再構することはできない場でさえ——推測することがしばしばできるからである。したがって結びとして，古英語の概要を提供するというよりも，私は一つの見本として，主禱文の音声転記を，古典 W. S. 期に発音されていたと思われる形で示したい。/r/ は顫音(せんおん)だという点に注意。理論上は文字 e = /e/ だが，非強勢の位置ではそれを /ə/ と転記しておいた。O. E. 後期までにはそれは，このより不明瞭な音となっていたことがほとんど確かだからである。

Fæder	ūre	þū	þe	eart	on	heofonum,	sī	þīn	nama
fædər	u:rə	θu:	θe	eart	ɔn	heovonum	si:	θiin	nama
gehalgod.	Tō	becūme	þīn	rīce.	Gewurþe	ðīn	willa		
jəhalɣod	to:	bəku:mə	θi:n	ri:tʃə	jəwurðə	θi:n	willə		
on	eorðan	swā	swā	on	heofonum.	Ūrne	gedæghwāmlīcan		
ɔn	eorðan	swa:	swa:	ɔn	heovonum	u:rnə	jədæjhwa:mli:tʃan		
hlāf	syle	ūs	tōdæg.	And	forgyf	ūs	ūre	gyltas,	
hla:f	sylə	u:s	to:dæj	and	fɔrjiv	u:s	u:rə	gyltas	
swā	swā	wē	forgyfað	ūrum	gyltendum.	And	ne	gelǣd	
swa:	swa:	we:	forjivaθ	u:rum	gyltəndum	and	ne	jəlæ:d	
þū	ūs on costnunge, ac alȳs ūs of yfele.								
θu:	u:s on kostnuŋgə ak aly:s u:s ov yvələ.								

〔参考文訳〕
天にましますわれらの父よ、み名が聖とせられますように。み国が来ますように。み旨が天に行われると同じく地にも行われますように。日ごとのパンを今日も与えてください。私たちに負い目のある人をゆるしますから、私たちの負い目をゆるしてください。私たちを試みに会わせず、悪魔から救ってください。

(F・バルバロ訳『新約聖書』「マテオによる福音書」，第6章9-13節，講談社，1975年)

3.8 写本における地名と人名

A. S. の諸憲章に名前が出ていることは言及しておいたが、名前は他の文書にも現われている。A. S. の初期では、地名・人名のもっとも重要な資料の一つは *ASC* のいくつかの版である (3.2)。これの最初の部分は9世紀末頃に編まれたようなのだが、もちろん、名前はベータの『教会史』(3.3.1) のようなラテン語の著作の写本類にも見いだされるのである。後者の或るものは初期 (8世紀) に属し、われわれがすでに出くわしたような、古風で方言的 (しばしば Nb) な綴り方を保っている。しかしながら、疑いもなく、こういう名前についてわれわれが知るのにもっとも重要な資料は1086年ウィリアム1世の命により作成された『土地台帳』(*Domesday Book* 〔*DB*〕) である。もっとも、この厖大な貴重な資料とても、用心して扱われなければならない。それというのも、写字生たちは、英語の音を自分自身の発音にもっとも近いもので表記しようとした、ノルマン人だったからである。

1066年のノルマン人によるイングランド征服の結果として産み出された *DB* は、言語学の観点からは O. E. 期の中にうまく収まる。しかし、私見では、これを扱うのに最適の方法は、半ダースに及ぶ名前について——A. S. 時代から *DB* を経て、後期中英語に至るまで——見取図を作って (以下の4.6参照) 例証し、この種の資料が英語史の主たる源泉への補助として用いられることを示すことであろう。けれどもまず私がやりたいことは、若干の地名を眺めることにより、いかにわれわれが古英語の知識を補足しうるかを示唆することなのだ。実例はエクウォールの『地名辞典』(*Dictionary of Place-Names*) 序説 (pp. xxx–xxxii) から採れている。エクウォールは言語学的研究にとって地名がもつ四つの主なメリットをこう注記している。

1. 地名がしばしば含んでいる人名は，地名の外ではどこにも見いだされないものだし，したがって，初期の部族の人名をも含めて，A. S. の人名録をわれわれが知るのに，地名は大いに重要なものである。たとえば，名前 *Godhelm* (<O. E. *god* または *gōd*＋*helm*. これら二つの要素は別個に現われるとはいえ，人名の要素になっている) は，サリー州の地名 *Godalming* においてはっきりと見いだされただけである。女性たちの名前はごく一般的であって，たとえば，*Ēadburg* はとりわけ普通である (たとえば，*Aberford* において) がほかにも多くのものがある——たとえば，*Beaduburg* (*Babraham* において)，*Ēadgifu* (*Eddington* において)。

2. 地名には，ほかでは記録されていない多くの古語が含まれているが，このことは，古英語は他のゲルマン諸語では見つかるが O. E. 文学では見つからない若干の語を，保存したことを示している。たとえば，*Beeston, Bessacar,* 等は O. E. の一要素 bēos 'reed, rush' (= Du. *bies,* L. G. *bēse*) を含んでいる。*Doiley* も示しているように，古英語には O. N. の *digr* 'thick' に相当する形容詞があったのだが，他方，*Sompting* は O. E. の *sumpt* (= O. H. G. *sunft* 'marsh') の証拠となっている。

また，どのゲルマン語でもほかには記録されていない，O. E. の単語の実在を，ほかの地名は証明している。この場合の，エクウォールの挙げている特例は，O. E. の要素 *ēan* 'lamb' (*Enham* や *Yen Hall* に見いだされる) である。これは Lat. の *agnus* に符合するが，ほかでは派生語でのみ見いだされる (O. E. *ēanian* 'to lamb', *geēan* 'with lamb')。

最後に，この第二項目では，若干の地名は O. E. の単語のほかでは未知なもろもろの関連形を証拠立てている。たとえば，*hagga* は *haga* 'haw' と並んで，*Hagley* や *Haglow* において見いだされる (興味深いことに，-gg- のついた O. E. の形は実際上，この語の若干の現代方言の形において共通要素となっている——例: hag, hagag, haggle)。

3. 地名は文学において見いだされるものよりもはるかに以前の典拠をもろもろの語に提供することがしばしばある。たとえば，*Hunter* (*OED* での最初の引用は 1250 年頃) は，*DB* の地名に出てくる (*Hunston,* サフォーク州)。*Potter* は 951 年の或る憲章の地名に見つかる (*Potteresleag*) が，ほか (*OED*) では 1284 年まで現われてこない。

4. 地名は英語の音声の歴史にとって貴重なものなのであり，しばしば音変化の年代や場所を決定したり，方言の境界を定めたり，等の点で役立つ。たとえば，Stratford, Stratton (cf. Stretford, Stretton) のような地名の地理的分布は，語 'street' が O. E. の *strǣt* とか *strēt* として現われている O. E. の方言に関しての情報を与えてくれる。つまり，この分布は，W. S. (*strǣt*) とアングル人 (*strēt*) の領域の間に境界線を引く手助けとなるのである。同様に，イングランド中部とイングランド北部との間の分布を知るための主要なテストの一つは，O. E. の *ā* の展開であって，これはイングランドの中部諸州および南部では ＞M. E. の *ǭ* となるのだが，北部では *ā* のままずっと残るのである。*ā/ǭ* の境界線は，地名資料の助けを借りれば，いくらか正確に引くことが可能なのだ。

3.9 スカンジナヴィアの衝撃

3.9.1 イングランドに居住したスカンジナヴィア人の証拠——歴史——

イングランドにおけるヴァイキングたちについてのもっとも初期の，かつ筆頭の資料は ASC であって，これは，8世紀末からの北方におけるデンマーク人による収奪を報告しており，その後はヴァイキングの駐留——当初は散発的・臨時的だったが，後には（9世紀中葉から）より恒久的となった——を年代記風に記録している。すでに指摘したが，さらに重要な点は，"デーン・ロー"〔デーン法地域〕の確立である (cf. 地図3，28頁)。この領土区分は，アルフレッド王と，東アングリアのデーン人たちの王グスルムとの間に合意され，アルフレッドとグスルムとの条約〔ウェドモー条約〕として知られる条約で具現した。しかし，ヴァイキングの侵入は，900年頃からのノルウェー人たちによる北西への新たな侵入をも含めて，ずっと続いた。スカンジナヴィア人たちとイングランド人たちとの敵対はほとんど10世紀末まで続いたのであり，この時分には，高度に組織された，新しい第二波のヴァイキングの攻撃が行われた。1013年には，デーン人のスウェイン・フォークビアドがイングランド全域の最初のスカンジナヴィア系の王となったが，しかし彼は翌年には亡くなった。そこで，一連の軍事行動が続いたが，ついに1016年には，イングランド全域がスウェインの年下の息子で，有名なクヌート（994?-1035）の支配下に入ってしまった。デーン人の支配は1042年まで続いたが，この年，ウェセッ

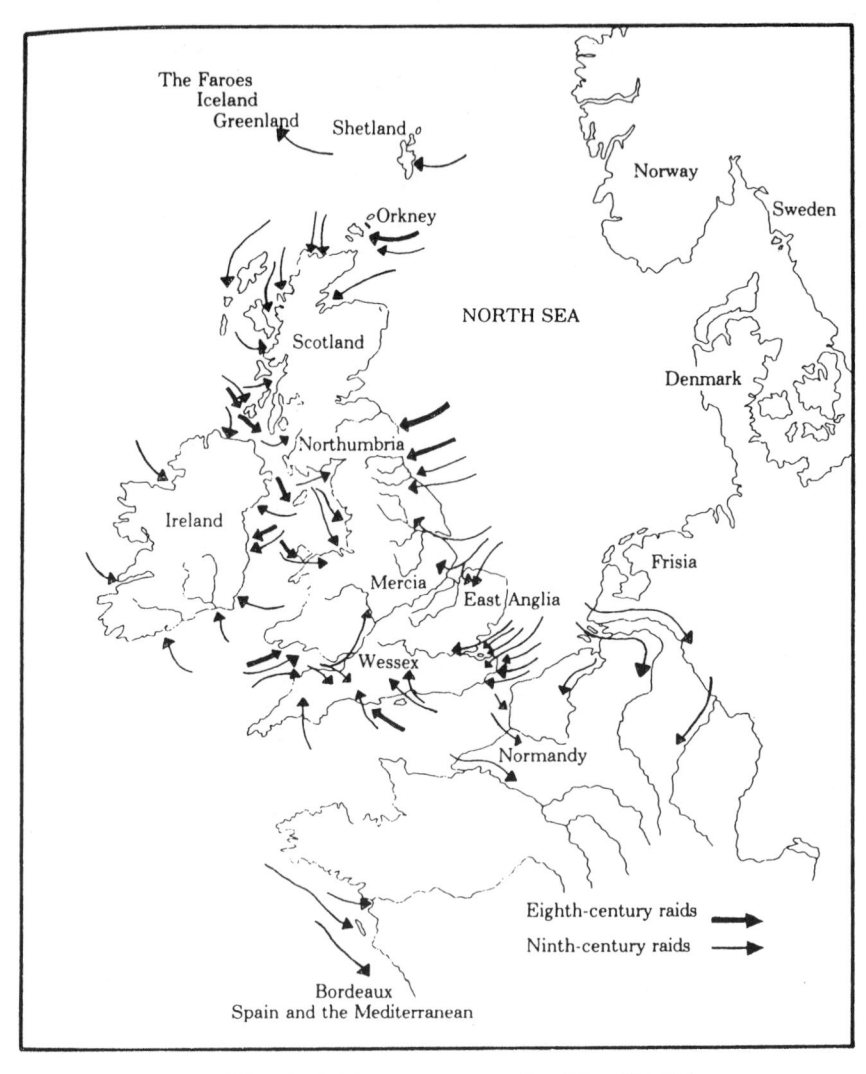

7. 8，9世紀における西ヨーロッパへのヴァイキングの侵入

クスの旧境界線がエドワード告解王の下に回復された。このように，スカンジナヴィアの諸方言がイングランドの特に北部において，英語に及ぼした膨大な言語的衝撃を理解したいのであれば，多くの純然たる歴史の知識が不可欠なのである。

　ASC はイングランドへのヴァイキングの侵入と定住の"進展"——特にその後の段階における——を記録した，唯一のイングランドの年代記であるだけでなく，また，関連したスカンジナヴィアの文書もほかに存在している。これらはすべてホワイトロック編『イングランド歴史文書（500年頃-1042年）』（1955年）の中に収められている。ASC（1）以後でもっとも重要な範例を成しているものとしては，ダーラムのサイモンによる『諸王の歴史』（Historia Regum）（3）；ウェンドーヴァーのロジャーによる『歴史の精華』（Flores Historiarum）（4）；ウースターのフローレンスによる，イングランドのデーン人の諸王の統治に関するもの（9）；『モールドンの戦い』（The Battle of Maldon）なる A. S. の詩作品；散文（『イージルのサガ』Egil's Saga）や詩におけるさまざまな O. N. の文学資料（11-19）；他の年譜や年代記の短い抜粋（20-28）；クヌートのイングランド人民への手紙（48）および彼の法律（50）；聖オズワルドの生涯（236；"デーン人たちの攻撃の更新"に関する重要な一節，p. 843 を含む）；そして最後に，『アングル人への狼の説教』（Sermo Lupi ad Anglos）として知られている，大司教ウルフスタンの A. S. での説教（240）がある。これらの文書はわれわれに，英語に及ぼしたスカンジナヴィア人の影響の根底に所在する歴史を生々しく再構させてくれる。われわれはさらに付け加えて，イングランドにおけるヴァイキングたちの考古学的証拠が，ヨークで発掘された重要な場所ほど大量に見られるところはほかにどこにもない，と言うことができる。こういう証拠は当然のことながら，これからわれわれが向かおうとしている，直接の言語上の証拠を支持し例証してくれるものである。

3.9.2　イングランドに居住したスカンジナヴィア人の証拠——言語——

　英語へのスカンジナヴィア人たちの影響が，今日まで諸方言および標準英語の語彙の中にいかに深くかつ持続的に残存しているかということは，さまざまなタイプの言語上の証拠によってはっきりする。北部の諸方言もやはり，音組織に影響を蒙ったのである。

ここでの問題ははっきり言って，方法論上のそれである。つまり，スカンジナヴィアの諸方言が A. S. 時代——少なくともその後期から——でさえ，口語英語に決定的な影響をすでに及ぼしつつあったということはほとんど疑い得ないのだが，しかしこの影響は少数の刻文，文学における若干の借用語，*ASC*，憲章，*DB* におけるいくつかの名前の中を除いては，O. E. のあらゆる著作物にほとんど現われてはいないのである。大半の証拠は中英語およびその後の時期まで現われてこないし，しかもそれは，M. E. の写本における多数の借用語，多数の地名，そして，今なお標準英語および諸方言の中にあるスカンジナヴィア系の単語から成っている。けれども，地名（3.8）とは別に，私はここではこの後のほうの証拠——たとえそれのいくつかはこの時期には"具体的に"出現してはいないにせよ——を扱うことにした。なにしろ，記録されているにせよ記録されていないにせよ，大量のスカンジナヴィアからの影響が O. E. 期に起きていたに違いないし，この証拠をしっかりとこの時期に結びつけることが賢明なように思われるからである。しかしながら，まず第一に，スカンジナヴィアのルーン文学の刻文を瞥見することにしよう。

3.9.3 スカンジナヴィアのルーン文字

北ゲルマン人たちは元のフーサルクを A. S. 人たちとはいくらか違ったやり方で変更して，文字の数を増やす代わりに，16 文字に切りつめたり，いくつかの形状を簡素化したりしていた。こうして，ヴァイキングの大集団がイングランドにどっと押し寄せた頃には，彼らのルーン文字はアングロ・サクソン人たちのそれとははなはだ異なっていたし，したがってまた，さまざまな形を呈していたのである。このいわゆるより新しいフーソルクは，ペイジ（Page, [Clemoes, P./Hughes, K., *England Before the Conquest*, 1971 所収]：chap. 12）によって見事に論じられている。

イングランドにおける純粋に古ノルウェー語の（つまり，スカンジナヴィアの一方言による）ルーン文字の刻文の多くは，曖昧であるか，判読不能である。これらのいくつかは実際，古ノルウェー語自体で書かれているし，それだからあまりわれわれには関心がないのだが，しかしそれらはスカンジナヴィアの諸方言がイングランドで話されていた持続期間についての重要な証拠なのだ。なにしろ，これらの刻文は 11，12 世紀に始まるからである。一例にはセント

ポール大聖堂の教会墓地の墓石に刻まれたものがある。それはこう読める。

(KI) [*or* (FI)] LET LEKIA STIN ÞENSI AUK TUKI
'Ginna (*or* Finna) and Toki had this stone placed'

しかしながら、どう見ても英語の刻文のために、スカンジナヴィアのルーン文字が用いられている記念碑が一つある。これはブライドカーク（カンブリア州）の洗礼盤である。この洗礼盤の上の入念な彫り物は、12世紀と年代を決定されうるし、そして、台の東面の上の刻文は、押韻対句の形式を取っている。われわれはこれを中英語のごく初期の一つの形式と見なしてかまわないし、またそれは少なくとも北西イングランドのここでは、ヴァイキングのルーン文字がごく自然なものとなっており、英語の話者および読者によって用いられるようになっていたことの証拠なのだ。刻文（ここでは、ペイジの緻密な版（p. 196）を少しばかり簡素化しておく）はこう読める。

+ RICARÞ HE ME IWROCTE 7 TO ÞIS MERÐ GER [..] ME BROCTE
'Richard he made me and Ger .. brought me to this splendour'

学徒に周知の、初期中英語の、より馴染みの形にすれば、これは次のようになろう。

+ Ricard he me iwrohte,
And to þis merðe Ger .. me brohte

注意しべきは、古風な綴り *c* が *iwrocte* や *brocte* において、/x/ のために保持されているのに、古い Nb の語尾 *-i* がいまや、後世の *-e* になってしまっている点である。*Ger* [..] はたぶん第二の人名——洗礼盤を注文した人を記録している——か、それとも、それをさらに、ひょっとして、塗料で飾った第二の職人なのであろう。

3.9.4 標準英語と諸方言におけるスカンジナヴィア語からの借用 (1.7)

すでに指摘したように，写本においてはスカンジナヴィア語の要素が主にM. E. 初期から現われているのだが，いくつかの語は疑いもなく少なくとも9，10世紀から口語として用いられてきたのである。これらは英語の語彙およびその音の両方にたいしておよぼした影響の重要部分を成している。たとえば，*window* (O. N. *vind-auga*, 文字通りには，'wind-eye') は，スカンジナヴィア語から英語へと借用された単語であるに過ぎないのに対して，Nb方言の*flick* (= St. E. *flitch*) はスカンジナヴィア語が北方イングランドの音組織に及ぼした影響の一例であるらしく，標準英語で /tʃ/ となっているところが /k/ となっている（スカンジナヴィア人たちには /tʃ/ がなかったから，それのために，彼らの一番近い音 /k/ で代用したのである）。同じく，Pr. E. の *give*, *get* における古ノルウェー語の /g/ は，O. E. の ġ /j/ に取って代わった。これから見てゆくように，文法的影響もなくはないのである。

ブライドカークの洗礼盤（91頁）上の古ノルウェー語のルーン文字の大写し

標準的なもろもろの歴史は，中英語に見いだされる多数のスカンジナヴィア系単語を表示しているが，そんなことをここでやるのが私の目的ではない。問題は，「英語におけるスカンジナヴィア語の要素をいかにして発見するか？」ということである。その答はもちろん，写本や書き物を眺めることによって，である。それゆえ，われわれは若干の例を考察するとしよう。以下にあるそれぞれの行文では，スカンジナヴィア起源の単語や，その形が同族のスカンジナ

ブライドカークの洗礼盤（東側）

ヴィアのそれに影響されてきたと思われる単語はイタリック体で示し，また可能とあれば，純粋の語彙項目の場合，OEDで記録されているとおりに，それの英語での初出を，付記してある。

1. リチャード・ロル『余は眠る』(*Ego Dormio*, 1343年頃)
(ed. H. E. Allen, *English Writings of Richard Rolle*, Clarendon Press, 1931, p. 61)

この約3500語から成る散文作品は，天上の愛への完全な献身というテーマを扱っており，ヨークシャーの作家リチャード・ロル (1300頃-1349) が或る尼僧に宛てたものである (この特殊な写本は，北ヨークシャーのピッカリングの南東数マイルにある小さな尼僧院，イェディングハムの或る尼僧に献じられたもの)。

1 Ego dormio et cor meum vigilat. Þai þat lyste[1] lufe,
  herken, and here of lufe. In þe sang of lufe it *es*
  writen: 'I slepe, and my hert wakes[2].' *Mykel* lufe
  he schewes, þat never *es* irk[3] to lufe, bot ay stand*and*,
5 sitt*and*, gang*and*[4], or wirk*and*, *es* ay his lufe thynk*and*
  and oftsyth[5] þarof *es* drem*ande*. Forþi[6] þat I lufe, I
  wow þe, þat I myght have þe als I walde[7], noght to me,
  bot to my Lorde. I will become þat messanger to bryng
  þe to hys bed þat hase made þe and boght þe, Criste,
10 þe keyng sonn of heven. For he wil with þe dwelle,
  if þou will lufe hym: he askes þe na mare bot þi lufe.
  And, my dere *syster* in Criste, my wil þou dose if þou
  lufe him. Criste covaytes noght els bot *at* þou do his
  wil, and enforce þe[8] day and nyght þat þou leve al
15 fleschly lufe,[9] and al lykyng þat lettes[10] þe *til* lofe
  Jhesu Crist verraly[11].

[1]whom it pleases to [2]keeps watch [3]weary [4]going (= walking) [5]often
[6]Because [7]want [8]exert yourself [9]desire; [10]prevents [11]in truth

行：
1 *þai* < O.N. *þeir* (c. 1200).
2 *es* < O.N. *es*.
3 *mykel* < O.N. *mikill* (-*k*- forms from c. 1200; = O.E. *miċel*, Pr. E. *much*).

4ff -and(e) (standand, sittand, etc.) < O.N. -andi pr.p. (= O.E. -ende).
12 syster < O.N. systir (= O.E. sweostor). In view of the O.E. cognate, impossible to date: see the entries in OED.
13 at < O.N. at (c. 1325; = O.E. þat).
15 til < O.N. til (in Old English, c. 800 (Ruthwell Cross)).

2. 『ガーウェイン卿と緑の騎士』(1350頃-1375)、略記は GGK
    (ed. J. R. R. Tolkien and E. V. Gordon, 2nd rev. ed. by N. Davis, Clarendon Press, 1967. 4.3のテクスト6を参照)

このテクストではスカンジナヴィア語の単語は、おそらく、詩的目的――類義語（絶えず必要になり、数多く用いられている）を追求した、頭韻的技法――からだろうが、夥しい。たとえば、以下の一節では carp は、言明する、話す、等という概念のために、伝統的な単語ストックに加えられている。Cf. Tolkien and Gordon (op. cit.), pp. 125-128; Davis (op. cit.), pp. 138-141.

  1 On þe morne, as vche mon mynez[1] þat ty.ne
     Þat Dryʒtyn[2] for oure destyne to deʒe watz borne,
     Wele waxez[3] in vche a won[4] in worlde for his sake;
     So did hit þere on þat day þurʒ dayntes mony:
  5 Boþe at mes and at mele, messes ful quaynt
     Derf men vpon dece drest of þe best.
     Þe olde auncian wyf[5] heʒest ho[6] syttez,
     Þe lorde lufly[7] her by lent, as I trowe[8];
     Gawan and þe gay burde[9] togeder þay seten[10],
 10 Euen inmyddez, as þe messe metely come,
     And syþen þurʒ al þe sale, as hem best semed,
     Bi vche grome at his degre graypely watz serued.
     Þer watz mete[11], þer watz myrþe, þer watz much ioye,
     Þat for to telle þerof hit me tene[12] were,
 15 And to poynte hit ʒet I pyned me parauenture.
     Bot ʒet I wot þat Wawen and þe wale burde[13]
     Such comfort of her compaynye caʒten[14] togeder
     Þurʒ her dere dalyaunce of her derne wordez,
     Wyth clene cortays carp closed fro fylþe,

20 Þat hor play watz passande vche prynce gomen,
      in vayres.

¹remembers ²the Lord ³Joy springs up ⁴every dwelling ⁵woman ⁶she (ho) ⁷courteously ⁸think ⁹lady ¹⁰sat ¹¹food ¹²burden, trouble ¹³fair lady ¹⁴took

5-6 Both at dinner and less formal meals, very finely prepared dishes of food stalwart men on the dais served in the best manner
10 Right in the middle, as the food duly came
11-12 And then through all the hall, as seemed best to them, each man was promptly served according to his rank.
15 If to describe it in detail I perhaps made the effort
18-20 In the pleasant courtly conversation of their private words, with pure and gracious talk free from defilement, that their playful words surpassed every princely game, in truth

行：
1. *mynez* < O.N. *minna* 'remind', *minnask* 'remember' (*c.* 1200, but in this sense only from the fourteenth century; see *OED*, Min, v.²).
2. *deȝe* ? < O.N. *deyja* (unless < an O.E. form *dēg(i)an*, etc.; *c.* 1135).
3. *won* < O.N. *ván* (this meaning from *c.* 1275: see *OED*, Wone, sb.²).
6. *derf* < O.N. *djarfr* 'bold' (*c.* 1200).
12. *graypely* < O.N. *greiðliga* (before 1300 as adv., *c.* 1205 as adj.; see *OED* Gradely).
16 *wale* adj. < O.N. *val* n. 'choice' (*c.* 1250).
19. *carp* < O.N. *karp* 'bragging' n., *karpa* 'to brag' (*c.* 1325 n., but *carp* v. from before 1240).
20. *passande*: *-ande* < O.N. *-andi* pr.p. (= O.E. *-ende*).

〔参考訳〕
略式の食事と正餐の食事ともども心づくしの料理が
上座の勇者たちに至れり尽くせりに並べられた。
かの年配の女性は最も高い位置に座っている，
城主はかしずいて彼女のそばに座った，と私は信じる。
ガウェインとあでやかな女性は一緒に並んで座り，
真ん中の位置を占めると，折しも料理がほどよく到着，
そこで広間全体にわたり，皆にはこれが一番と思ったように，

身分に応じ各人にまこと充分にふるまわれた。
食事あり，浮かれ騒ぎあり，大きな喜びありで，
これを語るとなれば私は早速当惑するほどで，
細かに述べたにせよ私がひどく苦しむのは確かだ。
(境田進訳『ガウェイン詩人全訳詩集』中「ガウェイン卿と緑の騎士」，小川図書，1992年，326頁)

3. ジョージ・メリトン『ヨークシャー対話』(1683年)
(ed. A. C. Cawley, Yorkshire Dialect Society Reprint II, 1959)

最後の例として，私はやや並外れた選択を行い，中世期を逸れたところから一節を載せることにした。しかしながら，この『対話』——北ヨークシャーの方言を展示したり，おそらく保存したりすることを意図した，ユーモラスな方言の対話の伝統に則った一つ——ははるかに古い起源をもつ，スカンジナヴィア語由来の確かな，もしくは確かと思われる単語を多数含んでいる(脚注参照)。
　この一節においては，M. = 'Mother' であり，F. = 'Father' である。奇異に見える綴り方——たとえば，*deau* 'do', *cawd* 'cold' は，地方の方言の発音を表わしている (5.9.4をも参照)。

1   M. Come tack up'th Beefe Tibb, ist Dubler ready,
        Thy Father and Hobb *mun gang*[1] to'th Smiddy[2],
        And fetch the Specks[3], *Sock*[4], and Coulter hither,
        Seedtimes now come, they *mun* Sawe *Haver*[5];
5   Stride Tibb, and *clawt*[6] some Cassons[7] out 'oth Hurne[8],
        Then geay[9] Thy wayes and fetch a *Skeel*[10] of Burne[11]
        And *hing* the pan ore'th Fire, ith *Rekin-crewke*[12]
        And Ise wesh'th *Sile*[13], and dishes up 'ith *Newke*[14]
        And than wee'l all to Bed; here's a cawd Neet
10   But Husband Ise cling close, and weese *blend*[15] Feet,
    F. Pray thee deau[16] Pegg, than Ise git up 'ith Morne,
        and *late*[17] some pokes[18], and put up our Seed Corne;
        Than thou may sarra'th[19] Goats and Gilts[20] with *draffe*[21],
        And Ise give *Yawds*[22] some Hinderends and *Caffe*[23],
15   Than for our Breakfasts, Thou may haet[24] some Cael[25],
        Til I lye[26] by my Shackfork[27] and my Flail:

    And Hobbs mack ready my Harrows and my Plewgh[28]
    And he and I Pegg, sall deau weel aneugh;
    Ive hard it tauk'd, and now the Trueth Ive fund,
20   *Amell*[29] tweay[30] Steauls[31], the Tail may fall to'th grund.
[1]must go [2]smithy [3]long, thin pieces of iron nailed to the plough to stop it wearing [4]ploughshare [5]oats [6]rake [7]dried cow-dung [8]fireplace corner [9]go [10]pail [11]water [12]pot-hook [13]strainer, sieve [14]corner [15]put together [16]do [17]look for [18]sacks [19]give food to the [20]young pigs [21]pig-swill [22]horses [23]chaff [24]heat [25]broth [26]lay [27]threshing-fork [28]plough [29]among [30]two [31]stools

行：

2. *mun* < O.N. *munu* (*c.* 1200); *gang* < O.N. *ganga* (= O.E. *gangan*).
4. *haver*? < O.N. *hafre* (1362).
5. *clawt*? < O.N. (all northern quotations in *EDD*, s.v. Claut, sb.1 and v.).
6. *skeel* < O.N. *skjóla* (*c.* 1330).
7. *hing* < O.N. *hingja* (before 1300; see *OED* Hang, v., para. A2); *rekin* < O.N. *rekendr* pl. (sg. *rekandi, unrecorded: see *OED*, s.v. Rackan, 1400) + *crewke* (= 'crook') < O.N. *krókr* (*c.* 1290).
8. *sile* < O.N. *síl*; cf. modern Norw. and Sw. *síl* (1459–60); *newke* (probably) < O.N., cf. Norw. dialectal *nōk* 'hook, bent figure', etc. (before 1300).
10. *blend* (probably) < O.N. *blanda* (before 1300).
12. *late* < O.N. *leita* (before 1300: see *OED*, Lait, v.[2]).
13. *draffe* (probably) < O.E. *dræf*, but cf. Icelandic *draf* (*c.* 1205).
14. *yawd* < O.N. *jalda* 'mare' (only from early sixteenth century); *caffe* shows /k/, presumably by O.N. influence, as cf. St.E. *chaff*.
20. *amell* < O.N. *á milli*, etc. (before 1300).

以上の例から，古ノルウェー語が後期古英語に——その語彙，その音および文法にも——いかに大きな影響を及ぼしたか明らかになるものと期待している。さらなる文書を検討すれば，何百もの例が見つかるだろうが，しかしわれわれとしては，Pr. E. の諸方言におけるスカンジナヴィア系単語——もちろん，これらも中世紀に溯る——を眺めることにより，この資料を補充できるであろう。

やはり，初出の語は *OED* の中に記録されている。方言の源から利用可能な情報を選んだものは，以下数ページのいくつかの地図において呈示してある。基礎になったデーターは，1950年代に『英国方言調査書』(*SED*) に集められたものである。第5章（地図15, 192頁）の *I am* の地図をも参照のこと。

3.10 ノルマン人のイングランド征服

この征服の純歴史的な局面はこれ以上われわれにはほとんど関心がない。関係資料は『英国歴史文書』(*English Historical Documents*), Ⅱ (1042-1189) の中に見いだされる。また，1.9の巻末書誌〔235頁〕をも参照のこと。ここではただ，征服王の到来が英文学作品に衰退をもたらし，また文語の標準としての W. S. 方言の終焉をももたらした，とだけ言うに止めておこう。英文学が過度期からすっかり抜け出したとき，千差万別の形でそれをなし遂げたのであり，単一の方言が優位に立つということはなかったのである。

だから，われわれは『ピーターバラ年代記』(*Peterborough Chronicle*) からの抜萃をもって終えることができるであろう。これは古英語と中英語との混乱した過渡期をいろいろなやり方で見事に記録しているからである。

『アングロ・サクソン年代記』(*ASC*) は後期 O. E. および初期 M. E. の時代へも，カンタベリー，ウスター，ピーターバラで続行されたのだが，最後に挙げたピーターバラのそれ（1154年まで続行された）は，歴史的にも言語的にももっとも興味深いものである。以下に掲げるのは，ほとんどの教科書（たとえば，Dickins and Wilson, pp. 4*ff.*）に収められている，1137年の報告の一部（スティーヴン王〔1135-1154〕治世下の無政府時代の国土の悲惨さ）である。固有名詞は別にして，フランス語から派生した単語や句はイタリック体で示してある。その他は後の注記でコメントした。

1　Ðis gære for þe king Stephne ofer sæ to Normandi and ther wes underfangen, forþi ðat hi uuenden ðat he sculde ben alsuic alse the eom wes, and for he hadde get his *tresor*, ac he todeld it and scatered it *sotlice*.
5　Micel hadde Henri king gadered gold and syluer, and na god ne dide me for his saule tharof.
　　Þa þe king Stephne to Englalande com, þa macod he

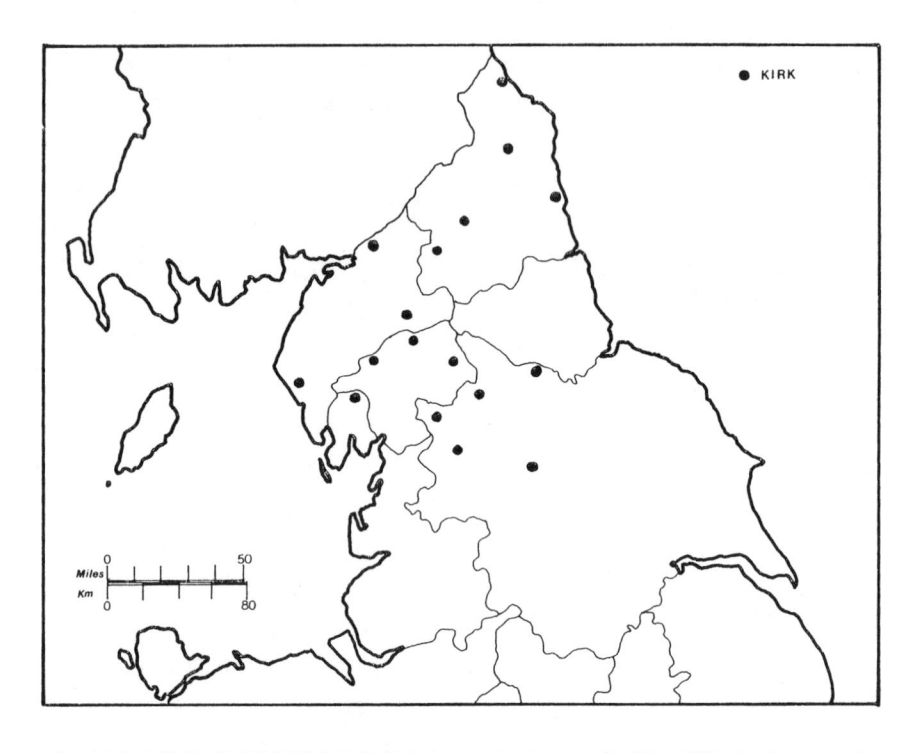

8. **kirk の生起**（1200年頃より記録あり。<O. N. *kirkja*）〔注−地図 8, 9, 11, 12（および 15, 17−20）におけるドットは, SED による調査済みの土地を示す。〕

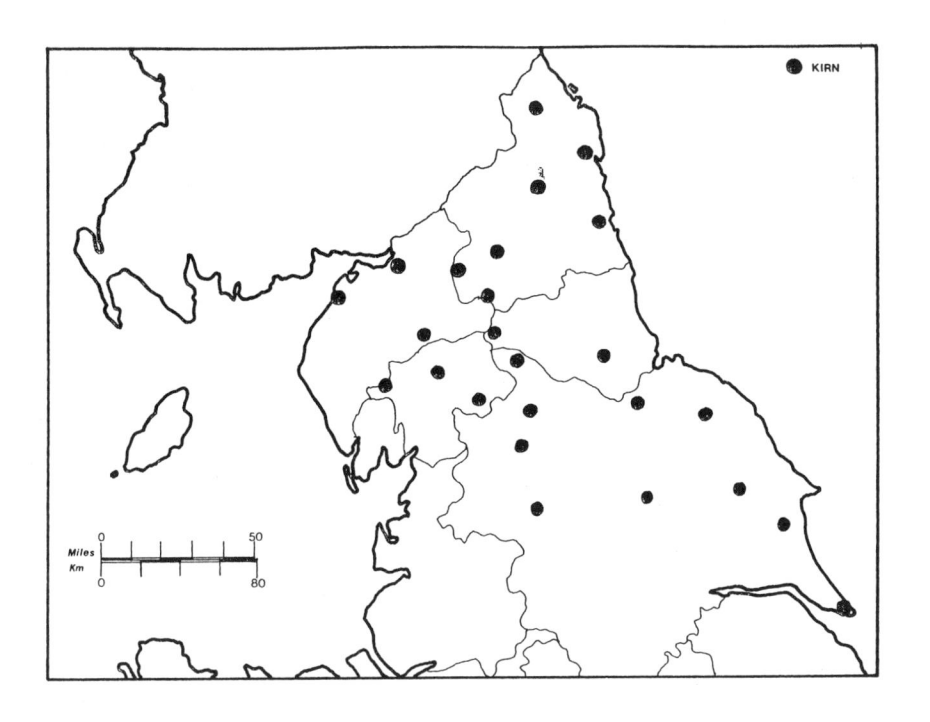

9. *kirn* 'churn' の生起（1338–1339年より記録あり。*Cf. O. N. kirna*）

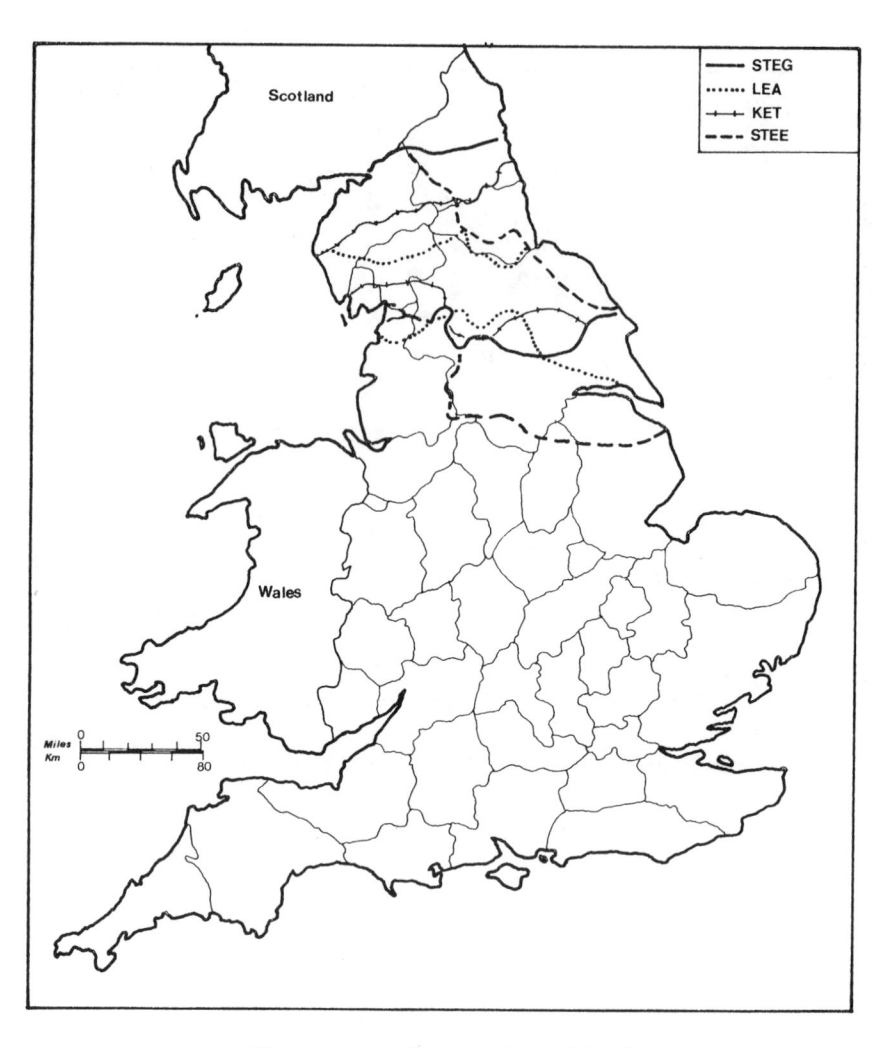

10. スカンジナヴィアからの四つの借用語

steg 'gander' (1483; <O.N. *steggi*, steggr)
lea 'scythe' (1483; <O.N. *lé*)
ket 'rubbish' (c. 1220; <O.N. *kjǫt*)
stee 'ladder' (before 1300; <O.N. *stige*, etc.)

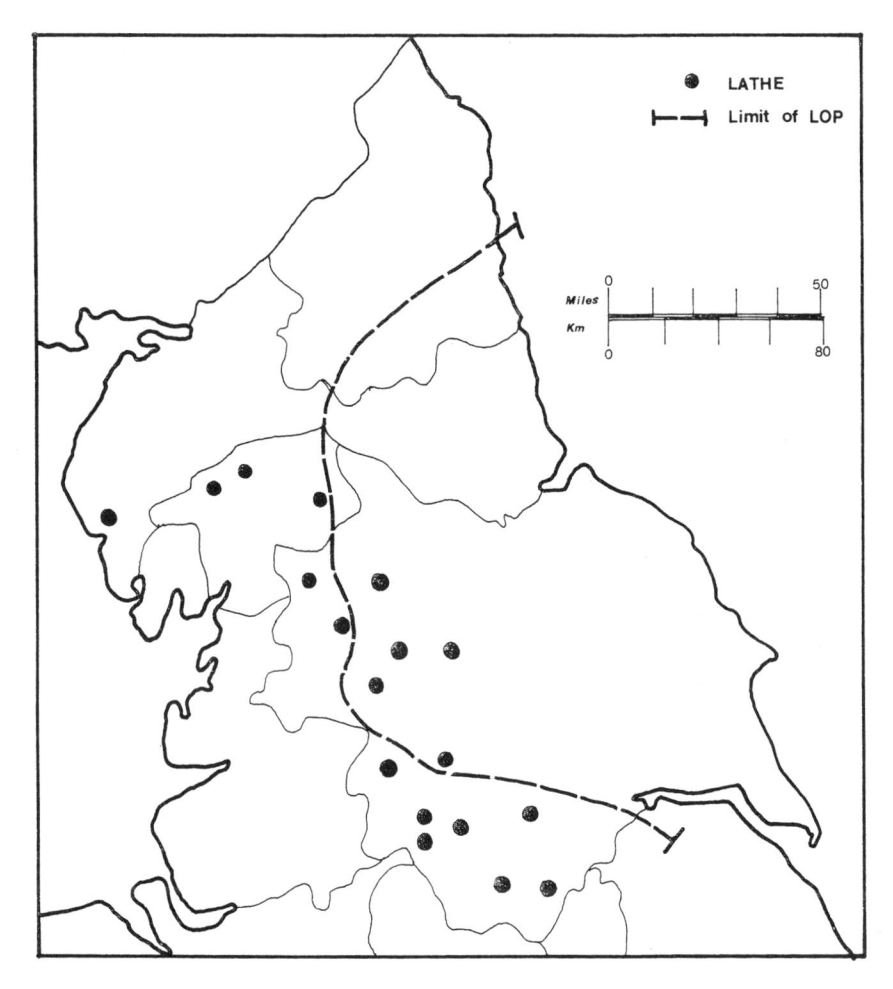

11. **パターンの異なる分布** ——*lathe* と *lop*. ドットは *lathe* 'barn' (*c.* 1250; <O. N. *hlaða*) の生起を示す。境界線は *lop* 'flea' (*c.* 1460; たぶん <O. N. **hloppa*) の全般的な限界を示す。20 世紀の方言におけるスカンジナヴィア系単語のもっとも馴染み深いパターンは（ほかの地図でも見られるように）北東から北西へと国土を横切る対角の帯の形を取っているのに対して，別のタイプのパターンも生起している。そういう二つのタイプがここでは見受けられるのである。

第3章 古英語（1150年頃まで）

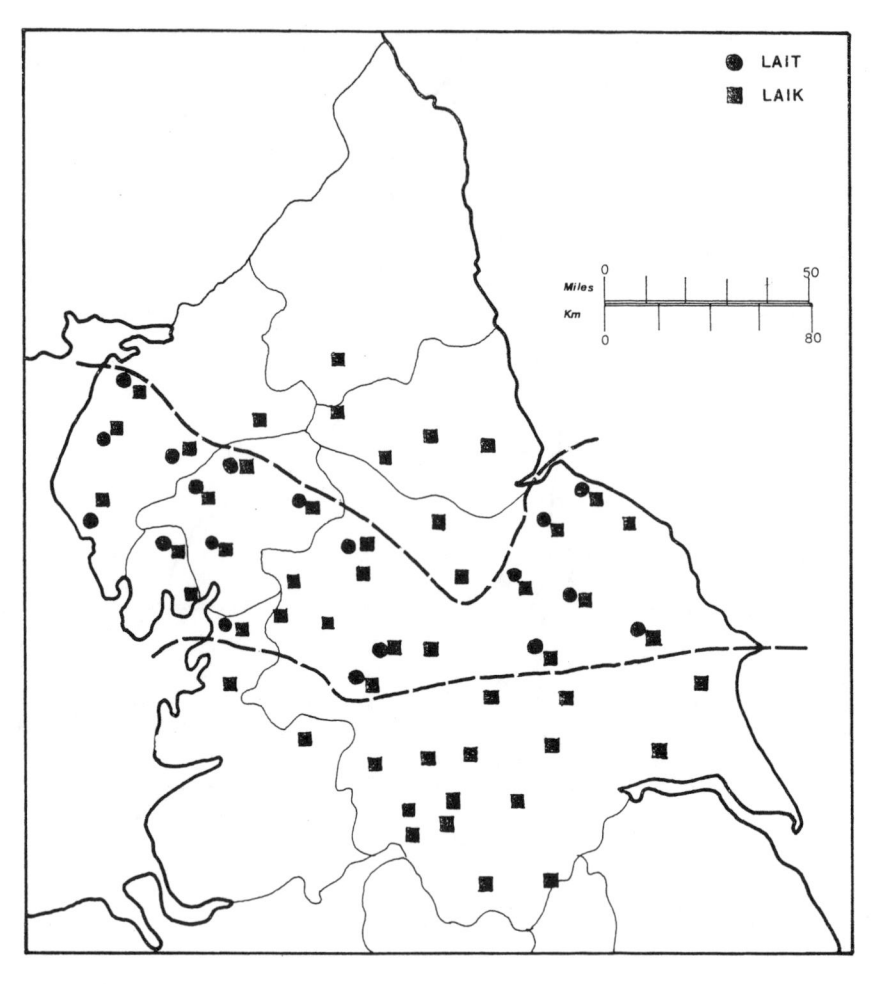

12. ***lait*** 'look for'（1300年以前；< O. N. *leita*）および ***laik*** 'play', 等（1300年頃；名詞は1200年頃より；O. N. *leika*）の分布

his gadering æt Oxeneford, and þar he nam þe biscop
Roger of Sereberi, and Alexander, biscop of Lincol, and
10 te *canceler* Roger, his neues, and dide ælle in *prisun*
til hi iafen up here *castles*. Þa the suikes undergæton
ðat he milde man was and softe and god, and na *iustise*
ne dide, þa diden hi alle wundor. Hi hadden him manred
maked and athes suoren, ac hi nan treuthe ne heolden.
15 Alle he wæron forsworen and here treothes forloren, for
æuric riceman his *castles* makede and agænes him heolden,
and fylden þe land ful of *castles*. Hi suencten suyðe þe
uureccemen of þe land mid *castel*-weorces. Þa þe *castles*
uuaren maked, þa fylden hi mid deoules and yuele men.
20 Þa namen hi þa men þe hi wenden ðat ani god hefden, bathe
be nihtes and be dæies, carlmen and wimmen, and diden
heom in *prisun* efter gold and syluer, and pined heom
untellendlice pining, for ne uuæren næure nan *martyrs*
pined als hi wæron.

[This year, king Stephen went over sea to Normandy and was received
there, because they thought that he would be just like his uncle was,
and because he still had his treasure; but he divided it and scattered [it]
foolishly. King Henry had gathered much gold and silver, and no good
was done for his soul with it.

When king Stephen came to England, then he made his counsel at
Oxford, and there he seized bishop Roger of Salisbury, and bishop
Alexander of Lincoln, and the Chancellor Roger, his nephews, and put
[them] all in prison till they gave up their castles. When the traitors
realized that he was a mild man, and soft and good, and inflicted no
punishments, then they did all [sorts of] atrocities: they had given him
homage and sworn oaths, but they kept no faith. They were all
perjured, and their promises of loyalty worthless, for every powerful
man built his castles, and held them against him, and filled the land full
of castles. They greatly oppressed the wretched men of the land with
forced labour on castle-building. When the castles were built, then
they filled them with devils and evil men. Then they took those people
whom they thought had any wealth, both by night and by day –
ordinary men and women – and put them in prison for gold and silver,
and tormented them with unspeakable torture, for no martyrs were
ever so tortured as they were.]

テクストも示しているように，この段階の文語英語はかなり流動状態にあり，O. E. の綴り方の慣習が新機軸と並んで残存している。以下にいくつか例示しよう。

音と綴り方

ここでもっとも興味深い組み合わせは，文字 *a*, *æ*, *e* を用いて，相当数の後期 O. E. の音を表記していることだ。たとえば，*gære*（1 ；=O. E. *gēar*）; *sæ*（1 ；=O. E. *sǣ*）; *ther*（2 ；=O. E. *þær*, cf. *þar* 8）; *ðat*（2 ；=O. E. *ðæt*）; *ac*（4 ；=O. E. *ac*）; *hadde*（5 ；=O. E. *hæfde,* cf. pls. *hadden* 13 および *hefden* 20 <O. E. *hǣfdon*）; *þa*（7 ；=O. E. *þā*）; *ælle*（10；=O. E. (Anglian) *all,* cf. *alle* 13）。これらはごく少しを選んだだけであり，そしてテクスト全体を見れば，混乱した状況がもっと詳しく分かるのである。

子音においては，/tʃ/ のために文字 *c* が（*riceman* 16），/ʃ/ のために *sc* が（*biscop,* 9）依然として用いられ続けていることに注目できよう——もっとも，*k* は今や *king*（1 ; O. E. *cyning*）において使われている。ð および þ も *th* (*ther* 2 ; *athes* 14) と並んで用いられ続けている（*ðat* 2 ; *þar* 8）。O. E. の前舌音 *ġ*/j/ は今や *i* または *g* のいずれかで表記されている（*gære* 1; *iafen* 11; *iustise*——Fr. からの借用語—— 12）。*uu* または *u* は /w/ を表記するために用いられている（*uuenden* 2 ; *suencten, suyðe* 17; ただし，cf. *forsworen* 15）。*t* は 10 行目の定冠詞では /θ/ を表わす（cf. *the* 3）。

語形変化と統語法

動詞 動詞は語尾にしばしば修正を蒙っているとはいえ，形が依然として古英語だということが見て取れる——p. t. sgs. *for*（1;=O. E. *fōr*），*com*（7; O. E. *c(w)ōm*），*hadde*（3;=O. E. *hæfde*），*macod*（7;=O. E. *macode*），*nam*（8;=O. E. *nam*），*was*（12;=O. E. *wæs*），等。; p. t. pls.; *uuenden*（2;=O. E. *wēndon*），*iafen*（11;=O. E. *gēafon*），*undergæton*（11;=O. E. *undergēaton,* N. B. *-on* は依然保たれている），*diden*（13;=O. E. *dȳdon*），*hadden*（13;=O. E. *hæfdon*），*uuaren, uuæren*（19, 23;=O. E. *wæron*），等。; p. ps. *underfangen*（2; =O. E. *underfangen*），*gadered*（5; =O. E. *gaderod*），*maked*（14;=O. E. *macod*），*suoren*（14;=O. E. *sworen*），*forloren*（15; =

O. E. *forloren*), *pined*（22；=O. E. *pīned*），等。

代名詞 古い pl. 形 *hi*（2），*he*（22）'they'（<P. E. *hīe*），*here*（15）'their'（<O. E. *hiera, heora*）および *heom*（11）'them'（<O. E. *heom*）が依然として用いられており，まだスカンジナヴィア語の形 *þeir, þeira, þeim* に置き換えられてはいなかった（これらが最終的に標準化したのは，M. E. 期末頃のことである）し，*ða* 'those'（20；<O. E. *þā*）も残存しているが，しかし定冠詞が O. E. の *sē* よりもむしろ，今や *þe*（1；Pr. E. *the*）として出現している。

語順

これは見るからに依然として古英語的である。つまり，動詞が主語に先行している——*for þe king*（1），*þe macod he*（7），等。Cf. Pr. E. 'the king went', 'then he made'（ただし，*þer he nam*, 等，Pr. E. の語順も参照のこと）；*Henri king*（5）では名前の後に称号が続いているのだが，すでに Pr. E. の語順になっているものもある——*þe king Stephne*（1, 7）；*þe biscop Roger*（8-9），等。*þa...þa* 'when...then'（11…13）は，O. E. の "相関的な" 構文である。

語彙

語彙はその性質においてほとんど全部，依然として後期古英語的である。少数の（イタリック体で示した）Fr. の単語は，この時期では普通のことながら，また，テクスト自体の性質からしても，主として法律や治安に関するものである。注目すべきは，O. E. の *eom*（3）が残存しているのに，*oncle* がこのテクストでは採用されなかったことだ。けれども，*bathe*（20）は<O. N. *baðir* に由来するし，*efter*（22）はきっと O. N. *eptir*（=O. E. *æfter*）に何かを負うているのだろうし，また，*carlmen*（21）は<O. N. *karl*+O. E. *menn* に由来している（もっとも，O. E. には *hūs-carl* 'house-carl'〔王や貴族の親衛隊員〕もある。そのほか，一，二の注目すべき項目としては，*sotlice*（4）——Fr. *sot* と O. E. *-lice*（Pr. E. *-ly*）との組み合わせであって，Fr. と英語とを結び合わせる可能性を早くも示している——）；*ne dide me*（6）——*me* は *men* 'one' を短くしたもの。同じように用いられる Fr. *on*，つまり 'was done' を参

照のこと——。*na iustise ne dide*（12-13）が Fr. *faire justise* 'to inflict punishment' の部分訳（そういうものは中英語ではかなりあったらしい。*Cf.* Dickins and Wilson, p. 155）であることは明白である。*wunder*（13）は O. E. の中性 pl. 形である——ただし，この形には pl. を示す語尾がなかったし，この古形がここでも保たれているのである——。'atrocity' の意味は，より以前の意味 'omen, portent'——中英語ではもちろんそう頻出しない意味——から出てきたものである。

〔訳注〕
ルーン文字に関しては，最近下記の本が邦訳されている。
ラルフ・ブラム（関野直行訳）『ルーンの書』（ヴォイス，1991年）

第4章 中英語 (1475-1500年頃まで)

4.1 前置き

当然ながら本章も前の数章と同じように，主として写本に見いだされる言語を扱うことになる。写本がこの時期の英語にとって，もっとも重要な具体的証拠をなしているからである。写本の範囲は1150年頃から1450-1475年頃までという，長期に及んでいるから，われわれは時間に関しても空間に関しても，全体的一様性を見いだすことを期待しないでおこう。以下に示したテクストはわれわれが手にしうる情報の種類を呈示しようとして選んだ少数のものに過ぎず，決して中世英語の完全な概観を示すことを意図したりしてはいないのである。

ここに掲げたM. E. のテクスト——四つは初期，四つは後期のもの——はいずれも，手にしやすい教科書や抜萃とか，周知の諸版とかで見いだされうるようなものであるし，便宜上，私はB. Dickis/R. M. Wilson, *Early Middle English Texts* (3rd rev. ed., Bowes and Bowes, 1956. 'DW' と略記)，J. A. W. Bennett/G. V. Smithers, *Early Middle English Verse and Prose* (2nd ed., Clarendon Press, 1968. 'BS' と略記)，K. Sisam, *Fourteenth-Century Verse and Prose* (Clarendon Press, 1921. 'Sis' と略記) への関連指示（ナンバーおよびページ）を書き添えておいた。ここではスペースの関係で割愛したが，さらなる委細を調べるよすがとなるはずである。各テクストには翻訳を付すか，注解を施すかしてあるし，また，それぞれの言語的特徴についての手短な概要も付してある。

4.2 M. E. の写本の生産と流布

教科書とか抜萃集の中で，たとえばM. E. の或る抒情詩とか，チョーサーの『カンタベリー物語』の一つとかを人が初めて眺めるようなときには，印刷されたページに見るものが，物的にはその背後にあるオリジナルの影に過ぎないことをさとるのは，おそらく困難であろう。印刷の時代が到来する以前の，15世紀には，作品は，準備され線を引かれた羊皮紙（羊，山羊，等の皮），

上等皮紙(ヴェラム)（上質の子牛の皮紙）の上に，または14世紀以降からは紙（ただし，15世紀まで紙は一般には使われていなかった）の上に，手で書かれたのであり，そしてそれからさらに，普通は修道院の回廊とか筆写・文書室で書き写されたのである。筆写の過程が何を意味するかと言えば，われわれが幸いにも"完全自筆"（つまり，作者本人によって実際に書かれた原稿——そういうものはほとんど存在しないのであって，以下の「テクスト5」ははなはだ注目すべき例である——）を手にしているのでなければ，われわれが眺めているのは，作者のオリジナルからは幾度も遠ざけられているかも知れない作品だ，ということである。それには，筆写の過程でなされた間違いとか，写字生たちが——正当にも，あるいは不当にも——手本の中で誤りと見なしたものの"訂正"とかもが含まれているかも知れない。この結果は，一作品のもろもろの写本間の言わゆる"異文"（textual variation）となるのである。

　もちろん，方言上の異形も存在する。最近の『後期中英語の言語地図』（*Linguistic Atlas of Late Mediaeval English,* vol. 1, p. 3）では，明敏にもこう指摘されている——

> Middle English represents that stage in the history of the language most highly characterised by diversity of written forms; while dialects have been spoken at all periods, it is only during late mediaeval times that local usage is regularly reflecting in writing ... almost any Middle English written before *ca.* 1430 is 'dialectal' as a matter of definition.

方言"訳"も生ずるわけは，たとえばカンタベリーの写本が，ひょっとしてベヴァルリー出身の写字生によって筆写されたこともあり得ようし，したがって，ケント方言から部分的にしろ全体的にしろ，北方の方言へ"訳された"こともあり得ようからだ。このことはまったく首尾一貫的かつ完全になされたかも知れない——たとえば，南部の *siche*（等）'such' のあらゆる生起が北部の *sike, swilke*, 等に変えられたり，*schulde* のあらゆる例が *ssolde*, 等に変えられたり，*muche* が *mikil* になる，等——し，あるいは，部分的にのみ"改変され"て，混じり合った方言が結果したのかも知れない。そして，このことか

ら，元の方言に属する語形を，写字生のそれから解きほぐす作業が困難になっているのである。われわれはまた，時間によって惹起された変異をも扱わなくてはならない。たとえば，元来 1325 年に書かれた作品が，1450 年に"最新の"形で筆写されたのかも知れないし，結果として，写字生が若干のより古い形の語を永続させたかも知れないにせよ，言語は総じて写字生の年代のものとなっている，といったことがある。

　こういう事情をすべて考慮するなら，われわれが"純"M. E. 方言と呼んでよいもの，つまり，筆写や修正に汚染されていないものに出くわすのは稀だ，ということがはっきりするであろう。それだから，ある写本がどこで産み出されたのだろうかということを正確に言い当てるのは容易ではない。そうは言っても，周到なテクスト研究に加えて，たとえば，その写本の現在の所在地とか，それの既知の歴史に関連した何らかの"外的"証拠や，その中に含まれたいろいろの項目を吟味すれば（多くの写本は詩とか説教，宗教的作品，中世騎士物語，等のコレクションであるから），しばしば驚くほど成功を収めることもできるのである。

　われわれが完全自筆のものを手にしているか，ほかの外的証拠が存在するのであれば別だが，ある写本に年次を与えることは必ずしもことさら容易とは限らない（しかももちろん，そういう年次は，写本に含まれているものの制作の年次と同じというわけでは必ずしもないであろう）。通常，われわれは古文書学のエキスパートたちに頼っているのだが，彼らとて，ただほぼ 25 年以内だけに筆跡の年代推定をすることができるに過ぎないのである。したがって，われわれは「1425-1450 年」とか，ひょっとしてより正確に，「15 世紀中葉，たぶん，彩色されたページの様式からして 1440-1455 年頃」といった年代決定を任されることになる。後者の例は"外的証拠"，つまり，写本を飾っている彩飾（カラーの装飾）の様式を内に含んでいる場合を指している。

　しかしながら，最近になって，これまでよりも正確に M. E. 写本の文語方言のありうべき出所を決定することが可能となった。アンガス・マッキントッシュ，M・L・サミュエルズ両教授によって行われた 30 年以上の研究——今日ではついに彼らの『地図』（108 頁参照）の刊行となっている——のおかげである。このためには，だいたい 1350 年から 1450 年にかけての数千の写本の特徴が精査されたのである。マッキントッシュとサミュエルズが用いたやり方は，

彼らの言う"適切な"技術であって，それは出所の突き止められていないテクストのあらゆる方言特徴を，出所の知られているテクストのそれと比較することにより，写本，もしくは写本の一部を，イングランドの地図の適切な位置に限定することを彼らに可能にしたのだった。もちろん，場所の特定がより多くなされれば，それだけ「ますます濃密な適用範囲をもつ」一連の地図を供するような，場所の特定をさらに推し進める可能性も大きくなるであろう。探究の目的は第一に，膨大な数の写字上の多様性の場所を特定したり，それらの地図を作ったりすることにあった。つまり，一写本の言語がまず第一に，英語の書記的な一変種として見られるのである——主としては，言わば，口語の一形態を符号化しているものとしてではなく。編者たちは 'it' のために *itt* とか *ytt*（これは *it* とか *yt* のそれとは違った方言的発音を表わしているとは考えられない）と書いた写字生に関心があるのと同じく，'man' のために *mon*（これはおそらく，方言的発音を反映していよう）と書いた写字生にも関心がある。とにかく，書記的な形が特別な発音を表わしているのか否かが明確でない場合が多数存在するのだ。北部の *qui* 'why' は興味深い一例である——この *qu* は非−北部のテクストではより普通には，*hwi*, *hwy* と書かれる単語における /w/ のひどく重い気息音の形を表わしているのか，それとも，幾年も伝わってきた，写字生の伝統の結果に過ぎず，必ずしも，何か特別な口語の形を示しているわけではないのか？ こういう曖昧な点に直面して，マッキントッシュとサミュエルズは，われわれが口語証拠をもたず，ただ文語証拠のみしかもっていない時期には，書記的な語がいかなる方言調査でも優位を保っているに違いない，と賢明にも判定したのである。中英語の方言性は次に選ばれているテクストでも十分に力強く現われてくるであろう。

4.3 テクスト例

1. 12世紀ミッドランド南西部——『ウスター断簡』
    (DW, 1, p. 2；DW の編者校訂は無視)

『ウスター断簡』(*The Worcester Fragments*) は写本の残りものであって，その幾ページかは切り刻まれて，ウスターの「チャプター・ライブラリー」のほかの本のカヴァーにするためにそっくり貼り付けられてきた。これらのペー

ジは寄せ集められて，今日では，このコレクションの MS 174 となっている。この写本には，アルフリックの『文法』および『語彙集』，以下に載せた短詩，それに，『魂と肉体との論争』(*Debate of the Soul and the Body*) に関するやや長い詩が含まれていたらしい。残存しているページは 1180 年頃に，一人の手で書かれているのだが，言語からして，いろいろの作品がはるかに以前に，ノルマン人のイングランド征服以後にせよ，O. E. 後期のたぶん W. S. の文語方言で作られ，それから，たぶんウスターで書いていたと思われる，後の一写字生によってほぼ近代風に書き写されたことが分かるのである。原作者については何も知られてはいない。以下に示すテクストは，英語の使用停止に関するものである。

1   Sanctus Beda was iboren her on Breotene mid us,
    And he wisliche bec awende
    Þet þeo Englise leoden þurh weren ilerde.
    And he þeo cnotten unwreih, þe *questiuns* hoteþ,
5   Þa derne diȝelnesse þe deorwurþe is.
    Ælfric abbod, þe we Alquin hoteþ,
    He was bocare, and þe fif bec awende,
    Genesis, Exodus, Vtronomius, Numerus, Leuiticus,
    Þurh þeos weren ilærde ure leoden on Englisc.
10 Þet weren þeos biscopes þe bodeden Cristendom:
    Wilfrid of Ripum, Iohan of Beoferlai, Cuþbert of Dunholme,
    Oswald of Wireceastre, Egwin of Heoueshame, Ældelm of
    Malmesburi, Swiþþun, Æþelwold, Aidan, Biern of Wincæstre,
    Paulin of Rofecæstre, S. Dunston, and S. Ælfeih of Cantoreburi.
15 Þeos lærden ure leodan on Englisc,
    Næs deorc heore liht, ac hit fæire glod.
    Nu is þeo leore forleten, and þet folc is forloren.
    Nu beoþ oþre leoden þeo læreþ ure folc,
    And feole of þen lorþeines losiæþ and þet folc forþ mid.
20 Nu sæiþ ure Drihten þus, *Sicut aquila prouocat pullos suos ad*
        uolandum, et super eos uolitat.
    This beoþ Godes word to worlde asende,
    Þet we sceolen fæier feþ festen to Him.

    [Holy Bede was born here in Britain with us,
    And he wisely translated books

Which the English people were taught through.
And he revealed the 'knots' which are called questions,
The secret mystery which is precious.
Abbot Ælfric, whom we call Alhwine,
He was a writer, and translated the five books,
Genesis, Exodus, Deuteronomy, Numbers, Leviticus,
Through these our people were taught in English.
These were the bishops who preached Christianity:
Wilfrid of Ripon, John of Beverley, Cuthbert of Durham,
Oswald of Worcester, Egwin of Evesham, Ældhelm of
Malmesbury, Swithin, Æþelwold, Aidan, Birinus of Winchester,
Paulinus of Rochester, St Dunstan, and St Ælphege of Canterbury.
These taught our people in English,
Their light was not dark, but it glowed brightly.
Now the teaching is abandoned, and that people is damned.
Now there are other people who teach our folk,
And many of the teachers are damned and the people as well.
Now Our Lord says thus, 'Like an eagle stirs up its young for
Flying, and flits about over them',
These are God's words sent to the world,
That we should place our full trust in him.]

言語はその特徴において，典型的に"西部"のように見えるし，そしておそらく，これが書かれた保守的な地方のせいもあろうが，依然として，古英語との強い類似が見られる。

音と綴り方

O. E. の æ は依然残っているが，e は pet (3, 10, 等) において（たぶん，非強勢の形なのだろう），また a は was (1, 7) において現われている。特徴的なことに，西部の u が Cantoreburi (14; O. E. -byrig) においては O. E. の y の発音 /y/ がずっと続いたことを反映しているのである。O. E. の eo（長音も短音も表わす）は依然として用いられている——例: leoden (3, 18); deorwurþe (5); deorc (16); beoþ (18); feole (19); sceolen (22)。O. E. の sc /ʃ/ は sc で表わされ続けている——Englisc (9, 15); biscopes (10); ただし，cf. Englise (3)。þ は O. E. 時代からずっとテクストで用いられ続けているが，ただし，cf. this (21, th になっている)。この初期テクストはしたがって，ま

だ "古英語" でも "西部方言" でもありうるような特徴を示しているのである。

文法特徴

以下の特徴はほとんど古英語と同じものである。

名詞　古い pl.: *bec* 'books' (2, 7); *-en* の pls.: *cnotten* (4), *leoden* (3, 9, 18), *leodan* (15; この語は古英語では *-n* の pl. 語尾を取らなかった (*cf.* 1.6, 1.11) が，ここではそれを採用している（南部ではよく行われた）のである）; *word* (21) ではいかなる pl. 語尾もない。

代名詞　O. E. の *heore* 'their' (16) は存続している。同じく，関係代名詞 *þe* 'which' (4, 5, 等) も。

動詞　*-eþ* の語尾は 3 pr. sg. ——*sæiþ* (20)——や，pl. ——例: *hoteþ* (4, 6), *losiæþ* (19), *beoþ* (21)——に現われている。*i-*(＜O. E. *ge-*) は p. p. *iboren* (1) に現われている。

語彙

すでに古英語に現われていた一，二のラテン語からの借用語——*abbod* (6), *biscopes* (10) をも含めて，ほとんどすべてが土着の O. E. 系のものである。ただし，*sanctus* (1) は純粋のラテン語の形で出ている（「テクスト 3」5 行目の *sannt* ＜ Lat. *sanctus* を参照のこと）。

2. 13 世紀初期のミッドランド南西部——『尼僧の手引』
(MS Corpus Christi College Cambridge 402; BS. XVIII, p. 241)

『尼僧の掟』(*Ancrene Riwle*) は「M. E. 初期の散文作品ではもっとも影響力があり，最重要なもの」として書かれた。元来，世捨人として生きるために世間を捨て去った三人の貴族の娘たちの要請で書かれたものであって，これがより広い集団で使用するために，『尼僧の手引』(*Ancrene Wisse*) として改訂されたのである。これの影響は宗教文学では，16 世紀に至るまで続いた。M. E. の写本がおそらくヘレフォードシャー州由来の，南西部起源をもつことは確実である。言語は（「テクスト 1」と同じように）依然として保守的である。

1　Fowr heaued luuen me ifind i þis world: bitweone gode iferen; bitweone mon and wummon; bi wif & hire child; bitweone licome & sawle. Þe luue þet Iesu Crist haueð to his deore leofmon ouergeað þeos fowre,
5　passeð ham alle. Ne teleð me him god fere þe leið his wed i Giwerie to acwitin ut his fere ? Godd almihti leide him seolf for us i Giwerie & dude his deorewurðe bodi to actwitin ut his leofmon of Giwene honden. Neauer fere ne dude swuch fordede for his fere.

[One finds four chief loves in this world: between good friends; between man and woman; with a woman and her child; between body and soul. The love that Jesus Christ has for his dear loved one surpasses these four, exceeds them all. Does one not count him a good friend who lays his pledge in Jewry to buy out his friend ? God almighty laid himself for us in Jewry and gave his precious body to buy his lover out of Jews' hands. Never did friend do such service for his friend.]

音と綴り方

もはや O. E. の æ の痕跡は存在しない。またしても，西部の u は O. E. の y /y/ を表わしている——*dude* (<O. E. *dyde*; 7, 8), *swuch* (<O. E. *swylċ*; 8)。また，O. E. の *eo* は依然としてこの古形のままで現われている——*bitweone* (1, 2, 等), *deore* (*wurðe*) (3, 7), *leofmon* (4, 8), *þeos* (4), *seolf* (6)。西部の o が，(-)*mon* (2, 4, 8) において現われている (*honde* (8), *lond*, 等のクラスにおける o は，M. E. 期には南部でずっと規則的なものである)。以上はすべて，西部 M. E. の典型的特徴である。このテクストでは，ð はやはり /θ/〜/ð/ を表わす。

文法特徴

以下の特徴はやはり，まさしく保守的でかつ南部的である。
名詞　-en の pls.——*luuen* (1), *iferen* (1), *honden* (8)。
代名詞　*ham* 'them' (6 ; =O. E. *him, heom*)。
動　詞　3 pr. sg.——*haueð* (3), *ouergeað, passeð* (4, 5), *teleð, leið* (5)。

語彙

語彙はこの一節では一様に土着起源である。

3．13世紀初期東部──『オルムラム（オルム詩集）』
 [Bodleian MS Junius I; DW, XV, p. 83]

オルム，すなわち作者がときどき自称しているように，オルミンは兄弟と同じく，明らかにアウグスティノ修道会の聖堂参事会員であった。兄弟の要請でこの著書を著したのである。この注目すべき作品の独特な自筆原稿は1210年頃のものとされており，方言はリンカーンシャーのそれである。未完の説教集──教会で大声で読まれることを意図したもの──で，（2万）行がそれぞれ15音節から成る，ラテン語の"七歩格詩"（septenarius）に則って書かれている。

『オルムラム』の韻律はやや正当にも，「単調なくらい規則的……で眠気を催す」と記されてきたが，言語の観点からは，これは初期中英語のもっとも重要な作品の一つなのである。はなはだ特徴的な正書法，とりわけ，子音の頻繁な重複や，さまざまな分音符号の使用は，おそらく，説教師たちが会衆に向かって大声で朗読するのを助けるために考案されたのであろう。

1   Nu broþerr Wallterr, broþerr min, affterr þe flæshess kinde,
     Annd broþerr min i Crisstenndom þurrh fulluht annd þurrh trowwþe,
     Annd broþerr min i Godess hus, ʒêt o þe þride wise,
     Þurrh þatt witt hafenn tăkenn ba an reʒhellboc to follʒhenn,
5   Unnderr kanunnkess had annd lif, swa summ Sannt Awwstin sette;
     Icc hafe don swa summ þu badd, annd forþedd te þin wil,
     Icc hafe wennd inntill Ennglissh Goddspelles hallʒhe láre,
     Affterr þatt little witt þatt me min Drihhtin hafeþþ lenedd.
     Þu þohhtesst tatt itt mihhte wel till mikell frame turrnenn
10 ʒiff Ennglissh follc, forr lufe off Crist, itt wollde ʒerne lernenn,
     Annd follʒhenn itt, annd fillenn itt, wiþþ þohht, wiþþ word, wiþþ dede.

    [Now, brother Walter, my brother, after the nature of the flesh,
    And my brother in Christendom, through baptism and through faith,

And my brother in God's house, yet in the third way,
Because we two have both undertaken to follow the rule of an order,
Under the order and life of a canon, just as St Augustine established,
I have done just as you bade, and furthered your will for you,
I have translated into English the Gospel's holy teaching,
According to that little intelligence that God has granted me.
You thought that it might well turn to great benefit
If English people, for love of Christ, would learn it readily,
And follow it, and fulfil it, in thought, in word, in deed.]

音と綴り方

この一節では，オルムはこんな分音符号を用いている：$\bar{g}$ = /g/；$\hat{e}$（この写本の中では，それは実際には二倍ないし三倍の鋭アクセントである）= /e/；ă = 短音の /a/；á = 長音の /a:/。

オルムの記号ʒおよびgの使用は特に独創的であって，相違するいろいろの音を表わしている――/j/（ʒet（3），ʒiff（10）；/g/（Ḡodess（3），Ennḡlissh（7）；/gg/（つまり，"二倍の" /g/ である。Cf. Pr. E. の方言的な fog-grass）；/ɣ/（reʒhellboc, follʒhenn（4））；/dʒ/，等（cf. DW, pp. 82-83）。

ほかの項目では，O. E. の短音 æ はすっかり消え失せており，a は相変わらずだが，長音の æ は依然として，この抜萃では記号 æ で表わされている――flæshess（1；< O. E. flǣsc）。鼻音の前の O. E. a/o はいつも a である（西部の諸テクストを参照）。O. E. の y は相変わらず i である（西部の諸テクストでは u）――kinde（1；< O. E. (ge-)cȳnd），fillenn（11；< O. E. fyllan）。O. E. の eo は e として現われている（初期の西部の諸テクストは eo になっている）――ʒerne（10；< O. E. ġeorne）。オルムは t または d なる語末の後にくる頭文字 þ/θ/ を示すのに，t を用いている――te（6），tatt（9；cf. þatt 8）。彼は k の付いた形 mikill を用いているが，これはおそらく，スカンジナヴィア語からの影響（O. N. mikill）によるのだろう。

だから，ここでの言語は，それ以前の，西部のテクスト1および2に見いだされるそれとは鋭い対照をなしているし，中英語のやや後の東部のタイプを表わしているのである。

文法特徴

上の一節では特に興味深いものはほとんどないのだが，代名詞で注目すべきは，O. E. の両数形（1.6）が *witt* 'we two'（4）において保持されていることだ。動詞では，ミッドランド地方の pl. 形 *hafenn*（4）——*-en* の語尾が付いており，*-eþ* とは異なる——が現われている。けれども，3 pr. sg. の *hafeþþ*（8）では，*-eþ*（<O. E. *-eþ*）がまだ続いている。

語彙

注目すべきは以下のものである——*kanunnkess*（5；<O. E. *canonic*<Lat. *canonicus*），*sannt*（5；<O. E. *sanct*<Lat. *sanctus*），*inntill*（7；<O. E. *in*+O. N. *til*）；*turrnenn*（9）<O. E. *tȳrnn/tūrnian*（これは O. Fr. *to(u)rner* ——により確証される）。

4．13 世紀後期北部——『世界走破者』
[DW, XXII, p. 115.]

約 3 万行から成る，ユダヤおよびキリスト教世界の歴史についての詩作品で，少なくとも，10 点の写本が残存する。DW（p. 114）によると，「M. E. 期の，聖書資料および初期キリスト教伝説についてのもっとも包括的な韻文化」であるとされる。この匿名作者が聖職者であったことは確かであり，13 世紀の最後の四半期に，北部，たぶんダーラム州のどこかで書いたらしい。

この詩作品のもっとも完全な版は，大英図書館の MS Cotton Vespasian A Ⅲ（1300-1350）に所蔵されているものであって，これはたぶん原文の方言をもっともよく表わしていると思われる。以下のテクストもこれに基づく。

```
1    Man yhernes¹ rimes for to here,
     And romans² red on maneres sere³,
     Of Alisaundur þe conquerour;
     Of Iuly Cesar þe emparour;
5    O Grece and Troy the strang strijf,
     Þer⁴ many thosand lesis þer lijf;
```

  O Brut þat bern[5] bald[6] of hand,
  Þe first *conquerour* of Ingland;
  O Kyng Arthour þat was so rike[7],
10 Quam[8] non in hys tim was like,
  O ferlys[9] þat hys knythes fel[10]
  Þat *aunters* sere[11] I here of tell[12],
  Als[13] Wawan, Cai and oþer stabell[14],
  For to were[15] þe *ronde tabell*;
15 How Charles kyng and Rauland faght,
  Wit Sarazins wald þai na saght[16];
  O Tristrem and hys leif[17] Ysote,
  How he for here be-com a sote[18],
  O Ioneck and of Ysambrase,
20 O Ydoine and of Amadase.
  Storis als o serekin[19] thinges
  O *princes, prelates* and o *kynges*;
  Sanges[20] sere of selcuth[21] *rime*,
  Inglis, Frankys, and Latine,
25 To rede and here ilkon[22] is *prest*[23],
  Þe thynges þat þam likes[24] best.

[1]longs [2]romances [3]many [4]where [5]warrior [6]bold [7]powerful [8]whom [9]marvels [10]fell to his knights [11]various adventures [12](i.e. tell of) [13]such as [14]steadfast (warriors) [15]guard [16]reconciliation [17]dear [18]madman [19]many kinds of [20]songs [21]strange, wonderful [22]everyone [23]eager [24]please them

音と綴り方

 O. E. の*æ* の痕跡は見られない。*-nd* の前の *a* は（南部の *o* と同じく）規則的である——例: *hand*（7）, *Ingland*（8）, ——し、また北部の特徴たる *-ng* の前でも同断である——*strang*（5）, *sanges*（23）。通常、西部形と見なされている、*walde* 'would'（16）でもそうなっている。O. E. の *eo* および *ēo* は *e* として現われている——*yhernes*（1）, *lesis*（6）, *bern*（7）, *fel*（11）（以前の、西部の諸テクストを参照のこと）。

 子音では、北部のテクストでもっとも重要なものは次のとおり。語頭の強い気息音 /w/（「テクスト 6 および 8」参照）——つまり、/hw/ または /xw/——のために *qu-* が現われている（*quam*, 10）。*č* よりも *k* への北部の好みが見ら

れる——*rike*（9；<O. E. *riċe*), *ilkon*（25；<O. E. *ilca*+ān）。/ʃ/ 音のために *s* が用いられている——*Inglis* および *Frankys*（24）。

文法特徴

名詞　pl. の *-en* 形はここには存在しない。

代名詞　O. N. からの借用を補完したものが今や使われている——*þai*（16；<O. N. *þeir*), *þer*（6；<O. N. *þeira*), *þam*（26；<O. N. *þeim*）(1.7参照）。

動詞　3 pr. sgs. および pls. が北部式に *-s* で終わっている——*-sg. yhernes*（1）; pl. *lesis*（6）, *likes*（26）。

語彙

今や Fr. の語がより多く目につくが，逆に O. N. の語は少なくなっている。ただし，以下のものに注目されたい——*sere*（2，12，23，<O. N. *sér*), *serekin*（21；<O. N. *sér*+O. E. *cynna*)。

5. 14世紀ケント方言——ダン・マイケルの『良心の呵責』(*Aȝenbite of Inwyt*)

［大英図書館 MS Arundel 57; Sis., Ⅲ, p. 331］

ノースゲイトのマイケル（Michel または Michael）はカンタベリーのアウグスティノ修道会の修道士で，その『アゼンバイト』（このタイトルの意味は「良心の呵責」。この作品は托鉢僧ロレンスの『美徳と悪徳の大全』フランス語版 *Le Somme des Vices et des Vertues*（1279）からの翻訳である）の自署入りコピーをわれわれは幸いにも入手できる。巻末の注記がはっきり示しているところでは，訳了したのは1340年10月27日である。この写本は「長ったらしくて，退屈な道徳論集」，「興味を欠く」といったようにいろいろと書かれてきたし，翻訳は「不正確でときには理解不能」とされてきた。しかしケニス・サイサムが正当にも言ったように（p. 33），「これの文学的メリットは少ないにしても，言語的には，中英語でもっとも重要な作品の一つである。これは長い散文テクストを供してくれているし，その年月日は正確だし，場所も正確である［作者は巻末で, 'þis boc is ywrite/Mid Engliss of Kent' と述べている］。

われわれは作業を始めるために、この作者の自署入りコピーを手にしている。しかも、方言がはっきりと見極められる。中英語では無類の、こういう状況からして、われわれは理想的な条件下で、14世紀中葉のケント方言を研究することができるのである」。

1   How *Merci multiplieþ* þe timliche[1] guodes, hyerof[2] we
    habbeþ uele[3] uayre uorbisnen[4], huerof ich wille hier
    zome telle. Me ret[5] of *Saint* Germain of Aucerre þet,
    þo[6] he com uram Rome, ate outguoinge[7] of Malane, he
5   acsede[8] at onen of his diaknen[9] yef he hedde eny zeluer,
    and he ansuerede þet he ne hedde bote þri pans[10], uor
    Saynt Germayn hit hedde al yeue to *pouren*[11]. Þanne he
    him het[12] þet he his ssolde yeue to þe *poure*, uor God
    hedde ynoʒ of guode[13], huerof he hise uedde[14] uor þane
10 day. Þe dyacne mid greate pine[15] and mid greate
    grochinge[16] yeaf þe tuaye pans, and ofhild[17] þane þridde.
    Þe *sergont* of ane riche kniʒte him broʒte ane his
    lhordes haf[18] tuo hondred pans. Þo clepede[19] he his dyacne,
    and him zede[20] þet he hedde benome[21] þe *poure* ane peny,
15 and yef he hedde yeue þane þridde peny to þe *poure*,
    þe kniʒt him hedde yzent þri hondred pans.

[1]temporal [2]of this [3]many [4]excellent examples [5]one reads [6]when [7]on departing from [8]asked [9]deacons [10]had only three pence [11]given to the poor [12]ordered [13]enough wealth [14]he fed him [15]anguish [16]grudging [17]kept back [18]behalf [19]called [20]said [21]deprived ... of

音と綴り方

O. E. の æ は Kt の中英語においては e として特に目につく——*þet*（3, 6）, *hedde*（5, 6, 等）。こういうテクストの特徴は、*uo* なる綴り方であって、これは或る種の二重母音を示している。なんとなれば、こういう単語の根母音は、O. E. の $\bar{o}$ から派生しているからだ——例：*guodes* pl.（1; <O. E. *gōd*）, *guode*（9; 同）。これと平行的なのは、O. E. $\bar{e}$ のための綴り方 *ye/ie* である——例：*hyerof*（1; <O. E. *hēr+of*）, *hier*（2）。

子音　*y* は /j/ のために用いられている——例: *yeue*（7），*yeaf*（11）。*y* はまた，*yef* 'if'（5, 15;＜O. E. *gif*）にも残存している。*ss* は /ʃ/ を表わす——例: *ssolde*(8)。しかし，M. E. の南東部および南西部の両方のテクストのもっとも際立った特徴は，語頭の有声化された /s/ を表わすために，*z* が用いられていることだ——例: *zome*（3），*zeluer*（5），*zede*（14），*yzent*（16）。また，語頭の有声化された /f/ を表わすために，*v* とか *u* が用いられている——例: *uele*（2;＜O. E. *fela*），*uor*（6），*uedde*（9）; これらは，今日でも，いくつかの南西部方言に残っている。全般的な印象としては，綴り方に伝統的慣習に従った保守的用法が見られ，これには，14世紀中葉に話されていたとおりの，中英語の Kt 方言の真の音を伝えようとする努力が結びついている。

文法特徴

O. E. 時代からの特徴がよく保たれており，しかもこれらは当代の南西テクストに見いだされるものと似ている。

名詞　-en pls.: *uorbisnen*（2），*diaknen*（5），*pouren*（7;＜フランス語起源の adj.）

代名詞　この一節では，現われているもの（例: *we, he*）は Pr. E. におけるものと同じだが，『良心の呵責』のほかの箇所では，'she' や 3 pl. 人称代名詞のために新しい形ではなくて，古い形が用いられている（1.7 参照）。

動詞　3 pr. sg. および pl. はともに，南部の保守的な -(e)þ（「テクスト 6」参照）で終わっている: sg. *-multiplieth*（Fr. 語起源; 1）; pl. *-habbeþ*（2）; *ret*（3）は *redeþ* 'reads' の縮約形である。

語彙

Dyacne(*n*)（頻出）は＜Lat. *diaconus* に由来する。この抜萃におけるほとんどの語彙は土着由来の起源をもつが，Fr. 語からの借用語もかなりの数に上っている。

6. 14 世紀ミッドランド北西部——『ガーウェイン卿と緑の騎士』
　　［大英図書館 MS Nero A X; Sis., V. p. 46］

この写本も M. E. のもう一つのユニークなもの（1400年頃）であって，おそらく 1350-1575 年頃に書かれたと思われる，四篇の詩作品——『ガーウェイン』，『真珠』，『忍耐』，『純潔』（後の三篇はすべて，最初に出てくる語にちなみ，編者によって名づけられたもの）——を含んでいる。いずれも同じ筆跡であり，しかも同じミッドランド北西部方言で書かれている。いずれの作品も文学的価値は高い。

言語はバーバー（1320頃-1395）の『ブルース』（「テクスト 8」）やその他の北部テクスト，同じく『農夫ピアズの夢』（本書には収められていない）といったようなミッドランド南西部テクストにあっては，北部との類似性を共有しており，上の「テクスト 5」とも興味深い対照をなしている。「テクスト 5」と「テクスト 6」とは事実上，同時代に属するからだ。

  1 The brygge¹ watz brayde doun², and þe brode ȝatez
　　　Unbarred and born open³ vpon boþe halue⁴.
　　　Þe burne blessed hym bilyue, and þe bredez *passed*;
　　　Prayses þe *porter* bifore þe *prynce* kneled,
  5 Gef hym God and goud day, þat Gawayn He *saue*,
　　　And went on his way with his wyȝe one,
　　　Þat schulde teche hym to *tourne* to þat tene *place*
　　　Þer þe ruful *race* he schulde *resayue*.
　　　Þay boȝen⁵ bi bonkkez þer boȝez⁶ ar bare:
10 Þay clomben⁷ bi clyffez þer clengez⁸ þe colde.
　　　Þe heuen watz vp halt, bot vgly þer vnder-
　　　Mist muged⁹ on þe mor, malt¹⁰ on þe *mountez*,
　　　Vch hille hade a hatte, a myst-hakel¹¹ *huge*.
　　　Brokez byled¹² and breke bi bonkkez aboute,
15 Schyre schaterande on schorez, þer þay doun schowued.
　　　Wela wylle¹³ watz þe way þer þay bi wod schulden¹⁴,
　　　Til hit watz sone *sesoun*¹⁵ þat þe sunne ryses
　　　　　　　　þat tyde¹⁶.
　　　　Þay were on a hille ful hyȝe,
20 Þe quyte snaw lay bisyde;
　　　Þe burne þat rod hym by
　　　Bede¹⁷ his mayster abide¹⁸.

¹drawbridge ²lowered ³laid open ⁴sides ⁵passed ⁶boughs ⁷climbed ⁸clings
⁹drizzled ¹⁰melted ¹¹cloak of mist ¹²boiled ¹³very wild ¹⁴where they must

(go) through the wood ^{15}time ^{16}then ^{17}bade ^{18}stop

3-5 The man crossed himself hastily, and crossed over the planks (of the drawbridge). He praises the porter (who) knelt before the prince, wished him 'God and good day', praying God to keep Gawain safe

7-8 Who was to show him how to get to that perilous place where he had to receive the grievous blow

11 The clouds were high up, but it was threatening below them

15 Dashing brightly against their banks as they forced their way down

〔参考訳〕
吊橋は降ろされ，広い門は閂が
はずされ，両側にさっと開かれた。
騎士ガウェーンはすばやく十字を切り橋を渡っていった。
彼の前に跪ずき，神がガウェーンを助け給うように祈りながら
別れを告げる門番に賞讃の言葉をかけるのであった。
かくして，ガウェーンは悲しき一撃を受けるべく，
恐ろしきかの場所へ彼を案内する。
ただひとりの供の者を従え旅立って行った。
葉の落ちつくした木々の立ち並ぶ山腹にそって進み，
寒気のまといつく断崖を，彼らはよじ登った。
雲々は天空の高いところにあったが，地上の天候は荒れ模様であった。
霧は湿っぽく荒野を包み，山の上には霧雨が降っていた。
どの丘も霧の頭巾をかぶり，大きな霧のマントに覆われていた。
渓流は荒れ狂い，岸辺に泡立ち，
息せききって，岸に当り，白く砕けながら滝となって落ちていた。
ふたりの進むべき森の道はまったく入り組んではいたが，
やがて，この時節にあって日の出る時刻となった。
　彼らは非常に高い丘にたどり着いたが，
　あたり一面には白い雪が積っていた。
　ガウェーンと駒を進めてきた供の者は，
　そこで止まるようにと彼に乞うて言った。
　　（瀬谷廣一訳『ガウェーンと緑の騎士——ガーター勲位譚』，木魂社，1990年，154-154頁）

音と綴り方

O. E. の æ は今やこの後の段階になると，規則的に a で表記されているが，-ng の前では西部式に綴り方と音は o /ɔ/ である——bonkkez（9，14）。O. E. の eo のための u も西部の特徴である——burne（3，21；<O. E. beorn）——し，またそれは，O. E. の y /y/ をも表わしている——vch（13；<O. E. ylċ），この特徴は先の西部の諸テクストにおいてすでに見てきたものである。

子音 語頭の g /g/——gef（5；= O. E. ġēaf），「テクスト」 5 における y /j/ を参照のこと；gg は brygge（1；= O. E. brye》g》。語末が /dʒ/ になっている）においてはおそらく /g/。両方ともたぶん O. N. の影響を受けている。quyte（20；<O. E. hwīt）における qu はまたしても，「テクスト 4」におけるのと同じく，/hw/ または /xw/ を表わす。最後に，文字 ȝ は三つの異なる音を意味するために用いられている。つまり，/j/（例：hyȝe, 19）/ɣ/（例：boȝen, 9），そして通常語末の /s/ または /z/（例：bredeȝ, 3；ただし，本文中では混乱を避けるために，私はそれの代わりに z としておいた）である。ȝ はまた，A. Fr. の影響下に，単音節語では t と一緒に現われている——watȝ（1, 11, 等）。紛わしいことに，この文字は同じ語において，二つの異なる音を表わすために現われている場合がある——ȝateȝ（1；/ja: təz/），boȝeȝ（9；/bo: ɣəz/）。

文法特徴

名詞 名詞は一様に -eȝ, es, 等で終わっており，-en なる語尾は存在しない。

代名詞 この詩作品全体を通じて，代名詞は古い O. E. の人称代名詞と，古ノルウェー語からの最近の借用との混合という，14 世紀の特徴を示しており，したがって，þay（<O. N. þeir）'they' と並んで，hor, her（<O. E. heora, hiera）'their'，および hem 'them' が見いだされるのである。しかしながら，この抜萃では，þay のみが現われている。

動詞 3 pr. sg. はいつも -eȝ, es, 等で終わっており（例：prayses（4），clengez（10）），この点は -(e)þ が規範である南部の諸テクストと同じである。3 pr. pl. は通常，ミッドランドの -en なのだが，-e, -es（北部）になっているものも，あるいは，語尾のないものもある。ar（9）はここでは，南部の 'be'

の諸形と対照的に現われているが，pr. p. は -ande (15)——詩の中では普通形——であり，ただし，-yng もときたま現われている。

語彙

多様な借用語が古い土着の在庫と並んで用いられている。例: *burne* (3), *wyʒe* (6; < O. E. *wiga* 'warrior'), *schyre* (15; < O. E. *scīr*)——これらは，詩的目的（頭韻）による。*tourne* (7) は < O. E. *tȳrnan, tūrnian* に O. Fr. *to(u)rner* が結びついたもので，いずれも < Lat. *tornare* に由来する。*mounteʒ* (12) は < O. E. *munt* と O. Fr. *mo(u)nt* が結びついたもので，いずれも < Lat. *mont-* に由来する。*vgly* (11) は < O. N. *uggligr* より。*muged* (12) はたぶん < O. N. に由来 (*cf.* Norw. *mugga* 'a drizzle')。*wylle* (16) は < O. N. *villr* に由来している。

7. 14世紀後期ロンドン——ジェフリー・チョーサー『カンタベリー物語』「序の詞」

   [Ed. F. N. Robinson, *The Works of Geoffrey Chaucer* (2nd ed. OUP, 1957), p. 17.]

『総序歌』(*General Prologue*) の制作は 1380 年代の後期だとされる。ロビンソン（上掲書, p. 1）は作品には外的な根拠に基づき，1387 年を示唆している。この『物語』には初期の印刷物もろとも，90 点ばかりの写本が存在するのだが，ロビンソンのテクスト（本書でも使用した）は有名なエルズミア写本に基づいている。ただし，テクストは þ の代わりに *th* というように少々近代風にしてあるし，*u* と *v* は近代の慣行に合わせてある（たとえば，*uertu, euery* の代わりに *vertu, every* にした）。方言はチョーサー特有の特徴を示しているが，明らかに，本章でこれまでに提示した諸テクストよりも Pr. E. に近づいている (4.5 参照)。

1 Whan that Aprill with his shoures soote[1]
  The droghte of *March* hath *perced* to the roote,
  And bathed every *veyne* in swich *licour*[2]
  Of which *vertu*[3] *engendred*[4] is the *flour*;

      5 Whan Zephirus eek[5] with his sweete breeth
         Inspired[6] hath in every holt[7] and heeth
         The *tendre* croppes, and the yonge sonne
         Hath in the Ram his halve *cours*[8] yronne,
         And smale foweles[9] maken melodye,
     10 That slepen al the nyght with open ye[10]
         (So priketh hem *nature* in hir *corages*[11]);
         Thanne longen folk to goon on *pilgrimages*,
         And *palmeres*[12] for to seken *straunge* strondes[13],
         To ferne halwes[14], kowthe[15] in sondry londes;
     15 And *specially* from every shires ende
         Of Engelond to Caunterbury they wende,
         The hooly blisful *martir* for to seke,
         That hem hath holpen[16] whan that they were seeke[17].

[1]sweet [2]moisture [3]potency [4]born [5]also [6]quickened [7]plantation [8]half his course [9]birds [10]eye [11]hearts [12]'palmers' (pilgrims to Compostella) [13]foreign shores [14]far-off saints [15]known [16]helped; [17]sick

〔参考訳〕

　　四月の快いにわか雨が
　　三月の乾きに耐えた草木の染み込んで,
　　樹液となって葉脈を満たすと,
　　そのはたらきによって花が綻び,
　　西(ゼフイロス)風も芳(かぐわ)しい息吹を吹き込んで,
　　林や荒れ野のか弱い若芽を元気づけ,
　　若々しい太陽が
　　白羊宮の半ばを走り終え
　　小鳥たちが歌いさえずり,
　　自然に深く心誘われて
　　眠りもせずに夜を徹する頃おい,
　　人は巡礼に出かけたく思い,
　　聖地巡礼者は見知らぬ土地を,
　　諸国に知られた遠方の聖地を訪(と)いたく思う。
　　とりわけイングランドの諸州すみずみから
　　カンタベリーへと人々は出かけて行く。
　　病気のとき助けてくださった

聖なる尊い殉教者様にお参りするために。

(笹本長敬訳『カンタベリー物語』全訳，英宝社，2002年，3頁)

音と綴り方（音標文字による転写は4.4の最後〔132-133頁〕に出ている）。

いずれもチョーサーおよび14世紀南部に典型的なものである。例：*swich* 'such'（3）；*-nd* の前での *o* の常用——*strondes*（13），*londes*（14），*Engelond*（16）。

文法特徴

代名詞　『ガーウェイン』の詩人におけるのと同様に，O. E. の形と O. N. の形の典型的な混合が行われている——*hir* 'their'（11），*hem* 'them'（18）。（上の一節には出ていないが）チョーサーはこれらとともに，*they* も用いている。

動詞　3 pr. sg. は -(e)*th* で終わっている——*hath*（2，6，等），*priketh*（11）；3 pl. は *-en* になっている（「テクスト6」参照）——*maken*（9），*slepen*（10），*longen*（12）；p. p. には前綴 *-y* がくっついている——*yronne*（8）。

語彙

Fr. の借用語が夥しい。

8．14/15世紀スコットランド方言——ジョン・バーバーの『ブルース』
 [St. John's College Cambridge MS G 23; X, p. 10. 9]

最後の例証は中世スコットランド方言のテクストである。中世スコットランド方言は実際上，北部中英語の一方言に過ぎないのだが，はなはだ特別な綴り方で書かれている。

バーバーはアバディーン〔スコットランド北東部の港市〕の助祭で，スコットランド国庫監査役にして，勅許恩給受領者だが，スコットランド人と同定できる最初の詩人である。彼の詩作品『もっとも勝ち誇った征服者，スコットランド王ロバート・ブルースの事蹟と生涯』（*The Actes and Life of the most Victorious Conquerour, Robert Bruce, King of Scotland*）は1375年に書かれたのだ

第4章　中英語（1475-1500年頃まで）　127

が，残存している二つの写本は 1487 年（次に掲げるもの）と 1489 年の年次を有する。以下の抜萃は，1319 年の失敗に帰したベリック攻囲での一事件を記している。

1 And quhen thai into sic *degre*
  Had maid thame for thair *assaling*,
  On the Rude-evyn in the dawing,
  The Inglis *host* blew till *assale*.
5 Than mycht men with ser *apparale*
  Se that gret *host* cum *sturdely*.
  The toune *enveremyt* thai in hy,
  And assalit with sa gud will—
  For all thair mycht thai set thartill—
10 That thai thame *pressit* fast of the toune.
  Bot thai that can thame *abandoune*
  Till ded, or than till woundis sare,
  So weill has thame *defendit* thare
  That ledderis to the ground thai slang,
15 And vith stanys so fast thai dang
  Thair fais, that feill thai felt lyand,
  Sum ded, sum *hurt*, and sum swavnand.

[And when they had got themselves
Into such a state [of preparedness] for their attack,
On the 'Rood-eve' at daybreak,
The English host sounded the trumpet for the attack,
Then might people see that great host
Coming resolutely in various apparel.
They swiftly surrounded the town,
And assailed it with such firm intent—
For they devoted all their might to it—
That they hard-pressed those of the town.
But those who abandoned themselves
To death, or else to grievous wounds,
So well defended themselves there
That they flung ladders to the ground,
And they struck their foes so hard with stones
That they left many lying,
Some dead, some hurt, and some swooning.]

音と綴り方

　このテクストは，たとえばチョーサーにおけるように（「テクスト4」におけ る類似例と比較されたい）$\bar{\varrho}$（/ɔː/）となる代わりに，O. E. の $\bar{a}$ が残存したこと の証拠を，他のいずれのテクストよりもはっきりと示している——*sa* (8; <O. E. *swā*)，*sare* (12; <O. E. *sāre*)，*stanys* (15; <O. E. *stānas*)，*fais* (16; <O. E. *fā* sg.)；この特徴は後の諸テクストにおいてもさまざまな形で繰り返 されるであろう。O. E. の $\bar{\varrho}$ は，M. E. 北部に典型的な *u* (= /yː/ または /y/) で現われている——*Rude-*(3; <O. E. *rōd*)，*gud* (8; <O. E. *gōd*)；これはや はり，後の諸テクストでも現われるであろう。M. E. スコットランド方言に特 有なことは，長母音（つまり /æ/）を指すのに *i* が用いられていることだ ——*maid* (2)。

　子音　*sic* (1; <O. E. *swylċ*) は，南部の /tʃ/ と同じく，北部の /k/ を示 している。*quhen* (1) における *quh* は，先の諸テクストにおいても指摘した が，北部の語頭の強気息音を示している。*Inglis* (4) には，語末に *s* <O. E. *sc* /ʃ/ がくっついているが，これは北部に典型的な特徴である。*v* は /w/ を 表わす——*vith* (15)；語末の /d/ は p. t. pl. *pressit* (10) では無声音化されて いるのが特徴的である。

文法形態

　代名詞　"北部" の全パターンがここでは見受けられる——*thai* (1, 7, 等)，*thair* (2, 9, 等)，*thame* (2, 10, 等)。

　動詞　3 pr. pl. には北部の *-s* 語尾が出ている——*has* (13); pr. p. は北部で 常用の *-and* で終わっている——*lyand* (16)，*swavnand* (17)。

語彙

　注目すべきは次のものである——(-)*till* (4, 9; <O. N. *til*)，*ser* (5; <O. N. *sér*)，および *dang* p. t. pl. (15; <O. N. *dengja*, inf.)。

4.4 要約

われわれが目下,考察したのは初期および後期のいくつかの M. E. テクストの典型的特徴である。こうすることにより,こういう著作から何らかの情報を集められるかも知れないということを示したかったのである。以下の要約は,上の概観に或る種の一貫性を付与することを意図している。

ミッドランド南西部の起源で共通している最初の二つのテクストでは,O. E. 時代に淵源する,この地域の典型的特徴（たとえば,O. E. の長・短の y を表わす u,O. E. の長短の eo を表わす eo）や,依然として用いられている O. E. の綴り記号の若干——たとえば,（「テクスト1」の）O. E. の æ の保持,後の sch, sh, 等のための sc,両方の th を相変わらず表わす þ——が見て取れる。またしても,文法特徴が示唆していることは,後期古英語からほとんど隔たっていない,保守的・南部的な事態である——しかしながら,たとえば,sche 'she'（後には O. E. hēo に取って代わった）とか,スカンジナヴィア系代名詞 þei, þeir, þeim とかの痕跡はない。語彙は事実上すべて土着起源のものである。

「テクスト3および4」は,イングランドの両端からのものであり,両者とも13世紀に属する。上に見たようなミッドランド南西部の初期の特徴は消失しているが,しかし æ（O. E. の長音の æ）が（「テクスト4」にはないが）オルムに残存しており,同じく,O. E. の昔の人称代名詞の両数形も残存している。両「テクスト」とも,一,二の O. N. からの借用が今や現われている。北部の特徴が「テクスト4」に現われ出しており,なかでも顕著なのは,-ng の前の a（南部の o を参照）,南部の語頭 wh- のための qu-,c に代わる k /k/,/ʃ/ を表わす s である。「テクスト4」はまた,Fr. からの借用が著しく増加したことをも示している。

14世紀に戻ると,「テクスト5」は Kt のはなはだ際立つ特徴を示している。O. E. の æ のための e；この地域のテクストに典型的な,独特の二重母音の綴り方である,uo や ye/ie；f および s を v および z へと "有声音化" していること,といったように。文法形態はやはり,南部的・保守的である。Fr. からの借用もかなりの数に及ぶ。

この「テクスト」の言語は,ミッドランドの典型的な形——たとえば,-nk

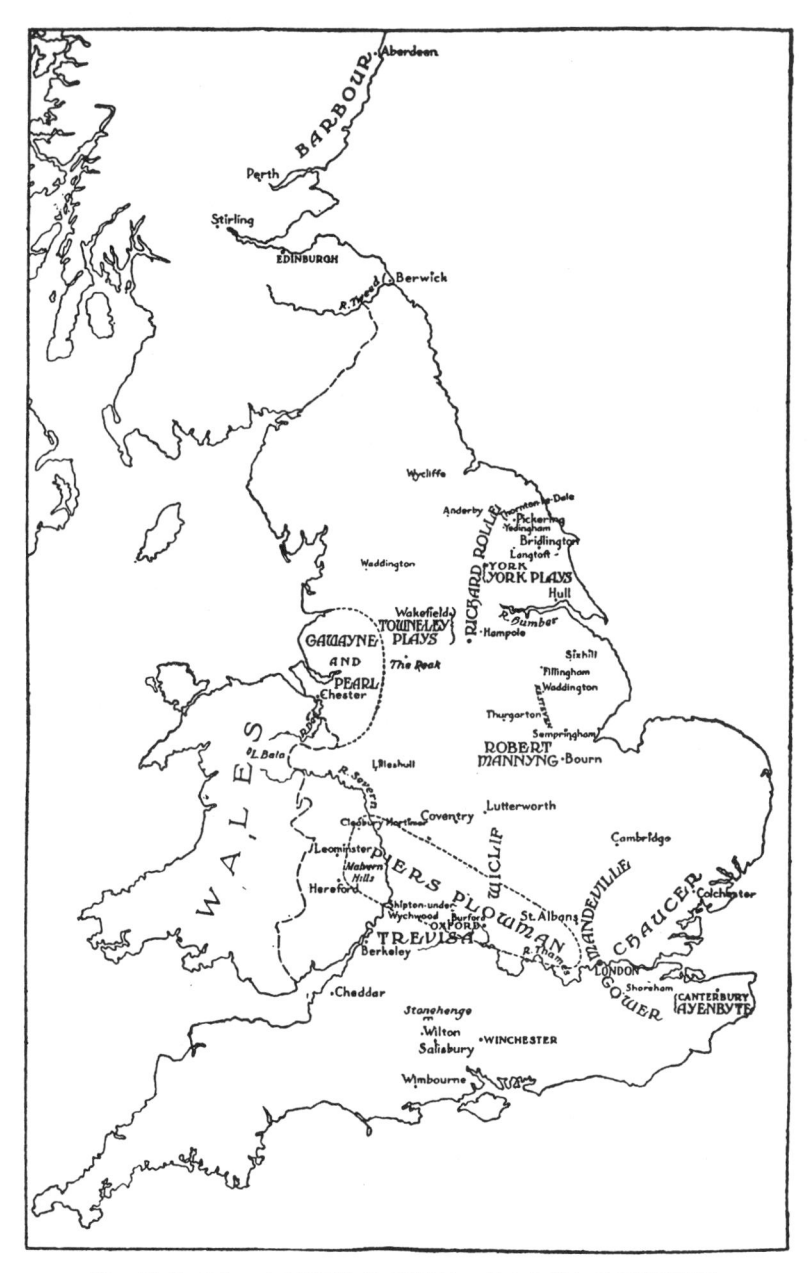

13. M. E. のもっとも重要作品の若干と，その作者たちの活躍場所

第4章　中英語（1475–1500年頃まで）

の前の o, 初期の eo および y のための u (「テクスト1および2」参照)——を用いている『ガーウェイン』の詩人の言語とは鋭い対照をなしている。qu- といった北部の形態も立証されうる。文法では, 動詞の 3 pr. sg. および pl. の -(e)s が (pl. -en と並んで)——南部の -(e)th とは対照的に——現われているし, 3 pl. 人称代名詞の 'O. N.' 組織の始まりも看取できる。北部の pr. p. の -ande が, 時たま現われる -yng と並んで出ている。相当数の O. N. や Fr. からの借用が今や姿を現わしている。

これらすべての「テクスト」の中で, チョーサーのものは, 今日の英語によりはっきりと似かよっている (とはいえ, それは——これからやがて触れることになる——直接の先祖では実際上, ないのだけれども)。音韻は彼の時代に典型的な南東部のものである。文法では, 元は北部の形 þei が今やロンドン英語にさえも浸透してしまっているが, O. E. の形態も 'their' や 'them' のために依然として用いられている。動詞の南部風な 3 pr. sg. は -(e)th で終わっているが, しかし, チョーサーに典型的な (元はミッドランドの) -(e)n が 3 pr. pl. のために現われている。ありあまる Fr. からの借用語が存在している。

最後に, はっきりした北部の詩人であるバーバーにあっては, われわれには模範的な後期文語スコットランド方言の特徴を見て取れる。たとえば, qu- や, (/ʃ/ のための) s といったものは, ほかの「テクスト」でも見られたが, これらに付け加えて, われわれは O. E. の ā, O. N. の á (=M. E. 南部の ǭ) と u (=/y:/) <O. E. ǭ を表わす a/ai を挙げることもできよう。文法では, 3 pl. の人称代名詞はすべて, 古ノルウェー語から派生しているし, 動詞の 3 pr. pl. は -s で終わり, pr. p. は -ande で終わっている。一, 二の O. N. の単語がこの一節では現われている。

M. E. 時代の英語の多様な豊かさはこのように, 時代全体や国全体を通じて広がっているのが看取できよう。残念ながら, 中世のアイルランド英語を例証するスペースがなかったので, 読者諸賢は巻末「書誌」を参照頂きたい。

本節を結ぶに当たり, M. E. 後期の発音がどうだったを示すために, 『カンタベリー物語』(「テクスト7」) の最初の 12 行 125-126 頁参照〕を音標文字で転写しておく。

1 hwan θət april wið iz ʃu:rəz so:tə

```
    θə dru:xt əf martʃ haθ pe:rsəd tə θə ro:tə
    ənd ba:ðəd ɛvri vain in switʃ liku:r
    əf hwitʃ vɛrtiu ɛndʒɛndrəd iz θə flu:r
5   hwan zɛfirus ɛ:k wið iz swe:tə brɛ:θ
    inspi:rəd haθ in ɛvri hɔlt ənd he:θ
    θə tɛndrə krɔpəz ənd θə jungə sunnə
    haθ in θə ram hiz halvə ku:rs irunnə
    ənd sma:lə fu:ləz ma:kən mɛlodiə
10  θət slɛ:pən a:l θə niçt wið ɔ:pən i:ə
    sɔ: prikəθ hɛm natiur in hir kɔra:dʒəz
    θan lɔngən fɔlk tə gɔ:n ɔn pilgrima:dʒəz
```

4.5 M. E. 後期の諸方言と標準文語の出現

　文語の方言的差異が優れて M. E. 期にとっての規範だったということは，すでに強調されてきたところだし，また，こういう地方的"標準"の多様性から，国民的標準が 15 世紀に出現したのである。こういうことは，「テクスト 7」で見られるような，チョーサーの英語ではなかったし，また，チョーサー以前の中英語の他の二型に似てもいなかったのであって，これらは国民的標準の初期の形を言わば主張することができるのかも知れない（巻末書誌の M. L. Samuels 参照〔240 頁〕）。国民的標準への昇進が目立つようになったのは，14 世紀中葉頃に，ウェストミンスターに大法官庁が常設されたためだった。この制度は礼拝堂付属の小さな官庁が大きくなったものであって，そこでは，宮廷付きの牧師たちが聖務を遂行する間に，王の勅書を書いたのである（以前は王の旅行の折に王と一緒に移動することになっていた）。この大法官庁的な英語が，われわれが先に言及した初期の，他の"標準"とは区別される点は，1400 年頃のロンドン英語の代表と言ってもかまわないであろう，チョーサーの言語に見られるそれよりも，中央ミッドランド地方起源の特徴がそこに現前しているということだ。"大法官庁的標準"が当初はまずもって，文学作品の，というよりも，事務文書の言語だったことは，驚くに足りない。

　本章を閉じるに当たり，後期中英語のこのタイプの一例を掲げておく。次章で探究されるべき，見事に仕上がった文語/印刷英語への序幕としてである。しかしまずもって，ジョン・フィッシャーとその協働者たちがはなはだ有益な

ジョン・マークの英語の説教集『フェスティアル』(Festial) における，聖霊降臨祭のための説教冒頭 (1400年頃) の複写。大英図書館所蔵のこの原稿 MS Cotton Claudius II は 1425–1450 年頃のもので，主としてミッドランド地方で書かれた現存の 30 点ほどのうちでもっとも充実したものである。最初の数行はこう読める（イタリック体で示した個所は，原稿で省略された部分）：'Gode men, ȝe knoweth wel þat þis day is callyd Wytsonday, for encheson [='because'] þat þe Holy Goste as þis day broght wytte [='understanding'] and wysdam into alle Crystes dysciplus, and so by here prechyng aftur into alle Cristys pepul.'

『大法官庁の英語アンソロジー』(p. 27; pp. 288 - 289) において述べている言を引用しよう。

The Chancery clerks fairly consistently preferred the spellings which have since become standard. The documents...show the clerks trying to eliminate the kind of orthographic eccentricity found in the Privy Seal minutes, the petitions passed on to them for entering in the the rolls....At the very least, we can say that they were trying to limit choices among spellings, and that by the 1440's and 1450's they had achieved a comparative regularization.

本書中からの後半部分は――Pr. E. の対応物と比べると時代遅れに見えるかも知れないような、形式的な言葉をまだ含んでいるとはいえ――彼らの言の正しいことを証明している

9. トマス・ヨングが議会で大声を発して逮捕後、復権を求めた請願書
   [1455 SC 8 / 28/ 1387]

1   To the right wise and discret Comons in this present
    parlement assembled
    Besecheth humbly Tomas yong that where as he late beyng
    oon of the knyghtes for the shire and towne of Bristowe in
5   dyuers parlementes holden afore this demened him in his
    saiyng in the same as wele faithfully and with alle suche
    trewe diligent labour as his symplenesse couthe or might
    for the wele of the kyng oure souerain lorde and this his
    noble Realme and notwithstonding that by the olde liberte
10 and fredom of the Comyns of this londe had enIoyed and
    prescribed fro the tyme that no mynde is alle such
    persones as for the tyme been assembled in eny parlement
    for the same Comyns ought to haue theire fredom to speke
    and sey in the hous of there assemble as to theym is
15 thought conuenyent or resonable withoute eny maner

chalange charge or punycion therefore to be leyde to theym
in eny wise Neuertheless by vntrewe sinistre reportes
made to the kinges highnesse of your said bisecher for
matiers by him shewed in the hous accustumed for the
20 Comyns in the said parlementes He was therefore taken
arrested and rigorously in open wise led to the Toure
of London and there greuously in grete duresse long
tyme emprisoned ayenst the said fredom and liberte
and was there put in grete fere of ymportable
25 punycion of his body and drede of losse of his
lif withoute eny enditement presentement appele
due originall accusement or cause laufull had or
sued ayenst him as it is openly knowen: the not
mowyng come to eny answere or declaracion in
30 that partie whereby he not oonly suffered grete
hurt payn and disese in his body but was by the
occasion therof put to ouer grete excessyue
losses and expenses of his good amountyng to the
somme of M*l* mark and muche more Please hit your
35 grete wisedoms tenderly to consider the premisses
And thervpon to pray the kyng our souerain lorde
that hit like his highness of his moost noble
grace to graunte and prouide by thavice of the
lordes spirituell and temporell in this present
40 parlement assembled that for the said losses
costes damages and imprisonment your said
bisecher haue sufficient and resonable recompense
as good feith trouthe and conscience requiren

留意すべきは以下の点であろう。e (非強勢の音節における *i/y* のようである——*knyghtes* 4, *parlementes* 5, *holden* 5, *assembled* 12, *arrested* 21, 等); *suche* (6; 他の M. E. 形——*sich, swich*, 等——は大法官庁文書では少数である; *-and-* の綴り方 (*notwithstonding* 9, *londe* 10; この綴り方は時代が進むにつれて好まれるようになるのだが, *-and-* も依然として頻用されている); *eny* (12, 15, 17, 等; ただし, *any* が一般には好まれている); 代名詞 *theire* (13) や *theym* (14, 16。ただし, 古形の *here* (等) や *hem* (等) も依

然として現われている——けれども，3 pl. 主語は常に *they* である）; *ayenst* (23; -*y*- の形は，これらの文書では依然優勢である。*Cf.* Fisher's Glossary Ayenst; Again) *muche* (34; *moch*(*e*) もやや優勢である); *h*- は非-*h*-形と並んで 'it' において残存している (*hit* 34, 37); 動詞における 3 pr. pl. -*en*——*requiren* (43); これらは保守的傾向を有する散発的な生起である (*cf.* Fisher, p. 46)。もちろん，（少数とはいえ）綴り方に依然としてやや異質性があるし，古形もいくらか保持されてはいるが，これらは後の数十年間に均_{なら}される運命にあった。

4.6 補遺——ラテン語手稿本

予期されうるように，これら手稿本は特に地名との関係で，綴り方における変化にとっての具体資料として役立つことが多い。古英語であれラテン語であれ，地名のための A. S. の証拠は，第3章 (3.8)〔83頁参照〕において触れた（そこでは，A. S. の名称の大半が *DB* までは記録されていないことを述べておいた）。

中世期のほかのラテン語資料（もちろん，地名は M. E. の諸作品にも現われている）は，キャメロンの『英国の地名』(*English place-Names,* pp. 21-22) に列挙されているし，以下の要約もこれに負うている。これらは主として公文書保存館 (Public Record Office, 略称 P. R. O.) や，ほかの場所における公文書である。P. R. O. におけるものには，州，町，市から王に納入されるべき支出を扱った，12世紀以降からのパイプ・ロウル（財務府記録）〔19世紀まで〕も含まれる。これらが格別に重要なわけは，多くの町，村，教区の名を毎年記録しているからである。

ほかの資料には，さまざまな種類の勅許や，勅許確認を扱った，特許記録，個々人に宛てられた王室の業務に関する封緘された記録，公的な性質をもつ王室の文書を含む開封勅許状簿もある。巡回裁判の記録は，移動裁判によって審理された訴訟を記録しているし，また王室財産管理官の記録は王の決裁による係争中の訴訟，王室のための訴訟事件を扱っている。

おそらく主として地方の写字生たちによって書かれており，それゆえに，名称の実際の発音をより正確に表わしていると思われる，より地方的な性格をもつ資料には，諸国の地代帳や検地，荘園記録，教会および私有の財産に関する土地譲渡証書のコレクションがある。またしても，こういう未刊資料のほとん

どはP. R. O.や大英図書館に保存されている。いくつかはまた，州公文書保存館や，国立，地方の大学，専門学校の図書館や，英国の村一番の豪家の図書室や，大聖堂の首席司祭や司教座聖堂参事会の所蔵物，また個人の所蔵物においても見いだされうる。

エリザベス1世の時代以前には，地図はほとんど現われていないが，中世期からいくつかは残存しているのであって，知られているうちで最初期の詳しいものとしては，1250年頃に，セント・オールバンズのマシュー・パリスにより／ために，その『大年代記』(*Chronica Maiora*)と『アングル人の歴史』(*Historia Anglorum*)用に作成された地図と，ハンガーフォードのジョンの『年代記』(*Chronicle*)に収められた地図とがある。これらの内でもっとも充実した地図は，280の地名を収容しているから，いくらか重要性をもつ資料となっているのである。もう一つのよく周知の地図は，1335年頃のいわゆるガフ・マップ (Gough map) であって，これは地図作成の精密さでも，地名の数でも，パリスの地図に比べて長足の進歩を示している。

こういうタイプの文書のいくつかは，近代前期において，だんだんと数を増してきた，とりわけ図面や地図の形に見て取れる。他方，中世期は地名研究にとり中心をなしているし，また，地名が言語発達の証拠として至極重要性を帯びる時期でもあるので，私としては，一，二の事例を示して結びとしたい。A. S. の，しかも中世後期の文書に記録されている以下の地名は，エクウォールの（彼の*Dictionary*における）やり方に従って簡略化されており，また，*ASC*および*DB*を除き，出典名を省いてある。

Kippax（西Yks）: *Chipesch* (*DB*)，*Kippeys* 1155–1158年，*Kipais* 1190年，*Kypask*, *-ax* 1294年；おそらくは，＜個人名 O. E. *Cyppa＋O. E. *æsc* 'ash-tree'，部分的には *-ask* へとスカンジナヴィア語化されており，これはさらに＞*-ax* となった。［注—*DB*では，語頭/k/の綴りは*ch*；非W. S. と，(W. S. *æ*＞) *a*＜O. E. *æsc* との間に動揺あり；語末/ʃ/＞/sk/は，O. N. の影響による (*cf.* O. N. *askr*；/sk/ はしばしば，方言では＞/ks/となる）。一般的な *ax* 'ask' を参照。］

Pangbourne（バークシャー）: (at) *Pæinga burnan*, *Pægeinga burnan* 843，*Pangeborne* (*DB*)，*Pangeburne* 1166年；＜Pang 川＋O. E. *burna*，等，'the "bourn" or stream of Pæga's people'。［注–O. E. の地方的な *e* と，W. S. の *æ* との間で当初動揺があったが，最終的にM. E. *a*＞からの *æ* が勝利。*-an* dat. (843) は

prep. *at.* の後にくるときの形。]

Repton (ダービシャー)：*Hrypadun* 745, 848 年頃, (on) *Hreopandune* 755 年 (*ASC*), *Rapendune* (*DB*), *Pependon* 1197 年, *Repedon* 1236 年; 'the hill [O. E. *dūn*] of the Hrype tribe' (また, *Ripon* および近くの場所 *Ribston, Ripley* においても)。[注 - O. E. の気息音の *r*, つまり, /hr/ だが, この帯気音は中英語では消失した；西古英語で, /y/——*y* または *eo* (*DB* では面白いことに *a*)。最終的には *e* が勝利した——をどう表現するのかに関しては曖昧なままである。]

Tintinhull (サマーセットシア)：*Tintehalle, Tintenenella* (*DB*), *Tintenhille* 1168 年, *Tintehull* 1219 年; 不明な第一要素 (おそらく個人名) +O. E. *hyll* 'hill'. [注 - *DB* では, 第二要素における母音を *a* か *e* かのいずれかでどのように表現しているのかはっきりしない。これは O. E. では実際上 *y* /y/ であり, 結局はそれの西部の形で, *u* として現われている (>Pr. E. /∧/ となる)。]

第5章　初期近代英語（1700年頃まで）

5.1　前置き

　この時期（1475年頃–1700年頃）には，文語の形でも口語の形でも，英語史のための証拠がふんだんに存在するし，そのいくつかはこれまでほとんど未知な種類(たぐい)のものである。こういう証拠は15世紀後期からのややくだけた手紙や，より改まった手紙のいずれにおいても生じている。たとえば，キャクストン，シェイクスピア，ミルトンといったような文学テクストにおいても，また，英語に関する著作家たち，とりわけ，"正音学者たち"（発音に関する著者たち）として知られている人びとの定まった見解においても生じている。初期・後期を問わず，各種の辞書も英語の語彙に関する情報を供してくれているし，また，この時期の方言の証拠も存在するのである。

5.1.1　くだけたテクスト

　以下の諸テクストからも明らかになるであろうが，16，17世紀には一般に承認された綴り方一式は存在しなかった。広く認められた綴り方の慣習はたくさん存在したのだけれども，これらのうちでかなりの異形が可能だったのだ。さらに，一人の作家が他の作家とは異なった書き方をしただけではなく，同一の作家が同じ語のために，ときには同一の文章中でさえ，異なる綴り方を用いることもあり得たのである（以下の「テクスト1」中の *bond* と *bounde, don* と *doon* (p. p.) を比較されたい）。標準的な綴り方一式のようなものが広がった17世紀後期でさえ，それは書物に限られていたのであり，民衆は——今日でさえ，一部の人びとがやっているように——私信では風変わりな綴り方をやり続けていたのである。

　［注–以下の行文では，句読点は現代風に改めてあるが，綴り方や大文字の表記は原文通りである。縮約部分は断りなく敷衍してある。］

　1．パストンの手紙（1420年頃–1500年後）

[Ed. N. Davis, Parts 1 and 2, Clarendon Press, 1971-6 (no. 386; in the shorter ed., Clarendon Medieval and Tudor Series, no. 95)]

ジョン・パストン3世からマーガレット・パストン宛（1482年から1484年にかけてのもの）

1 *Address*: to my ryght worchepfull modyr Margaret Paston
RYGHT worchepfull modyr, in my most humble wyse I recomand
me to yow, besechyng yow of your dayly blyssyng; and
when I may, I wyll with as good wyll be redy to recompence
5 yow for the cost that my huswyff and I haue put yow to as
I am now bond to thank yow for it, whyche I do in the best
wyse I can.
    And modyr, it pleasyd yow to haue serteyn woordys to
my wyff at hyr departyng towchyng your remembrance of the
10 shortness that ye thynk your dayes of, and also of the mynd
that ye have towardys my brethryn and systyr, your chyldyr,
and also of your seruauntys, wherin ye wyllyd hyr to be a
meane to me that I wold tendyr and favore the same. Modyr,
savyng your pleasure, ther nedyth non enbasatours nor meanys
15 betwyx yow and me; for ther is neyther wyff nor other frend
shall make me to do that that your comandment shall make me
to do, if I may have knowlage of it. And if I haue no knowlage,
in good feyth I am excuseabyll bothe to God and yow. And well
remembred, I wot well ye ought not to haue me in jelusye for
20 on thyng nor other that ye wold haue me to accomplyshe if I
overleve yow, for I wot well non oo man alyve hathe callyd so
oft vpon yow as I to make your wylle and put iche thyng in
serteynté that ye wold have don for your sylff and to your
chyldre and seruauntys. Also, at the makyng of your wylle,
25 and at every comunycacyon that I haue ben at wyth yow
towchyng the same, I nevyr contraryed thyng that ye wold
have doon and parformyd, but alweys offyrd my sylff to
be bownde to the same.

綴り方

「テクスト 1-3」においてもっとも注目されることは，*u* および *v*，それに *i* および *y* の使用だ。*u* は母音および子音の両方をも表わすことができる。元来はもちろん，ここでも見られるように，*u* と *v* は同じ文字を綴る異なったやり方に過ぎなかったし，互換的に用いられ得たのだが，中英語後期になると，冒頭では *v* を，そして *u* はどこにでも用いるのが普通となり，この慣習はかなり厳密に初期の印刷屋たちによって続行されたのである。Pr. E. の，母音には *u*，子音には *v* という慣習は，大陸からの影響下に1630年頃に生じたものである。

上の行文では，*y*（中英語では *i* と互換可能で，*i* はとりわけ，明白さを期して，*m* や *n* のような"最小"文字の脈絡で用いられる）のほうが *i* よりも好まれている。とはいえ，*i* は *iche, in, it,* 等において現われている。*y* はもちろん，子音 /j/ のために用いられている——*yow, your, ye.*

末尾の非強勢の *-e* は，14世紀には発音されなくなっていたから，ここに見いだされるような *-e* は無音だったのであり，この事実から，Pr. E. でわれわれが用いないような語においてさえ *-e* が見いだされたり，またその逆もありうる，といった一見乱雑な用法も説明がつくのである。Pr. E. では用法が旧弊化してしまっていて，*-e* はたとえば，*there* では現われているが，*each* では現われていない（上の行文中の *ther, on* 'one', *don* を *iche, favore, jelusye* と対比されたい）。しかしながら，Fr. の単語 *serteynté*（23）では，*-e*（= Pr. E. *-y*）は（/eː/ のように）発音されるべきものである。

ほかの特異な綴り方としては，*worchepfuff*（1，2），*recompence*（4），*serteyn*（8），*alweys*（27; *ey* は M. E. 後期の *ai/ay*），*woordys*（8），*towchyng*（9），*frend*（15），*knowlage*（17），*wold* 'would'（20; /l/ はこの段階では依然発音されることになっていた）。

音声

一，二の綴り方が，Pr. E. のそれとは異なる音を示唆している。たとえば，*modyr*（1, 2; /d/ が付いている; <O. E. *mōdor*—*father* におけるのと同じく，*d* が *th* に置き替えられるのは，やっと16世紀初期からであるが，/ð/ の

発音はもっと以前から存在していたのかも知れない); *enbasatours* (14; <Fr. *ambassadeur*) は, Pr. E. /d/ のための語中音 /t/ を有する一般の M. E. とは異形を示しているのに対し, *huswyff* (5) や *wyff* (9) はおそらく語末音 /f/ の前では短音の /i/ をもっていたのだろう——大雑把には, *hussif, wiff* というように。*depertyng* (9; <Fr. *departir*) の *er* は, *ar* (/ar/) をもっていた M. E. 後期/Mod. E. 初期における異形を示す。 Pr. E. *certain, serve* と, *farm, marvel* を比較されたい。*Derby, sergeant* (/a:/ の発音だが, 綴り方は古い *er* のままである); *oo* 'one' (21; <O. E. *ān*) は, /n/ を失った, 伝統的な M. E. 式の異形である。

e とは別の非強勢音節は, 明らかにまだ完全に発音され続けていた。そのことは, 語尾 *-yd, -ys* によって示されているとおりである——*pleasyd* (8), *wyllyd* (12), *callyd* (21), *woordys* (8), *towardys* (11), *seruauntys* (12), 等。

文法特徴

より古い形 *brethryn* (11) は Pr. E. 'brothers' のために用いられており, *chyldyr* (11), *chyldre* (24) は, Pr. E. の二重の pl. 形の *-n* を欠いている。代名詞では, *ye, yow, your* といった "丁寧" 形 (cf. *thou, thee, thy*) が当然ながら息子によってその 'ryght worchepfull modyr' (1.18 〔36頁〕参照) に使われている。動詞の 3 pr. sg. *nedyth* (14) は, *-th* 語尾を保持している。統語法では, *to* の用法に注意されたい——'ye wold haue me to accomplyshe' (20)。

語彙

もう古語になったものが一, 二見いだされる——*non* 'no' (14; <O. E. *nān*), 'not' (21), *betwyx* 'between' (15), *overleve?* 'neglect' (21; n. r. *OED*), *wot* 'know' (21); *contaryed* 'acted contrary to' (26)。

2. エリザベス女王とスコットランド王ジェームズ 6 世の手紙 (1582-1590 年)

[Ed. J. Bruce (Camden Society, 46, 1849), pp. 12-13.]

1   I haue, right deare brother, receaued your frendly and
    affectionat letters, in wiche I perceaue the mastar Grayes
    halfe, limping answer, wiche is lame in thes respectz: the
    one, for that I se not that he told you who bade him talke
5   with Morgan of the price of my bloude, wiche he knowes, I
    am assured, right wel; nor yet hathe named the man that
    shuld be the murtherar of my life. You wel perceaue that nothing
    may nearelar touche me than this cause, and therfor, accordinge
    to the bond of nature and the promes of strikte frindeship,
10 let me coniure you that this vilanye may be confest. I hope
    I may stand you in bettar sted than that you wyl shew you
    uncareful of suche a treason.

綴り方

u および *v* の使用は前と同じく続いている——*haue*（1）, *receaued*（1）, *perceaue*（2）, *vilanye*（10）では *v* になっている。*i* は母音のためにのみ用いられており（「テクスト1」における *y* を参照）, *y* は Pr. E. におけるのと同じく, /j/ のために用いられている——*you*. 語末の -*e* はまだしっかり定まっていない。例：*deare*（1）, *wiche*（2）, *talke*（4）, *strikte*（9）。ただし, *affectionat*（2）, *thes*（3）, 等がある。

ほかの特異な綴り方としては——*respectz*（3）における pl. のための *-z*; *mastar*（2）, 等における Pr. E. の *er* のための *ar*, *murtherar*（7）, *bettar*（11）, 等における Pr. E. の *er* のための *ar*; *se* 'see'（4）, *wel*（6）, *promes*（9）, *shuld*（7）（/l/ はたぶんまだそのまま発音されていたのであろう）がある。

音声

本テクスト中の綴り方のいくつかは, 口語英語の音声を表わしている。*frendly*（1）における /n/ の前では, /ɛ/ と /i/ との間に異形（cf. *frindeship*（9））が現われている。*wiche*（2；< O. E. *hwylc*）は, 語頭の /h/ がもはや発音されなかったことを示唆している（これは12世紀以降, 南部では, おそらく最初に俗語で, しかし"良き"会話でははるか後に（18世紀）なって初めて規則的に消失することになったのであろう）; *murtherar*（7）は, O. E.

morþor 'murder' (14世紀に初めて出現する *d* は, Fr. の影響による——A. Fr. *murdre, moerdre*, 等を参照) の古い /ð/ を保持している。*bloude* (5) はこの時期に見かけない綴り方ではなく, 明らかに, 縮約された音 /u/ を示している。名詞や動詞の形は, Pr. E. におけるのと同じく, しばしば *-ed, -es* で終わるので, 非強勢の母音が筆者の会話の中でまだ完全に発音され続けていたのかどうか, われわれには判然としない——*receaued* (1), *knowes* (5), *assured* (6), *named* (6)。ただし *confest* (10) は明らかに縮約された語尾——/s/ の後で /d/＞/t/ となる——を表わしている。*ar* はたぶん /ar/＜以前の /ɛr/ (上掲「テクスト1」参照) の反映なのであろう。

文法特徴

動詞では, 3 pr. sg. の *-th* が *hathe* (6) で生起しているが, ほかの場合には, *-s* sg. が見いだされる (例 *knowes* (5)。*-th* は *hath* と *doth* ではもっとも長く存続したようだが, 1590年代頃には, *-(e)s* がたぶん教養人の会話では普通だったらしい (1.18参照); 代名詞 *you* および *your* は当然ながら, 等しく用いられている (1.18参照)。

統語法で注目すべきは以下の点である。*that* に先行する *for* (4) は, 全体として, 'because' を意味する。*I se not* (4; *cf.* Pr. E. *I do not see*——こういう構文における *do* の使用は, 16世紀中葉からだんだんと普通になっていったが, より古い構文も相並んでしばらく存続している)。*shew you* (11) では Pr. E. なら *yourself* を使うところだが, *you* が用いられている。

語彙

Nearelar (8)——? 'nevertheless' の一つの形か (この形では, OED にも記録なし); *uncareful* (12) 'neglectful' は, やや古めかしく思われるし, Pr. E. でも稀である。ほかに特徴的なものは本行文には生起していない。

3. ウェントワース・ペーパーズ (1597–1628年)

[Ed. J. P. Cooper, Camden Society, Fourth Series, vol. 12, 1973, p. 224.]

1624年12月7日　フェッター・レーンにて, エリザベス・デンビー宛

1　My good Annt, I am very sorry that my occasions enforce
　　mee to bee soe longe absent from yow, when it is so fitting
　　I should attend yow, which yow wilbee pleased for a season
　　to excuse mee for and by God's goodnes, I will make yow amends
5　upon the first oportunity. As concerninge our proceedings
　　here, Michaell Hopwood will giue yow a perticuler accompt for
　　your affaires and those of your grandchild, my cosen, in the
　　Cuntry. I haue writt at large to my cosen Wentworth of Woolley,
　　whome I haue desired to take the paines to visitt yow and both
10　to make yow acquainted and take your aduise therin. My best
　　Annt, let nothinge eyther concerning your selfe, your sonne's
　　children, or estate trouble yow, for I doubte not but God will
　　giue such blessinges to our endeauores, as that all will succeed
　　to your owne hart's desire and bee happily ouercome with a little
15　tyme and pacience, wherin I assure yow I shall trauaile with the
　　same care, as if it did concerne mee euen the most importantly in my
　　owne fortune, as indeed it cannot chuse but doe, when it
　　doth soe nearly touch persons soe neare unto mee in blood.

綴り方

現代の視点からはやはり特異に見えるのは，以下の点である。*u* および *v* の使用は以前と同様である——*giue*（6），*aduise*（10），*endeauores*（13），*trauaile*（15）。ただし *very*（1），*visitt*（9）；*tyme*（15）において以外には，母音には *i* が用いられており，*y* は今や規則的に子音として用いられている——*yow, your*。語末が *-e* で終わる語は，まだ Pr. E. の形を取ってはいない——*soe, longe, doubte, concerne,* 等——し，上の行文では，Pr. E. で *-e* を有するところでこれを省いたような語は皆無である。*Mee*（2），*bee*（2），等には，たぶん強調のためか，余分な *-e* が付け加えられている。

ほかに綴り方上で特異な点としては，*goodnes*（4），*oportunity*（5），*cosen*（7），*cuntry*（8），*visitt*（9），*chuse*（17）がある。*Accompt*（6；< O. Fr. *acconter*）は Lat. *ad* + *computāre* に基づき改変されており，また *doubte*（12；< O. Fr. *douter*）は，Lat. *dubitāre*（『恋の骨折り損』の一節，本書

の後出，162-164頁参照）を手本に *b* を復元したことを示している。

音声

Annt (1, 11) は短母音 /a/ を示しているように見える（この語類における St. E. の /a:/——*aunt, branch, dance,* 等——は初期 Mod. E. 以後まで現われなかった）；*hart* (14; < M. E. *herte*) はおそらく，Pr. E. の /a:/ の先祖たる，/ar/ を示しているのであろう。

文法特徴

doth (18) における動詞の 3 pr. sg. 形 *-th* に注意。*writt* (8) は p. p. *'written'* である。統語法では，やはり *do* が特に興味を有する。それは否定構文 *I doubte not* (12; *I se not*「テクスト 2」参照) では用いられなくて，*if it did concerne mee* (16) や，*when it doth soe nearly touch* (17-18) といった，17 世紀に滅びつつあった構文 (cf. Pr. E. *if it concerned me; when it so nearly touches*) において，非強調的に現われているのである。

語彙

ここでは，*persons* (18) ——口語的な現代の用法では *peole* となるであろう——を除き，Pr. E. と異なるものは皆無である。

4. ヘンリー・セント・ジョンがオーラリ伯に宛てた手紙 (1709-1711 年)
   [Ed. H. T. Dickinson (Camden Society, Fourth Series, Vol. 14, 1975), pp. 151-152.]

            Whitehall. 9 March 1710/11

1 My Lord,
  I was extreamly glad to find by the honour of your letter of
  the 6th N.S. that your Lordship was safely arrived at the Hague,
  and had begun to enter upon business with the Pensioner. I do not
5 doubt but in a little time we shall see the good effect of your
  Lordship's negociations, particularly in contributing towards a
  proper regulation of the government of the Spanish Low Countries;
  which, as your Lordship observes, is in a very distracted condition

at present; and therefore no time should be lost in putting it upon
10　a better foot.
　　　Your Lordship will find in the newspaper from my office a
　　short account of a villanous action which I think is not to be
　　parallelled in history. Monsieur de Guiscard has four wounds; but
　　none mortal, as we hope. The chirurgeons beleive that he will
15　recover, there being no bad symptoms as yet: and it is pity he
　　should dye any other death, than the most ignominious which such
　　an attempt deserves. Mr Harley is in a very good way at present
　　and I hope not in the least danger of his life.
　　　I must deferr writing till next post particularly and fully
20　to your Lordship, the hurry I am now in making it impossible to
　　do it by this post.
　　　I am ever, my Lord,
　　　　　　your Lordship's ever faithful and most humble servant
　　　　　　　　　　　　　　　　　　　　　　　　　　　　　　H. St. John

綴り方

今や上のテクストを Pr. E. のそれと区別するべきものはほとんどない。u/v や i/y は多かれ少なかれ定着してしまっている（ただし，dye（16）には注目）し，語末の -e も同様である——time, there, doubt, wounds, 等。これらのうちで最後のもの（13）が示しているように，-es なる語尾は今や /-z/（有声音の後で）か /-s/（無声子音の後で。上の行文には例なし）に縮減されてしまっている。実際には，ごく少数のより古い綴り方も生起してはいるのだが，それらははなはだ少ないために際立っている——extreamly（1），negociations（6），beleive（14），deferr（19）。綴り方は今やいかなる発音も示唆してはいないのであって，Pr. E. のそれと著しく似かよった初期 Mod. E. の体系へと沈澱してしまっている。

文法特徴

動詞 has, deserves（17）の 3 pr. sg., つまり, 以前の -(e)th とは異なった, -(e)s なる語尾に注目。また, was safely arrived（2; Pr. E. had... にも注目するのがよかろう。助動詞の 'be' は初期 Mod. E. の時期には動きの動詞ととも

に特に用いられており，こういう脈絡にあっては，'have' よりも一般的なのである。'have' は動詞の行為の結果として生じた状態を指し示している）。*I do not doubt*（4-5）を，「テクスト3」の *I doubte not*（12〔146頁参照〕）と比較されたい。

語彙

Chirurgeons 'surgeons'（14; <O. Fr. *cirurgien,* 等）のみは，*surgeon*（*serurgien* の縮約形）と並用されており，18世紀までは規則的に用いられている。

5.1.2 文学テクスト

5. トーマス・マロリー『アーサー王の死』（1469-1470年）
   [1480年頃のウィンチェスター写本 fofio 324 より; *cf. The Winchester Malory: a Facsimile,* with an Introduction by N. R. Ker, EETS, 1976. テクストは *The Works of Sir Thomas Malory,* ed. E. Vinaver, 3 vols., 2nd ed., Clarendon Press, 1967 中に印刷されているもの。ただし，古風な書体は現代化してある。初めて印刷されたのは 1485 年にキャクストンによってであり，以後彼の後継者たちによりいくども再版された。]

1   Than sir Launcelot ayenst nyght rode vnto the castell, and
    there anone he was receyved worshypfully wyth suche people,
    to his semynge, as were aboute quene Gwenyuer secrete.
    So whan sir Launcelot was alyght he asked where the quene
5   was. So dame Brusen seyde she was in her bed.
      And than people were avoyded and sir Launcelot was
    lad into her chambir. And þan dame Brusen brought sir
    Launcelot a kuppe of wyne, and anone as he had drunken
    that wyne he was so asoted and madde that he myght make no
10 delay but wythoute ony let he wente to bedde. And so he
    wente that mayden Elayne had bene quene Gwenyuer. And
    wyte you well that sir Launcelot was glad, and so was
    that lady Eleyne that she had gotyn sir Launcelot in her
    armys, for well she knew that þat same nyght sholde be
15 bygotyn sir Galahad uppon her, that sholde preve the beste

knyght of the worlde.
　　And so they lay togydir untyll underne of the morne; and all the wyndowys and holys of that chambir were stopped, that no maner of day myȝt be seyne. And anone sir Launcelot remembryd hym and arose vp and wente to the wyndow, and anone as he had unshutte the wyndow the enchauntemente was paste. Than he knew hymselff that he had done amysse.

〔参考訳〕
　さてラーンスロット卿は夜が近づくと，カーゼ城へと馬を進めた。到着すると直ちに，グウィネヴィア王妃のおしのびの伴をしている者と思われる者達に，丁重に迎え入れられた。
　ラーンスロット卿は馬からおりると，「おきさきはどこにおられるか？」とたずねた。
　そこでブリーセンは「お寝みになっておられます」と言った。人々は引き退がり，ラーンスロット卿は部屋へ案内された。ブリーセンはぶどう酒を一杯ラーンスロット卿へ持って来た。卿はその酒を飲むと，直ちに狂おしく心が乱れ，もう一刻も待てない気にかり立てられて，ためらうことなく，寝床に入った。エレイン姫をグウィネヴィア王妃と思いこんでいたのだ。もちろんラーンスロット卿はうれしかった。またラーンスロット卿を両腕に抱いたエレイン姫もうれしかった。なぜならこの世で一番偉い騎士となるガラハッドが，今夜のうちに自分の体内に宿ることを，姫はよく承知していたからである。
　こうしてラーンスロットとエレインは朝の九時まで同衾していた。その寝室のどの窓もどの穴も，日の光をまったく入れないようにふさがれていた。やがてラーンスロットは我に返り，立ち上って窓辺に行った。
　ラーンスロットが窓を開けるやいなや，魔法は消えた。ラーンスロットは間違いを犯したことを知った。
　　　（厨川文夫/厨川圭子訳『アーサーの死（抄）』「世界文学体系」66（「中世文学集**」），筑摩書房，1966年，311頁）

綴り方

　u/v に関しては上掲の「テクスト 1-3」に見受けられたのと同じ慣習が現われているが，ただし，たとえばパストンたちなら u を用いたかも知れないような場合に，間々ここでは v が用いられている（*avoyded* 6）。i よりも y

が好まれている (*nyght* 1, *wyndowys* 18, *hymselff* 22) が, *i* も非強勢の音節では間々生起している (*chambir* 18, *togydir* 17。また頻出する *sir* でも)。語末の *-e* はしばしば残存している (*anone* 2, *kuppe* 8, *seyne* 19, *wente* 20)。上の行文では, 古い記号 þ が (*th* と並んで) 2 回生起しており, ʒ は一度だけ現われている。

ほかに綴り方の特異な点としては, *maner* (19), *sholde* (14; /l/ はまだ発音されていた) がある。

音声

一定数の綴り方からして, これらの背後に所在する音声が示唆されている。つまり, *ayenst* (1; < O. E. *on-gēanes*) は *y* /j/ (Pr. E. の形における *g* は, 北方起源なのかも知れない) を保持しているし, *whan* (4; < O. E. *hwænne*) や *than* (< O. E. *þænne*) は, Pr. E. の *e* の代わりに *a* をもつ通常の派生形 (当初はたぶん非強勢の形だったのだろう) である——*lad* (7) は < O. E. *lædde* に由来し, これが *lad* か *led* かのいずれかを与えたのかも知れないし, M. E. のテクストでは動揺が生じているのである。*ony*(10; たぶん /ɔni/ < M. E. *anie* /ani/); *preve* 'prove' (15) は < O. Fr. の形で, *ue* をもっていたのが, 後に *eu* となり, 中英語では, *prove* < O. Fr. *prover*) と並んで, *preove* や *preve* を与えた。*togydir* (17) は < O. E. *tōgædere* (ただし, /d/ は 14 世紀には早くも /ð/ に変化しだしていた) のように, /æ/ から /ɛ/ へ, それから /i/ へと徐々に上昇していった。*enchauntemente* (21) は, /au/ が通常 A. Fr. *au* から発達したことを示している。

文法特徴

Was は p. p. と一緒に用いられている (?;「テクスト 4 (3 〔147 頁〕)」参照。本行文の 2 行目をも参照)。*alyght* (4; < O. E. *ālīhtan* inf.) ——普通の M. E. p. t. sg. は *alighted*(*e*) であろうが, 最後の非強勢の音節は, 先行する *-t* に同化されたのである。*gotyn* (13; 現代アメリカ英語 *gotten*) は, より古い M. E. の p. p. 形であるのだが, 後に (16 世紀以降) これは p. t. 形 *got* によって置き換えられた。名詞における非強勢の語尾は, 少なくとも *armys* (14), *wyndowys* (18), *holys* (18) では, まだ充実した形を取っていたのだが, 動詞では,

paste 'passed' (21) も示しているように，非強勢の音節はもはや /-id/ ではなくて，たんに /t/ に縮減されてしまっていた。

語彙

以下のものは，Pr. E. では古語であるか，完全に消失してしまった——
avoyded 'dismissed' (6), *asoted* 'foolish' (9), *let* 'delay' (10), *wente* 'thoughte' (11; <O. E. *wēnan* inf.), *wyte* 'know' (12 <O. E. *witan* inf.), *bygotyn* (15), *underne* 'noontide' (17; <O. E. *undern*), *morne* (17), *unshutte* 'opened' (21)。

6. クリストファー・マーロウ『フォースタス博士』(1588/1589年)
   〔知られているうちで最古の版たる，1604年版 (ed. W. W. Greg, Clarendon Press, 1950), lines 1358-1369, p. 278.〕

Enter Helen

1 Fau: Was this the face that lancht a thousand shippes？
   And burnt the toplesse Towres of Ilium？
   Sweete Helen, make me immortall with a kisse:
   Her lips suckes forth my soule, see where it flies:
5 Come Helen, come giue mee my soule againe,
   Here wil I dwel, for heauen be in these lips,
   And all is drosse that is not Helena:
   I wil be Paris, and for loue of thee,
   Insteede of Troy shal Wertenberge be sackt,
10 And I wil combate with weake Menelaus,
   And weare thy colours on my plumèd Crest:
   Yea I will wound Achillis in the heele,
   And then returne to Helen for a kisse.

〔1616-1663年版の六つの四つ折版からの読み——4 *suckes* は＞*sucke*. 6 *be* は＞*is* になっている〕

〔参考訳〕
　　（ヘレンふたたび二階舞台に登場，二人のキューピットの間にかしずかれながら通ってゆく）
フォースタス　おう，これが千艘の軍船を駆りたて，

トロイの天を摩す塔を焼き亡ぼしたあの顔なのか。
うるわしいヘレン，おまえの接吻でおれを永劫不滅の身にしてくれ，
　　（ヘレン，彼に接吻する）
ああ，おれの魂がこの唇に吸われてしまった。見ろ，魂が飛んでゆく……
頼みだ，ヘレン，おれの魂をかえしてくれ。
おれはもうここから離れんぞ，ここが，この唇が天国だ，
ヘレンのもの以外はすべて塵芥(ちりあくた)にすぎぬ。
　　（老人登場）
おれはパリスになる。そして，おまえに対する恋のためには
トロイのかわりにウィッテンベルヒが略奪にあってもかまわぬ。
おれは柔弱なメネラウスと決闘をしてやる，
羽飾りの兜(かぶと)にはおまえのくれたリボンをつけてな。
そうだ，ヘレン，おれはアキレスのかかとを傷つけ，
接吻を求めてまたおまえのそばにかけ戻ってこよう。

　　（平井正穂訳「フォースタス博士の悲劇」，『エリザベス朝演劇集』筑摩書房，1974年，180頁）

綴り方

giue（5），*heauen*（6），*loue*（8）においては，*u* が Pr. E. の *v* のために用いられているが，*i* は今や母音として *y* に取って代わっており，後者はただ子音としてのみ用いられている。語末の *-e* はしばしば残存している（*sweete* 3，*soule* 4, 5，*weake* 10）が，韻律上は何の意味もないようであり，また，明らかにこの目的で用いられてはいなかった――少なくとも上掲の行文では。Pr. E. のそれとは異なるほかの綴り方としては，単一の *l* をもつ *dwel*（6），*shal*（9），*wil*（8，10）；ダブルの *l* をもつ *immortall*（3）；*mee*（5；ダブルの *ee* はたぶん強調のためだろう）；そして，*insteede*（9）がある。

音声

lancht 'launched'（1；「テクスト5」における *enchauntemente*（21〔150頁〕）をも参照）；*haunch, haunt, launch, laundry, lawn, staunch, vaunt* グループにおける A. Fr. の *an* は通常 >M. E. /au/ になり，その後 Pr. E. の /ɔː/ になるのだが，しかし多くは初期のテクストにおける ?/aː/ の副次形を示している。

第5章　初期近代英語（1700年頃まで）

Doctor Fauſtus.

Come Helen, come giue mée my ſoule againe.
Here wil I dwel, for heauen be in theſe lips,
And all is droſſe that is not Helena: *enter old man*
I wil be Pacis, and for loue of thée,
Inſtéede of *Troy* ſhal *Wertenberge* be ſackt,
And I wil combate with weake Menelaus,
And weare thy colours on my plumed Creſt:
Yea I wil wound Achillis in the héele,
And then returne to Helen for a kiſſe.
O thou art fairer then the euening aire,
Clad in the beauty of a thouſand ſtarres,
Brighter art thou then flaming Iupiter,
When he appeard to hapleſſe Semele,
More louely then the monarke of the ſkie
In wanton Arethuſaes azurde armes,
And none but thou ſhalt be my paramour.   *Exeunt.*

   Old man Accurſed Fauſtus, miſerable man,
That from thy ſoule excludſt the grace of heauen,
And flieſt the throne of his tribunall ſeate,
            Enter the Diuelles.
Sathan begins to ſift me with his pride,
As in this furnace God ſhal try my faith,
My faith, vile hel, ſhal triumph ouer thée,
Ambitious fiends, ſée how the heauens ſmiles
At your repulſe, and laughs your ſtate to ſcorne,
Hence hel, for hence I flie vnto my God.   *Exeunt.*

      Enter Fauſtus with the Schollers.

  Fau: Ah Gentlemen!
  1. Schr what ailes Fauſtus?
  Fau: Ah my ſwéete chamber-fellow ! had I liued with
thée, then had I liued ſtil, but now I die eternally: loke,
comes he not? comes he not?
  2. Sch: what meanes Fauſtus?
  3. Scholler Belike he is growne into ſome ſickeneſſe, by
                         H   being

『フォースタス博士』、1604年版

文法特徴

3 pr. pl の *suckes*（4；後に *sucke* に変わる）に注目。これはたとえば，シェイクスピアの二つ折り本初版（1623年）では，かなり現われている。また，3 pr. sg. の *be*（6；後には *is*）は奇妙なものである。それというのも，ここでは，仮定法を請け合うような疑念の要素が含意されてはいないからだ。

Lancht（1），*burnt*（2），*sackt*（9）は縮減された語尾を示しており，それはちょうど，p. p. adj. の *plumèd*（11）と同じであって，両方の場合とも韻律上の要求によるものである。

語彙

今や古語と化した *yea* だけが，特徴的である。

7. トーマス・ブラウン「『ヒュドリオタフィア』，すなわち『骨壺理葬』への献辞」（1658年）
   [Ed. C. A. Patrides (Penguin Books, 1977), p. 265.]

1 'Tis opportune to look back upon old times, and contemplate our Forefathers. Great examples grow thin, and to be fetched from the passed world. Simplicity flies away, and iniquity comes at long strides upon us. We have enough to do to make
5 up our selves from present and passed times, and the whole stage of things scarce serveth for our instruction. A compleat peece of vertue must be made up from the Centos of all ages, as all the beauties of Greece could make but one handsome Venus.
10 When the bones of King Arthur were digged up, the old Race might think, they beheld therein some Originals of themselves; Unto these of our Urnes none here can pretend relation, and can only behold the Reliques of those persons, who in their life giving the Laws unto their predecessors, after long
15 obscurity, now lye at their mercies. But remembring the early civility they brought upon these Countreys, and forgetting long passed mischiefs; We mercifully preserve

their bones, and pisse not upon their ashes.

綴り方

Pr. E. の綴り方に今やだんだんと近似してきており，例外は，異例な，もしくは強調的な語に大文字がときたま用いられている点である（おそらくドイツやオランダから採用された，初期印刷業者たちの伝統的な欠点）。*compleat* (6), *peece* (7), *vertue* (7), *reliques* (13), *lye* (15), *remembring* (15), *countreys* (16) といった単語はこの時代にはまだ受け入れられうる形だった。語末の -e は多かれ少なかれ，その Pr. E. の形に定着していった。綴り字体系は今や一つの段階に達したのであり，綴り字体系の慣習からその背後に所在する音声について推測することは，もう不可能になっているのである。

文法特徴

p. t. の *digged* (10; <O. Fr. *diguer*) が，17, 18 世紀までは正常な形だったことに注目。adj. の *passed* (3) = Pr. E. *past* は，-ed の語尾がこの綴り方にもかかわらず，/-t/ に縮減され，その結果，p. p. と adj. との間で綴り方に混乱を生じさせたことを示している。この散文はやや保守的かつ形式的な文体で言い表わされているため，動詞の 3 pr. sg. は，-es ではなくて，-eth の語尾を取っている。

語彙

注目すべきは，*pisse* のみである（Pr. E. での 'polite' ではない）。

5.2　文法家，作家，正書法専門家，正音学者

標準的なものであれ，方言的なものであれ，この時代の英語史のために新しい部類の証拠を提供してくれているのは，当代の言語学者たちである。彼らはさまざまな活動に従事していた（以下に示す年次は彼らの主著のそれである。詳しくは巻末書誌を参照）。すなわち，古英語への関心をよみがえらせたり（たとえば，ディーン・ローレンス・ノウエル (1565 年頃), ウィリアム・ソムナー (1659 年), ジョージ・ヒックス (1703–1705 年)), 当時の英語の状況について

書いたり（たとえば、校長エドマンド・クート（1597年）、セント・ポール大聖堂の管主アレクサンダー・シル（1619年、1621年）、サフォークの校長サイモン・デーンズ（1640年）、著名な劇作家ベン・ジョンソン（1640-1641年）、校長にして聖職者のクリストファー・クーパー（1685年、1687年））、辞典を作ったり（たとえば、ピーター・レヴィンズ（1570年）、ロバート・コードリー（1604年）、スティーヴン・スキンナー（1671年）、後には、イライシャ・コールズ（1676年）、ジョン・カーシー（1708年、等）、ネイサン・ベイリー（1721年、1727年）、それにもちろん、畏敬すべきサミュエル・ジョンソン博士（1755年））したのだった。

　こういう人びとの仕事はわれわれに、当時の発音・文法・語彙について合理的に疑う余地のない主張をすることを可能にしてくれる。けれども第一に、多種多様な形を取っている、当時の全般的な言語状態について、いったいどの情報がわれわれには利用可能なのだろうか？

5.3　英語の諸型

　多くの作家たちの陳述から明らかになるのは、1530年代初頭から、準拠するのが望ましいような、弁論における或る種の標準形式をも含めて、一つ以上の型の英語が存在していたということである。その証拠はたとえば、エリオットの『カヴァナー』（*Governour*, 1531）に見いだされうる。この本は貴族の子息を幼年時代に世話する婦人たちに「明晰で、丁寧で、完全かつはっきりと発音される……ものにほかならない英語を話す」ように助言を与えている。他方、綴り字の改革家ハートの『正書法』（*Orthographie*, 1569）に表明されているような、弁論の標準は、「学があり、かつ洗練された」、「最善の、もっとも完璧な英語」のそれである。それは（彼の『方法』（*Methode*, 1570）によれば）宮廷やロンドンのそれに匹敵するものであるらしく、そこでは、「英国全土の弁説の広範な粋が選ばれ、かつ使われている」という。したがって、初めて、一作家が実際上「最高の弁説」だったものを指定しているのであり、彼の『正書法』はもちろん、この"枠（すい）"——宮廷英語——へのガイドとなることを意図していたのである。

　なかでももっとも有名なのは——「英語の卓越さはこの島の一部分、しかも南部に見いだされる」という、ウィリアム・ハリスンの大胆な陳述（1587年）

に先んじられていて，周辺的で，かつあまり精密ではないけれども——パトンハムの言明 (1589年)，つまり最上の英語は「宮廷の常用語や，ロンドンおよび60マイル（それ以上ではない）以内のロンドン周辺に所在する諸州のそれ」であるという言明である。（地方英語に関する彼のコメントの残り——誰がそれを使用したのか，またどのように使用したのか——は，論議を免れない。半径60マイルの外では，田舎の準貴族階級（ジェントリ）でさえ「修正された標準語」を話したが，しかし遠い西部や北部ではこの規準が必ずしもまったく当てはまりはしなかった，とパトンハムは言わんとしているのかも知れない，というドブソン説に私は同意するものである。この点に関しては，パトンハムはあまりはっきりしていないのだ。）

標準英語なる考えは，17世紀へと存続してゆくのだが，それは教育関係者（ジル），「大学や都市」出身の人びと（バトラー，1633年），「言語が純粋に話されている，ロンドンおよびわれらの大学」（オーウェン・プライス，1665年）の人びとの弁説と規定されたり，「学者たち一般の間でもっとも使用されている」，「オックスフォードとロンドンでの……現在の適切な発音」（コールズ，1674年）や，教育を受けた南部人たちのそれ（クーパー，1685年），と規定されたりした。作家により，細部では相違しているとはいえ，事態ははっきりしている。つまり，"標準"とは，南部の，上流階級の，教育のあるそれのことなのだ。もちろん，これの相対物は，非-南部の，非-上流階級の，教育のないそれ，つまり，"低俗"ないし"粗野な"——という，当時の酷使された二つの形容辞が付いた——弁説をはっきり意味しているといってよい。

5.4 語彙と"衒学的"論争

この時代の言語の語彙ストックについて多くのことを言うのをわれわれに可能にしてくれるものは，スペンサーや，シェイクスピアや，ミルトンや，他の作家たちはもちろんだが，当然，初期の辞書類である。この時代が新語を造り出したり採用したりするのにいかに熱心であったか，この活動がしばしばいかに驚くべき，しかも滑稽な規模にまで達していたか，ということは明白だ。後世にとってありがたいことに，これらの語のすべてが生き残ったわけではないが。

結果として，それらの語がインク入れ——学者の創作，ないしは外国からの

A Table Alphabeticall,

contayning and teaching the true writing, and vnderstanding of hard *vsuall English words. &c.*

(∴)

(k) standeth for a kind of.
(g. or gr.) standeth for Greeke.
The French words haue this (§) before them.

A

§ A Bandon, cast away, or yælde vp, to leaue, or forsake.

Abash, blush.

abba, father.

§ abbesse, abbatesse, Mistris of a Nunnerie, comforters of others.

§ abberrors, counsellors.

aberration, a going a stray, or wandering.

abbreuiat, ⎱ to shorten, or make
§ abbridge, ⎰ short.

§ abbut, to lie vnto, or border vpon, as one lands end meets with another.

abecédarie, the order of the Letters, or hee that vseth them.

aberration, a going astray, or wandering.

§ abet, to maintaine.

B.   § abdi-

Cawdrey の *Table Alphabeticall of Hard English Words*（1604）からの 1 ページ

借用——の臭いがするとの理由から，ある人から"インク入れ"の語とあざけって言及されたものに関して，（文）学者たちどうしで活発な論争が生じた。それらの語は英語において一つの位置を占めるべきなのか，占めるべきではないのか？　両サイドどうしのバトルはす早くかつ猛烈に荒れ狂ったのであり，ある人は用心と節制とを助言しながらも，不可避的に両方向でのバトルを欲したのだった。ウィリアム・カムデンもその『ブリテン島に関する遺物』(Remaines Concerning Britain, 1605) の中で敏感にも考察したように，「われわれの言葉は混じり合っているとはいえ，ヨーロッパのあらゆる言語が相互に互換的に参加している以上，決して恥辱なのではないのである」。彼は言っている，「われわれの言葉がほかのすべてのもののうちで，もっとも混じり合い，損なわれたものだというのは」間違いだ，と。同世紀の終わりには，ドライデンが「われわれの英単語をフランス語と過度に混ぜ合わせて損なう」人びとを教訓めかしく非難した。

　こういうすべてのことについての証拠は大量にある。辞書類を別にしても——もっとも初期のものは，こういう"難解な語"を説明するために編まれたのだった——，すでに見てきたように，両方のサイドから出版物で表現された学者の意見は実に多いのである。インク入れの語のためにわれわれが有する類(たぐ)いの証拠の見本として，私は二つの極端な例を挙げることにする。そういう語を創出したり，応用したり，利用したりする慣行をからかうことを特に意図した例を。

　第一は，この慣行を滑稽に見えるようにするために，できるだけ多くのそういう語を含んだ戯画的な手紙の小部分であり，第二は，シェイクスピアが衒学的なホロファニーズを風刺する際に，同じ概念を演劇用語で例証しているものである。

1. トマス・ウィルソン「それが何であるかは明白だ」(Plaines what it is),『レトリック術』(*The Art of Rhetorique*, 1553) 所収
   [Printed in J. L. Moore, pp. 91-93.]

An ynkehorne letter
Ponderyng, expēdyng, and reuolutyng with my self your ingent

To the Reader.

SVch as by their place and calling, (but especially Preachers) as haue occasion to speak publiquely before the ignorant people, are to bee admonished, that they neuer affect any strange ynckhorne termes, but labour to speake so as is commonly receiued, and so as the most ignorant may well vnderstand them: neyther seeking to be ouer fine or curious, nor yet liuing ouer carelesse, vsing their speech, as most men doe, & ordering their wits, as the fewest haue done. Some men seek so far for outlandish English, that they forget altogether their mothers language, so that if some of their mothers were aliue, they were not able to tell, or vnderstand what they say, and yet these fine English Clearks, will say they speak in their mother tongue; but one might well charge them, for counterfeyting the Kings English. Also, some far iournied gentlemē, at their returne home, like as they loue to go in forraine apparrell, so they will pouder their talke with ouer-sea language. He that commeth lately out of France, will talk French English, and neuer blush at the matter.

Cawdrey の *Table Alphabeticall* 序文の冒頭

affabilitie, and ingenious capacitee, for mundane affaires: I cannot but celebrate and extolle your magnificall dexteritee, aboue all other. For how could you haue adepted suche illustrate prerogatiue, and dominicall superioritee, if the fecunditee of your ingenie had not been so fertile, & woũderfull pregnaunt. Now therfore beeyng accersited, to suche splendent renoume, & dignitee splendidious: I doubt not but you will adiuuate suche poore adnichilate orphanes, as whilome ware cõdisciples with you, and of antique familiaritie in Lincolne shire. Emong whom I beeyng a Scholasticall panion, obtestate your sublimitee to extoll myne infirmitee.

2. ウィリアム・シェイクスピア『恋の骨折り損』(1594年頃), 第五幕第一場
[The Arden Edition, 4th ed., 1956; 詳注がこの版には見つかるであろう。]

Enter HOLOFERNES, Sir NATHANIEL, and DULL.

Hol. Satis quid sufficit.[1]
Nath. I praise God for you, sir: your reasons[2] at dinner have been sharp and sententious; pleasant without scurrility, witty without affection[3], audacious[4] without impudency, learned without opinion[5] and strange without heresy. I did converse this quondam[6] day with a companion of the king's, who is intituled, nominated, or called, Don Adriano de Armado.
Hol. Novi hominem tanquam te:[7] his humour is lofty, his discourse peremptory, his tongue filed[8], his eye ambitious, his gait majestical, and his general behaviour vain, ridiculous, and thrasonical[9]. He is too picked[10], too spruce[11], too affected, too odd, as it were, too peregrinate[12], as I may call it.
Nath. A most singular and choice epithet.

[Draws out his table-book

Hol. He draweth out the thread of his verbosity finer than the staple[13] of his argument. I abhor such fanatical phantasimes, such insociable[14] and point-devise[15] companions; such rackers of orthography, as to speak dout, fine, when he should say doubt; det, when he should pronounce debt,—d, e, b, t, not d, e, t; he clepeth a calf, cauf; half, hauf; neighbour *vocatur* nebour; neigh abbreviated ne. This is abhominable, which he would call abominable, it insinuateth me of insanie:[16] *ne intelligis domine*:[17] to

make frantic, lunatic.
Nath. Laus Deo, bone intelligo.[18]
Hol. Bone? Bon, fort bon,[19] Priscian a little scratched : 'twill serve.

[1]'What is adequate is enough' [2]probably = 'discourse' [3]affectation [4]spirited, animated [5]self-conceit, being opinionated [6]former, previous [7]I know the man as well as I know you' [8]polished [9]boastful [10]elaborate, over-refined [11]over-elegant, affected [12]having the air of a traveller [13]thread [14]intolerable [15]precise, affectedly exact [16]perhaps = 'drives me frantic' [17]'Don't you understand, Master?' [18]'Praise God, I understand well' [19]'Well? Good – very good.'

〔参考訳〕
　　　　　　　　ホロファニーズ，サー・ナサニエル，ダル登場。
ホロファニーズ　Satis quid sufficit.（満腹は馳走と同様なり）
　　　　　　　　　　　サティズ・キッド・サフィシット
ナサニエル　実に，どうも，ありがたいことでございました。先生，食卓での先生の御演説は，鋭利，簡潔。面白いけれど下品なところがなく，機知に溢れているが気取ったところがなく，大胆だがあつかましさがなく，学識に富んでいるがうぬぼれがなく，珍しいけれど邪説のきらいのないものでした。ところで，つい先日，私は，王様のお仲間で，姓名を，つまり，名前を，ドン・エイドリアーノ・デ・アーマードーという人物と会談いたしました。
ホロファニーズ　Novi hominem tanquam te.（われ，彼を知るは，汝を知るがごとし）。なかなか，気品のある人物で，議論は断定的だし，言葉は洗練されているし，目には覇気があるし，歩きぶりも堂々としていますが，行動全体は，うぬぼれ過ぎていて滑稽ですな。あまり，念入り過ぎ，凝り過ぎ，気取り過ぎ，風変わり過ぎている。いわば，あまりに漫遊家風に過ぎるとでも申しましょうかな。
　　　　　　　　　　ノバイ・ホミネム・タンクワム・テ
ナサニエル　それは，実に，素敵な御表現ですね。
　　　　　　　　　　　　　　　　　　　　　〔手帳を取り出して書く〕
ホロファニーズ　議論の繊維より，もっと細い言葉の糸を，どんどん繰り出しますからなあ。私は，あんな気違いじみた変物は嫌いだ。あんな，つき合いにくい，うるさ型は，あんな，字の綴り方をひん曲げる男はね，あの男は，doubtと言うべきなのに，bを落して，doutと言う。debtと言うべきをdetと言う。――d，e，b，t なのでd，e，t ではないですよ。calfを，cauf，halfをhaufと言う。neighbourをnebourと称する。neiをneと縮めてしまう。こういうのは，実にぞっとする，つまり，abhominableなことですが，それを，あの男はabominable
　　　　　　　　　　　ビー　　　　　　　　　ダウト　　　　　　　　　　　　　　　　　　　　　　　　デプト　　　　　　　　デット　　　　ディ　イー
　　　ビー　ティー　　ディー　イー　ティー　　　　　　　　　　　　　　　　　カーフ　　　　　コーフ　　ハーフ　　ホーフ
　　　　　　　　　　ネイバー　　　ネバー　　　　　　　　　ネイ　　ネ　　　　　　　　　　　　　　　　　　　　　　　　アブホミナブル　　　　　　　　　　　　　　　　　　アボミナブル

第5章　初期近代英語（1700年頃まで）　163

と言おうとする。これでは，こっちが錯乱気味になりますよ。ne intelligis
domine?（君よ，解したりや）つまり，気が狂いそうになる。狂的にね。
ナサニエル　Laus Deo, bone intelligo.（神は讃むべきかな，われ，よく，これ
を解す）。
ホロファニーズ　boneですと？　beneですよ。プリシアンに少々，ひっかき傷を
負わせましたな，だが，まあ，通用はするでしょう。
(和田勇一訳『恋の骨折り損』「シェイクスピア全集 1　喜劇 I」，筑摩書房，
1967年, 190–191 頁)

[注—この行文も，"語源的綴り方"と呼ばれるものへの当代の熱狂を例証している。これは実際の，または想像上のオリジナルと調和して再構された綴り方のことである。たとえば，*debt*＜Lat. *debitum*（ほんとうは，この語は*b*なしでフランス語から英語の中へすでに入っていたのである）; *abhominable* ＜Lat. *ab*＋*homine* と誤って見なされて，*h* が挿入されているが，実際には結局のところ，＜Lat. *abominari* 'to deprecate as an ill omen' に由来するのである。]

5.5　英語の分析──1. 音声

しかしながら，学者，文法家，他の作家たちの陳述が本質的に興味深いわけは，彼らが当代の英語の状態ないし条件や，語彙の問題についてわれわれに告げてくれるばかりか，発音の分野で，とりわけ，大母音推移（1.14）〔33–34頁参照〕に関しては，はるかに重要でさえあるからなのだ。綴り方はわれわれに，発音への洞察をいくらか提供するかも知れないが（5.7参照），しかし 16, 17 世紀の作家たちのほうが，もっと重要な，付加的な情報源なのである。私はこのことを（および文法をも），二人の作家──一人は初期，もう一人は後期に属する──を参考にすることにより例証してみたい。

1. ジョン・ハート『正書法』(1569 年)
   [Ed. B. Danielsson, Part I, Stockholm, 1955, p. 190.]

E. J・ドブソン (I. p. 62) の言によると，「ジョン・ハートは英国の最大の音声学者にして，発音に関する権威者たちと比肩するに値する」。彼の三つの著作の第二のものたる，『正書法』(*Orthographie*) は英語の音声についての分析

(もちろん，最初の真に体系的な分析）であり，そして，彼が示唆する綴り方は，当代の体系——ハートの提案したアルファベット改革における音声表記の長々とした一節はこの体系を踏襲したものである——よりも見事に音声を表わしているのかも知れない。彼の新しい綴り方は厳格な音声学原理に基づいていたのであり，彼はこれを，英語や外国語の正しい発音を教える手段と考えたのだった。五個の短母音 /a, ɛ, i, ɔ, u/ や，二重母音 ei （<M. E. *i*）に関しての彼の一節から，われわれは *u* および *ei* を論評に選ぶことができよう。M. E. の *u* /u/ は先にも述べたように (1.4)，究極的には >/ʌ/ (St. E. の *come, cup, glove*) となるのであり，この後者の音は，デーンズ (Daines, 1640; *cf.* Dobson, II, p. 586) によって初めて決定的に証明されるのである。しかしながら，この音は早くも 16 世紀，さらには 15 世紀にさえいくつかの方言では存在していたのかも知れないのだ（同書，p. 587）。したがって，この音に関するハートの見解は極めて重要なのである。彼はこう書いている。

Their due and aunciente soundes, may be in this wise verye sensibly perceyued. ... For the fift and last, by holding in lyke maner the tongue from touching the teeth or gummes (as is said of the a, and o) and bringing the lippes so neare together, as there be left but space that the sounde may passe forth with the breath, so softly, that (by their ouer harde and close ioyning) they be not forced thorow the nose, and is noted thus u.

両唇をできるだけ密着させることについてのこの陳述は，はっきりと，より古い音 /u/ を示唆しているし，したがって，この音は "最良の英語" において依然として用いられていたことになる。
ei に戻ると，ハートは以下のように言っている。

And we our selues doe rightly sound all fiue vowels in the Gospel in Latine. *In principio erat verbum*, etc. vnto *sine:* where i, is sounded the Diphthong ei, or Greeke ɛi and in *qui*, as thou it were written *quei*.

第 5 章　初期近代英語（1700 年頃まで）　165

これはどのように解釈されるべきなのか？ *ei* は 16 世紀中葉の音なのであって，M. E. の *ī* /iː/ から，Pr. E. の *white, kind, like* といった単語におけるような，/ai/ へと発達したのである。したがって，*ei* はこの発達の中間段階を表わしているのだ。ハートのような陳述に基づく，学問的見解では，それが /ei/ だった（Pr. E. の *bake, late* におけるような）ということになるのだが，より最近の見解では，それはこの二重母音への近似に過ぎなかったのであり，実際には /əi/——つまり，*China* における /ə/ + *bit* における /i/——により近いものだったとされている。多くの作家は *ei* を /ei/ と同等視しているけれども，ジルはその陳述において——ほかの者たちよりも精密に——/əi/ を支持しているように見える。つまり，二重母音はほとんど *ei* であるが，しかし第一要素は通常の *e* ではなくて，"より薄い"（すなわち，より曖昧な）音——/ə/ か，もしくはそれにごく近い何かであるに違いない——と主張しているのである。ドブソン（Dobson II, 137）は /əi/ を支持するその他の証拠を詳述している。これから明らかになるように，（ハートのそれをも含めて）さまざまな正音学の書物における綴り方 *ei* が意図したのは，まず第一に，M. E. の *ī* とは異なるものとしての二重母音を表わすためだったし，第二に，慣習的な英語アルファベットを依然として保持しつつも，*ei* でできるだけ /əi/ の近くに辿りつけるということだったのである。

ハート『正書法』の綴り字 "改革" からの抜萃
[Danielson の版，p. 203]

(47 b) An exersīz ov ðat huitʃ iz sēd: huēr-in iz de-
clārd, hou ðe rest ov ðe *k*onsonants ar mād
bei ðinstruments ov ðe mouþ: huitʃ
naz omĭted in ðe premĭsez, for ðat
ui did not mutʃ abiuz ðem.
Cap .vii.

In ðis tītl abuv-uritn, ei konsider ov ðe ī, in exersīz, *and* ov ðe u, in instruments: ðe leik ov ðe ī, in tītl, huitʃ ðe kŏmon man; and mani lernd, dū sound in ðe diphþongs ei, and iu: iet ei uld not þink it mīt to ureit ðem, in ðōz and leik ūrds; huēr ðe sound ov ðe voël ōnli, mē bi as uel ǎlouëd in our spītʃ, as ðat ov ðe diphþong iuzd ǒv ðe riud: and so fǎr ei ǎlou observasion for derivasions. ～ Hierbei iu mē persēv, ðat our singl sounding and ius of letters, mē in proses ov teim, bring our hōl nasion tu ōn serten, perfet and dʒeneral spēking.

2. ジョン・ウォリス『英語文法』(1653年，初版)
   [Ed. J. A. Kemp, John Wallis: *Grammar of the English Language*, Longman, 1972]

ジョン・ウォリスは第一に音声学者だったし，彼の著書（*Grammatica Linguae Anglicanae*）は，彼の言によると，外国人のために書かれたという。英語の発音もまず第一に，英語の音声を他国語のそれと比較するという通常の方法によって説明されている。彼はまた，形態論や統語論に関するセクションをも含めている。さて，われわれとしては，80年も前にハートが行っていた，同じ二つの音を考察することにしよう。

"曖昧な" *u* に関してウォリスはこう述べている（Wallis, pp. 140-141）。

The French sound in the last syllable of the words: *serviteur*, *sacrificateur*, etc is almost the same as this. In English it is usually represented by a short *u*, as in *turn*, *burn*, *dull*, *cut* etc. ... The Welsh always represent the sound with *y* ...

ここでなされている，Fr. *eur*（つまり，/œ:/）とウェールズ語 *y*（つまり，/ə/）との（大雑把な）同一視は，ウォリスの発言において M. E. の *u* が /ʌ/ になったとされていることを決定的に示している。

i に関しては（pp. 257-259），これもやはり（ハートにおけるように）いくつか留保条件つきながら，「むしろ〔よく注意されたい〕，ギリシャ語 ει のよう」である。この場合をはなはだ説得的に論じているドブソン（Dobson, I, pp. 233-234; II, p. 137）とともに，われわれとしても，*i* が /ei/ へのたんなる近似に過ぎず，この意図された音が /ai/ により近いものと推測しておこう。

5.6 英語の分析——2. 文法

ハート（上述）はたんに音声学者だったから，品詞が当時どのような状態で存在していたのかについての証拠を何ら供してはいない。けれども，ウォリスはそれを供してくれているのであり，以下はその一例である（Kempの版, pp. 281-285)。

PLURAL NUMBER
Singular substantives are made plural by adding *s*; sometimes this is preceded by *e*, when the pronunciation makes it necessary, for example when *s* immediately follows *s, z, x, sh,* or *c, g, ch* when they have their softer sound. So, for instance, *a hand, a tree, a house, a fox, a fish, a maze, a prince, an age, a tench* have the plural forms *hands, trees, houses, foxes, fishes, mazes, princes, ages, tenches.* This is the only regular way (nowadays) of forming the plural number. At one time, however, they formed plurals with *en* or *yn* as well, and we still have a few examples of this; *an ox, a chick* have the plural forms *oxen, chicken* (some say *chicken* for the singular and *chickens* for the plural). Similarly the plural of *fere* is *fern* – though nowadays *fern* is usually used for both numbers, with *ferns* as an alternative plural form; *fere* and *feres* are almost obsolete. Occasionally, though this is less common, you hear *housen, eyn, shoon,* etc instead of *houses, eyes, shoes,* etc. Some say *a pease* and, in the plural, *peasen,* but the singular form *a pea* with plural *peas* is preferable.[1] There are some other survivals of this type of formation, but most of them are irregular for other reasons too, for example *a man* (formerly *manne*), *a woman* have the plural forms *men, women* (*wemen, weomen*) by a syncope of *manen, womanen;* in Anglo-Saxon they used to say *a man* (Latin *homo*), *a weaponman* (Latin *vir*) and a *wyfman* or *wombman* (Latin *mulier*). Similarly from *a brother, a child* we get the plural forms *brethren, children,*[2] and from *a cow* the plural *keen* or *kine* (as if from *cowin*), and *swine* (as if from *sowin*) from the singular *sow*[3] though *sow* is now only used of a female pig, whereas *swine* is used in singular and plural, and for either sex. However, some of these words also have a plural form by analogy from the regular formation, for example

brothers, cows, sows.

Notes:
1. *Chicken* is not the pl. of *chick*, which is merely a shortened form of *chicken*, < O.E. *čicen*, pl. *čicenu*, both of which give Pr.E. *chicken*, though as a pl. form this survives only in dialectal English. St.E. has added *-s*, thus making a double pl. *Fearn*, which is actually < O.E. *fearn* (pl. *fearn*), is a similar case. *Kine, shoon, eyen* and *housen* are cited by other of the grammarians. *Peas* is given by Gil as both sg. and pl. (the sg. is *pise* in Old English (pl. *pisan*, but this later came to be regarded as a pl. because of the *-s*, and a new sg. *pea* formed). *Peas* is still recorded as a sg. in scattered Pr.E. rural dialects.

2. *Womanen* is a sixth-edition misprint; *wombman* is a false etymology: the word *woman is* < O.E. *wīfman*. Brethren is < O.E. *brēþer* pl. + *-en* (thus another double pl.); likewise *children* is < O.E. *čildru*, M.E. *childre* pl. + *-en* pl.

3. *Kine, keen* are both < O.E. pl. *cȳ* (not from *cowin*!) + pl. *-n* (another double pl.); the former was still normal in the first half of the seventeenth century – Gil, e.g., lists it as only pl. form – but a new pl. *cows* appears side by side with it at about the same time. *Swine* < O.E. *swīn* (like some other animal words: *sheep, deer*, etc.) had no distinct form in Old English.

ウォリスの誤った語源研究にもかかわらず，17世紀中葉における名詞に関しての彼の陳述は素晴らしく明晰であって，当時は通用していたが今日では方言を除き廃れてしまった pls. に関する貴重な多くの情報を，供してくれている。

ウォリスの動詞論からの抜萃 (Kemp の版, pp. 335-337)

However, in the second person singular of both tenses the termination *est* is added, and in the third person singular, present tense, the termination *eth*, or alternatively *s* (or *es* if the pronunciation requires it): *thou burnest, he burneth* (or *burns*), *thou burned'st*. We also say (from the auxiliary verbs *will, shall*) *wilt, shalt*, by syncope, for *will'st, shall'st*, and *hast, hath* (*ha'st, ha.'th*) for *hav'st, hav'th* (and *had* for *hav'd*). In the auxiliary verbs *will, shall, may, can* the termination *eth* never occurs.

Both terminations are left out in commands, and after the conjunctions *if, that, although, whether,* and sometimes after other conjunctions and adverbs, namely where Latin would have the imperative or subjunctive mood.

The vowel *e* in the terminations *est, eth, ed* (and *en*, which I will talk about later, and in a number of other places) may be freely omitted by syncope, except perhaps where the resulting sound is harsh. The omission is indicated, when necessary, by an apostrophe: for example, *do'st* for *doest*; *do'th* for *doeth*; *did'st, didst,* for *diddest*; *plac'd* for *placed*; *burn'd, burnd* for *burned*; *know'n, known* for *knowen*.

Wilt, shalt は語中音を省略した形なのではなくて，M. E. の *wilt, schalt* に直接由来しているのであるが，やはりウォリスの扱い方は素晴らしく明解であって，動詞の 3 pr. sg. における交替形，-(e)th 対 -(e)s——上掲の「テクスト 4」および 1.18〔36 頁参照〕でもすでに現われているのをわれわれは見てきた——を引用しているのである．さらに，やはりわれわれがこれらテクストでも見てきた，語中音の消失を敷衍してもいるのだ．ウォリスおよび彼の共働作家たちはこのように，初期の文語資料や印刷物の中に自然に現われている項目への具体的な記述背景を，われわれにありがたくも供してくれているのである．

5.7 初期 Mod. E. の音声の証拠としての"たまさかの綴り方"

やや古いが依然として有用な理論は，明らかに発音の変化を証明している英語文書のうちに見られる綴り方にかんするものである．M. E. 後期と，初期の Mod. E. は，私的な多量の文書資料を産み出したという点で，それ以前の時期とは異なっていた．かなりな割合の人口は今や書くことができたし，また，手紙，家事・業務上の報告書，日記や雑誌，メモや家族史——これらのほとんどは出版を意図したものではなかった——をふんだんに産み出した．理論が依拠しているのは，こういう文書の作者たちが職業的な写字生ではなかった以上（実際，彼らはしばしば無学だった），定められた綴り方の慣習をいつも無視したし，また（H・C・ワイルドという，この理論の初期の提唱者たちの一人が

その『簡史』*Short History* の中で述べているように），「したがって，多かれ少なかれ，〔彼らの〕発音を表わす綴り方へと無意識に引き込まれた」（p. 153）という考え方である。われわれが得ている証拠——たとえば，押韻——への少なくとも支えとなるような証拠としてのそういう綴り方とか，あるいは文法家たちの陳述とかへの，強力な賛成論をワイルドは述べたのである。だが，R・E・ザクリソンこそが，15, 16 世紀のそういう大量の綴り方を引用することにより，次の事実，つまり，初期 Mod. E. の音声変化の年表は再鑑定される必要がある——とりわけ，これら音声変化の起源は以前に考えられてきたよりも相当早期に置かれるべきである——ということを示そうとしたのだった。さまざまな理由に基づき，"たまさかの綴り方" 説を疑う試みがいろいろとなされてきた。たとえば，多くの綴り方は言語学的精密さには無関係な，もっぱら歴史的目的でのみ産み出されたテクストの，当てにならない初期の刊本から採られており，それら綴り方は誤りないし誤読だと判明したとか，手書きは必ず曖昧さ——たとえば，*e* と *o*, *a* と *u* といったような，一見したところほんのかすかな相違しかない文字——を生じさせるとか，こういう綴り字がはっきりとページの上に書かれているときでさえ，これらをどう解釈すべきかを人は決めなければならないとか，といった理由で。しかしながら，こういうタイプの証拠は，大母音推移の初期の始まりや他の初期 Mod. E. の音声変化を確証しているように思われるのである。

　では，*gannes* 'guns' とか *neturally* 'naturally' とかいったような綴り方についてはわれわれはどう考えるのか？　ところで，ワイルドおよびその一派なら，これらをこう解釈するであろう——（1）/ʌ/ および /a/ は音声学的に似ているから，*gannes* における *a* は，Pr. E. の *guns* におけるように，M. E. の /u/ から /ʌ/ への "非円唇化"〔唇を丸めないで発音すること〕を表わす，自然な綴り方を示している。（2）*neturally* における *e* は M. E. の *a* /a/ から /æ/ への上昇（初期 Mod. E. に生起したと考えられている）を表わしている，と。しかしながら，これら二つの場合，ドブソン——たまさかの綴り方なる考えへの主たる反対者と言えよう——は，疑いもなく正しいのである。/ʌ/ と /a/，もしくは /a/ と /ɛ/ は相異なる音素である以上，いかなる生え抜きの話者でもこれらを混同することはあり得ないであろう。つまり，言語の構造は各音素が綴り方と発音において切り離されていることに依存するのであり，さも

なくば，たとえば，*bud* と *bad*, *bad* と *bed* との間にいかなる違いも存在しないことになるであろう。この種の綴り方をドブソンは方言の話者たち——この場合には，南東部，つまり，ロンドンの人びとに帰属させている（II, pp. 548-552 (notes), 588 (note 2), 593 (note 6)）。似た説明は *prist* 'priest', *grivous* 'grievous', *tri* 'tree' のような多くの綴り方——*i* は Pr. E. の形におけるような /iː/ というよりも，（ときには方言的な）短い /i/ を表わす——にも帰属する。しかしいずれにせよ，これらの綴り方がしばしば貴重なわけは，それらが方言形（たとえば，*was, warren* （以前は /a/）における o）を示しているからである。これら方言形はしばしば St. E. に進出して，規範となったのだった。

他方，綴り方が方言ではなくて，St. E. にとって何かをはっきりと意味している場合——すなわち，当時の St. E. を話した人びとのために書かれたのであり，したがって，ある単語がどのように発音されたのかを無意識に示している場合——も存在する。たとえば，*sord* 'sword' はこの語（O. E. は *sweord*）における /w/ が消失し，*hye* 'high'（O. E. は *hēah*）の終末子音（Pr. E. では *gh* で表わされる）が消失したことを示唆しているに違いない。こういう事例から明らかとなるように，"たまさかの綴り方"は，母音よりも子音との関係において，より信頼できるのである。

本節を閉じるに際して，初期近代英語の発音のあらましを示すため，『フォースタス博士』（「テクスト6」〔152頁参照〕）から，最初の七行の音素転写を記しておこう。

1　waz ðis ðə fæːs ðət laːntʃt ə θəuzənd ʃipəz
　　 ənd burnt ðə tɔpləs təurəz əv ilium
　　 switː hɛlən mæːk miː imɔrtəl wið ə kis
　　 hɛr lips suks fɔrθ mi sɔul siː hweːr it flɛiz
5　kum hɛlən kum giv miː məi sɔul əgein
　　 hiːr wil əi dwɛl fər hɛvən bi in ðiːz lips
　　 ənd aul iz drɔs ðət iz nɔt hɛlənə

5.8　方言資料

5.8.1　綴り方

以下に挙げる綴り方は，遺言書，財産目録，もろもろの地方の記録，初期の

地名記録,等といった歴史的文書の中に見いだされるものであり,これらは一地方または他の地方における M. E. の音声発達の証拠として用いられてきた（もちろん,だからといって,音声だけが方言の唯一の重要局面だという意味に取られては困る。伝統的な方言研究はしばしば音声をこういうように見なしてきたのだけれども。ここではとにかく,音声を一つの例証として用いることはできるかも知れないが)。

1933年,故ハロルド・オートンはバイヤーズ・グリーン（ダーラム州）の生まれ故郷の方言の研究において,初期の綴り方を広範に利用した。特に充実しているのは,北部 M. E. の *al* (para. 400) を含む語形についての彼の例証であって,これは初期の文書では *au* とか *aw*——実際上,この地方の伝統的な音声発達——として現われているものである。例——*Alnwick* (Nb; 現代の発音は /anik/) は 1496 年には *Awnewik* (Alne 川の傍の *wīc* (='village')) だし,*Dalton-le-Dale* （ダーラム州）は 1604, 1637 年には *Dawton* (第一要素はきっと O. E. の *dāl*——*dāl-mæd* 'meadow-land held in common' におけるように——であろう) である。地名以外では,北部の遺言書や財産目録の中で,それは 1540 年に *cawffs* 'calves', 1583 年に *caufes*, 1583 年に *haufe, hauffe* 'half', 1582 年に *bawkes* 'balks, beams' (O. E. *balca*), 1585-1586 年に *bauke*, 等,そして 1596 年に *waunet-tre* 'walnut-tree' (O. E. *walh-hnutu*＋*trēo*) において,それぞれ生起している。

30 年以上も後に,バーティル・ヒードヴィンドがやはりこのタイプの証拠をヨークシャー州の旧ウェスト・ライディングにおけるデント（現ノース・ヨークシャー州）の研究において用いている。彼は (p. 91) 16 世紀の地方の遺言書や,ロンズデール（ランカシャー州）の地方監督管区の文書や,リッチモンドシャーの遺言書から,北部 M. E. の *i* /i/ が /ε/ へと "低下したこと" を推測している。前者の例としては,1530 年の *Necoles* 'Nicholas', 1574 年の *chelder* 'children', 1575 年の *well* 'will' があるし,また後者の例としては,1543 年の *shelyngs* 'shillings', 1556 年の *tember* 'timber', 1556 年の *sekelles* 'sickles', 1577 年の *thembles* 'thimbles' がある。

H・ケーカリッツはサフォーク州の方言についての 1932 年の研究 (para. 370) において,*w* をもつ M. E. の /hw/ で始まる語の綴りから,もう一つ別の方言的な音声変化を例証し,サフォーク州の方言では,/h/ の要素が消失し

ていたことを示した。たとえば、1479年には *weche* 'which'、1530年頃には *weytte* 'wheat'、そして逆に、1535年には *whyth* 'with'、1547年には *whee* 'we'——後の二例は"非-歴史的な"*h* が付いていて、この *h* は綴り字に無差別に付加され得たこと、したがって、何の意味もなかったことを示している——といったように。これらは"逆さまの"綴り方として知られている。

最後に、南西部（コーンウォール、デボン、ソムズ、およびドーセットの各州）に関しては、1939年にW・マシューズが初期の大量の綴り方——ほかのものよりもやや信頼できる——を引用して、以下のような方言特徴の実例を供した。すなわち、M. E. の *o* から /a/ のようなものへの"非-円唇化"(p. 199. 今日の南西部でも残存する)——コーンウォールでは1595年に *aspetall* 'hospital'、1595年に *haxads* 'hogs-heads'；デヴォンでは1526年に *rachyttis* 'rochets'、1538年に *argons* 'orgons'；ソムズでは1508年に *varminge* 'forming'、1547年に *Jhan* 'John'、等々がある。また、/f/ から /v/ への"有声音化"(p. 202) は、少なくとも M. E. 時代から現代にかけての一般的な南西部の特徴である——デヴォンでは1533年に *vel* 'fell'、1685年に *vant* (/ɔ/ の非-円唇化が行われている) 'font'、ソムズでは1468年に *vetch* 'fetch'、1511年に *Vorde* 'Ford'、ドーセットでは1583年に *verken* 'firkin' が現われている。

しかしながら、上例のいずれよりも重要なのは、大母音推移の進化が (St. E. において起きたのとは違ったコースを辿った) 方言においてはどのように起きたかを証明する綴り方である。ほんの一例を挙げると、ハンバー川以北の口語方言では、M. E. ọ /oː/ は、>初期の Mod. E. /uː/ へと（たとえば、M. E. *fode* >（初期の Mod. E. /uː/ へと（たとえば、M. E. *fode* >（初期の Mod. E. を経て）Pr. E. *food* へと）推移したのではなくて、/yː/ (Fr. の *lune* における) ないし /øː/ (Fr. の *peu* における) のようなものへと、口の前方へ移動したのであり、その後、これらの方言では /iə/ になったのである。中間段階 /yː/ または /øː/ はこの音を表記しようとする多数の綴り方に記録されている。A・ヴィカーはダーラム州の方言に関して1922年に書いたとき (pp. 93-94)、1530-1534年のダーラム州の文書における *Boyth* 'Booth' (人名)、*croykks* 'crooks'、*spoyns* 'spoons'、また1536年の *boyth* 'booth'、1544年の *boites* 'boots'、といったような、*oy/oi* の綴り方を引用している。*Soyne* 'soon' (1516年) や *toiles* 'tools' (1578年) はケンダル（カンブリア州）の文書に見いださ

れる。

5.8.2 作家たちの考察

こういうものは夥しい。ある者は，一般的な観点で書いており，たとえば，リチャード・カリューは『英語の卓越性』(*Excellency of the English Tongue*, 1614) の中で，

> wee haue court, and wee haue countrye Englishe, wee haue Northern and Southerne, grosse and ordinary, which differ ech from other, not only in the terminacions, but alsoe in many wordes, termes, and phrases ....

と述べているし，また"最上の"英語はロンドンおよびロンドン近郊諸州のそれだと主張するジョージ・パトンハム（1589年）はもちろん，北部および南西部のより遠方の諸州の言語に関しての他の作家たちの主張に付き従わざるを得なくなっている。「あなたたち田舎者の粗野なしゃべり」のより精密な実例を供しているのは，『英国の校長』(*English School-Master*, 1596) を著したサフォークの校長エドマンド・クートである。だが，こういう典拠のうちでもっとも重要なのはおそらく，アレクサンダー・ジルであろう。彼はその『英語の言語体系』(*Logonomia Anglica*) 第六章において，英国のさまざまな地域の方言特徴を記述している。南部における語頭音 /f/ のための /v/ といったような周知の特徴，南部の *cham* 'I am', *chill* 'I will'（際立った段階特徴——下記参照），さらに，西部の *nem/nim* 'take', *vang* 'take, accept' や北部の *sark* 'shirt', *gang* 'go', といったような古めかしい語彙に加えて，彼はまた——より有益なことには——流行している方言的な音声の若干や，一，二の文法事項をも記述している。前者はかなりの問題を提起してもいるのだが，大母音推移の年代順を知るうえで大いに興味深い。たとえば——彼が言うには——, *j*（つまり，M. E. の *ī*）のためには *ai* が用いられており，*ou*（つまり，M. E. の *ū*）のためには *au* が用いられているのだが，このことは，北イングランドがこれら二つの音の発達においてほぼ /ai/ および /au/ の段階にすでに達しており，他方，もっと南部ではそれらが依然として /əi/ および /əu/ のそれであったこ

とを示唆する。ジルが語っているところでは，北部の人びとはまた，ë (/e:/) のために ea (/ɛə/) を用いたり——meat におけるように——, o (/ɔ:/) のためにも——both におけるように——それを用いたりするのに反して，彼の生まれ故郷リンカーンシャーでは，同類の語において oa (?/ɔə/) が用いられている。彼はたとえば，toes や hose を挙げている。

東部ではジルはたとえば，fīr 'fire' における /i:/——fjer（この段階ではたぶん，/fəiər/ を意味していよう）の相当物——を注記しているが，これは，O. E. の ȳ (O. E. fȳr) から派生した典型的な南東部の発達の一例なのである。

文法特徴としては，北部の seln 'self' や hes 'has' がある。南西部の p. p. の前綴 ī-(<O. E. ge-)——ifrör (<O. E. ge-froren) 'frozen' や，idü (<O. E. ge-ōn) 'done' におけるように——は Pr. E. の南西部の方言において，[ə]——a-frozen, a-done——として残存している。彼はまた，名詞の古い pl の -(e)n 語尾——たとえば，hözn 'hosen' や pëzn 'peasen'——に関してもコメントしている。

方言の発音への若干の言及はジョン・ウォリスも行っている——たとえば，南東部の形 keen, meece, leece (5.6参照)——し，これらの言及は後にクリストファー・クーパーも繰り返しているのであって，クーパーはまた，bushop 'bishop', wuts 'oats', shet 'shut', yerth 'earth', git 'get', 等のような通俗化や口語体の形にも言及しているのである。

5.8.3 文学および舞台における方言

北部，南西部，その他周辺の変種が消失し始めたとはいえ，文語英語の標準形が興隆してからでも，口語方言ははなはだ生気を保ったのであり，今から以後，作家たちや劇作家たちは彼らの作品に地方色を添えるために，——当初は露骨にさえ——方言を使用したのだった。北部と南西部の方言はこの目的のためにとりわけ人気があった。

チョーサーは「荘園管理人の話」で二人の北部の学生を描く際に一つの先例を定めており，彼らにくっきりとした北部方言を喋らせている。しかし中世以後の時期の，しかも舞台において，われわれは人為的な方言が最大限の効果を発揮するように用いられているのを見る。劇作家たちは若干の方言特徴で素描しただけであり，役者たちにさらなる練り上げを任せたのだろう，と推測され

るのだけれども。

　シェイクスピアは作中人物中のただ一人だけに北部の特徴を授けていた。それは『ヘンリー五世』におけるスコットランドの船長ジェイミーであって、彼は舞台では（第三幕第二場）、ウェールズのフルーエリンとアイルランドのマックモリスと一緒に登場する。

I say gud day, Captaine Fluellen.
....
It sall be vary gud, gud faith, gud Captens bath,[1] and I sall quit you with gud leve, as I may pick occasion:[2] that sall I, mary.[3]
....
By the Mes,[4] ere theise eyes of mine take themselves to slomber, ayle[5] de[6] gud service, or I'le ligge[7] i'th' grund for it; aye, or goe to death: and I'le pay't as valorously as I may, that sal I suerly do, that is the breff[8] and the long: mary, I wad full faine[9] heard some question tween you tway.[10]

[1]both [2]find occasion (i.e. cause) [3]'marry', i.e. by (St) Mary [4]Mass [5]I'll [6]do [7]lie [8]brief [9]gladly [10]two

〔参考訳〕

ジェイミー　やあこんちは，フルーエリン大尉。
....
ジェイミー　そりゃ，大変すばらしい，まったく実際，御両人。機を見ては，このわしにも，発言させてけれ，どうか，頼むよ！
....
ジェイミー　メサに誓って，このわしの，両のお目々が，ぐっすりこ，おやすみなさる前に，一ついいことを，やらかすぞ，さもなきゃ，この地面の上に，おやすみだ，つまり死んじまう，こった。それにゃ，できるだけ，勇敢に，仕返し，してやるぞ。きっと，やらかすぞ。結局，つまるところ，以上のようなもんだ。全く，実際，御両人の議論を，ぜひききたいもんだ。
（大山俊一訳『ヘンリー五世』「シェイクスピア全集　4　史劇Ⅰ」，筑摩書房，1967年，306頁）

第5章　初期近代英語（1700年頃まで）　177

ベン・ジョンソンの戯曲『悲しき羊飼い』(初版1641年)は，北ノッティンガムシアのシャーウッドの森〔イングランド中部の旧王室所有林〕を背景とした「ロビン・フッドの物語」である。ジョンソンは明らかに舞台に変化を持たせるために，人為的な北部方言を多用したのである。なにしろ，そこに見いだされる特徴は，地理的に言って，17世紀では正確であるにはあまりに"北部的"であり過ぎるからだ。*twa* 'two', *claithed* 'clothed', *whame* 'whom' といった形はジョンソンの時代までにはもっと北に退いていたし，同じく，*gud* 'good', *tu* 'too', *du* 'do' (ここでの *u* = /y/ ないし /y:/) は M. E. 後期でさえ，ハンバー川の北でしか生起していなかった。この音韻上の転回の予測は，数々の文法項目や語彙項目によって支持されるのである。
　しかしながら，下級のいなか者の登場人物たちを犠牲にしたうえで特に滑稽味や面白さの手段として，舞台全体のうちでもっとも目立っていたのは，疑いもなく南西部の方言である。このことはシェイクスピアの『リア王』において執事オズワルドと"百姓"になりすましたエドガーとの間の激論でも古典的に見られるのだが，しかしシェイクスピアはこの点では，『リッチモンドでの王と女王の娯楽』(*The King and Queenes Entertainement at Richmond*, 1636)——この作品では，ウィルトシャー州の方言を話す"幾人かの道化師"が出てくる——の無名の作家のように，滑稽な対話や変装において少なからざる匿名の多くの仲間を持っていたのである。もう少し以前の例は，1553年頃の道徳劇『共和国』(*Respublica*) における推定デヴォンシャー方言の露骨な呈示であり，他方，『ガンマー・ガートンのあざけり』(*Gammer Gurton's Needle*, 1560年頃) では，おしなべて"南部的"ないし"南西部的な"変種の対話が戯曲本体において用いられているのが見られる。当時の典型的な南西部の舞台特徴は，作中人物ホッジや，村の噂話の好きな人物たちによって用いられているのであって，その効果は主として，'I' の代わりに *ich* を常用したり，語頭音 /f/ の代わりに /v/ を用いる一，二の例 (*vilthy, vast, vathers*) や，多数の呪い，飲酒へのふんだんな言及 (しかもおそらくは廃語を使用しているらしい) に依存しているのである。ジョンソンは喜劇『桶物語』(*A Tale of a Tub*, 1596/7) において同じような事柄を多用しているが，ほかに一，二の南西部の特徴——*'un* とか *hun* 'him' のように——や，古い p. p. の前綴 *y-* ——*yvound* 'found' のように

――を付け加えている。

　ロンドン訛りの舞台の初期の例は見つけがたい。ケーカリッツ（Kökeritz, TYDS, pp. 20-21）は「イースト・チープで雄ブタの頭に/の周りで商売に励んだ」人物たち，とりわけクイックリー夫人と美人ティアシートを扱っているが，彼が引用している項目は主に，ぞんざいな話し方の例（*Wheeson* 'Whitsun', *vilde* 'vile', 等）や，誤用語法（*canaries* 'quandaries', 等）や，ロンドンの民衆的な特徴（*debity* 'deputy', *pulsidge* 'pulses'）なのである。けれども，クイックリー夫人の几帳面過ぎる *alligant* 'elegant' や *allicoly* 'melancholy' は，その *exion* 'action' もろとも，今日でも普通に行われているように，この方言では /a/ が /ɛ/ として現われることをほのめかしている。

　初期の小説に向かうのであれば，トーマス・デロニーにちょっと注目することができるであろう。彼は小説『レディングのトーマス』（*Thomas of Reading*, 1623）の第四および第八章において，ハリファックス出身の衣服商ホッジキンズ（および北部イングランドの鍛冶屋）のために，北部イングランドの言葉をいくらか捻(ひね)りだしたのだった。

> With that Hodgekins unmannerly interrupted the King, saying in broad Northerne speeche, Yea, gude faith, mai Liedge, the faule eule[1] of my saule, giff[2] any thing will keepe them whiat,[3] till the karles[4] be hanged by the cragge.[5] What the dule[6] care they for boaring their eyne,[7] sae long as they mae gae[8] groping up and downe the Country like fause[9] lizar[10] lownes,[11] begging and craking[12]?
>
> (p. 101)

[1]'evil [2]'if [3]'quiet [4]'carls', i.e. wretches [5]'neck [6]'devil [7]'eyes [8]'may go [9]'false [10][obscure] [11]'rogues [12]'croaking

　デロニーの『ニューベリーのジャック』（*Jacke of Newberie*, 1626）では，上述と同じ南西部の特徴群が，バッキンガムシャー州の都エールズベリー出身のみすぼらしい夫婦を特徴づけるために用いられているのが見受けられる。すなわち，*v* と *z*（*i-vaith, zoone*, 等），*ich, che, cham*, 等や，誤用語法の撒(ま)き散らしがそれである。

第5章　初期近代英語（1700年頃まで）　179

南部/南西部の抜萃から明らかになるのは，アルフレッド王のウェセックス王国の古い方言が16世紀までに，ひどく名声を落としたために，低級な喜劇のための手段として役立つことができたということである。この頃には，首都は異なる地域（主としてミッドランドと南東部）の人びとのために，その"南部"特徴を捨てつつあったし，結果として，おしなべて南部訛りの退化をもたらしたのである。

5.8.4 方言文学

16世紀以降，さまざまな作家たち——とりわけ，学習への権利を主張する人びと——が，通常滑稽な性質を有する多種多様な形での英国の方言の絶滅寸前の遺物——もっとも際立っていたのは対話，詩，独白である——を大事にして，これらの断片を後世のために保存したり，時代の言語的残骸にたぶん何らかの感傷的な後ろ向きの視線を投げかけたりしようとした。こういう著者たちの多くは古英語および/またはこの言語および言語全般の根源に関心を寄せたし，そして，16世紀まで生き延びたもろもろの方言の要素が，書き留められた言葉から影響力を発揮するSt. E.が行っているのと同じくらい，もしくはたぶんそれ以上に，これらの根源を回顧しているのだ，と彼らは悟ったのである。こういう書き物は18，19世紀には，より人気を博するようにさえなったのだった。

こういう種類の文学がもっとも早く発達したのは——たぶん予想できるであろうが——ロンドンからもっとも隔たった，はるか北部および南西部の地域においてだったらしいし，げんにわれわれは，ウェストモーランドやノーサンバランド，LancsやYksからの，他方では，コーンウォールやデヴォンからの，いろいろの作品を手中にしているのである。ケント由来の早期（1611年）の歌も存在する。しかしこの早期には，こういう作品はごく少数である。われわれとしてはやはりまず最初に，ジョージ・メリトンの有名な『ヨークシャー対話』（3.9.4「テクスト3」参照）を，次にウィリアム・ストロードのデヴォンシャー地方の詩『プリマスの不思議』（*The Wonders of Plymouth*, 1620年頃）を瞥見することにしよう。以下は『対話』（Cawley版, p. 14. D. = 'Daughter', M. = 'Mother', スカンジナヴィア起源の語は，従前どおり，イタリック体で表記している）の冒頭である。

1 D. Mother, our Croky's[1] Cawven[2] sine't[3] grew dark,
      And Ise flaid[4] to come nar,[5] she macks sike wark;[6]
   M. Seaun, seaun,[7] Barn,[8] bring my Skeel[9] and late[10] my tee[11]
      Mack hast, and hye[12] Thee ore[13] to'th Laer[14] to me:
5   Weese[15] git a Battin[16] and a Burden Reap,[17]
      Though it be mirke,[18] weese late[19] it out by grape;[20]
      Than wee'l toth[21] Field and give the Cow some Hay,
      And see her Clean,[22] before we come away;
      For flaid[23] she git some water before she Cleen,
10   And marr[24] her Milk, Ise greet[25] out beath[26] my Neen.[27]

[1]The name of the cow [2]calved [3]since it [4]I is frightened [5]near [6]makes such a commotion [7]'soon', i.e. quickly [8]child [9]pail [10]look for [11]cow-tie [12]hasten [13]over [14]barn [15]we shall [16]bundle of straw [17]hempen hay-band (literally '-rope') [18]dark [19]seek [20]groping [21]to the [22]expel the afterbirth [23]fear [24]spoil [25]cry [26]both [27]my eyes (literally 'mine een')

音声と綴り方（以下で3.9.4の「テクスト3」に言及するときは，'3'+詩行で示してある）

　メリトンは北部Yks方言の音が17世紀末頃に存在したありさまを，ある程度首尾一貫して示そうとして，独創的かつ効果的な綴り方法を考案した。上掲の（および第3章の）抜萃に見られる特徴で最重要なものは次のとおりである。

詩行

1. *cawven*. メリトンの *aw* はおそらく = /ɔː/（北Yks. では今日でも同じ。Cf. 3.14 *Yawds*.）

3. *seaun*, cf. 3.11, 18 *deau* 'do', 20 *steauls* 'stools'。また，3.7 *-crewke* 'crook', 8 *newke* 'nook', 17 *plewgh* 'plough', 18 *aneugh* 'enough' をも参照のこと。これらすべての語において，二重母音は M. E. $\bar{\varrho}$ /oː/ から派生している。現代の北部Yks方言では，この音は >/iə/ または /iu/ となっており，だから，メリトンの *-eau* や *-ew-*/*-ea-* は，この発達の中間段階を示しているのであり，二重母音はおそらく /iy/ のようなものを指しているのであろう。

3. *tee* (M. E. *tēʒ*, O. E. *tē(a)h*) および 10。*neen* (M. E. *ēʒen*, O. E. *ēagan*)

は M. E. の $\bar{e}$ が /ç/ とか /x/ とかの前では /iː/ に発達したことを示している。ちょうど今日の Yks 方言におけるのと同じである（同じ発達をした、3.9 *neet* を参照）。

5. *reap*（北部 M. E. の *rape*, O. E. *rāp*）は *grape*（北部 M. E. の *grape*, O. E. *grāpian*）と押韻している。10 *beath*（北部 M. E. の *bathe*, O. N. *báðir*）については 3.6 *geay* 'go', 20 *tweay* 'two' を参照。これらすべての語は北部 M. E. の $\bar{a}$ < O. E. $\bar{a}$ または O. N. $á$ を含んでおり、これは Pr. E. の北部 Yks 方言では、/iə/ または /ia/ となっている。メリトンがここで示している中間音（彼はほかにもいろいろの綴り方、とくに *a* を用いている）は、/æə/, /ɛə/（*cf.* Gil, 5.8.2〔176頁〕）なのかも知れないし、メリトンは *ea* も *a* もともに、この音を示すのに適した記号と見なしているようだ。

ここに見られる北部の発音上の別の特徴を要約すると、詩行 2 の *macks*（*cf.* 3.1 *tack* 'take', 17 *mack*）における短母音、*sike* < O. E. *swylċ* や *wark* 文字通りには 'work' における *k*、がある。後者には北部の典型的な *ar*（現代の北部 Yks の /aː/）が付随している。

メリトンの文法への関心は乏しいが、われわれが注目できるのは以下の点である。1. *cawven* には、古い p.p. の -en 語尾（Pr. E. の *calved*）が付いていること、4. *hye Thee* では、一種の再帰的な 'hurry yourself' のように、人称代名詞の北部的な使用が見られること。語彙では、O. N. からの借用語がかなり散在していること。

次はストロードの『プリマスの不思議』(ed. J. Simmons, *A Devon Anthology*, Macmillan, 1971, p. 139) の冒頭である。全部で六つの詩節がある。

    Thou ne're wutt[1] riddle, neighbour Jan,
        Where Ich a late ha been-a ?
    Why ich ha been at Plymoth, Man,
        The leeke[2] was yet ne're zeen-a.
    Zutch streetes, zutch men, zutch hugeous zeas,
        Zutch things with guns there tumbling,
    Thy zelfe leeke me thoudst blesse to see,
        Zutch overmonstrous grumbling.[3]

    The towne orelaid with shindle⁴ stone
        Doth glissen like the skee-a:⁵
    Brave shopps stand ope, and all yeare long
        I think a Faire there bee-a:
    A many gallant man there goth
        In gold that zaw the King-a;
    The King zome zweare himzelfe was there,
        A man or zome zutch thing-a.⁶
    Voole thou that hast noe water past,
        But thicka⁷ in the Moore-a,⁸
    To zee the zea would be agast,
        It doth zoe rage and roar-a.

¹wilt ²like ³? making of noise ⁴shingle (a thin stone) ⁵sky ⁶[obscure] ⁷that ⁸[? a local reference]

ただちに予想可能な慣習的特徴は，*ich* 'I' や，語頭の有声音化——/s/ から /z/, /f/ から /v/——である。顕著な関心事の一つは，/iː/ (*leek* および *skee*; たぶん（この詩の後に出ている）*vier* 'fire' も) のように M. E. の *i* が発達の後期段階へと進展する代わりに，明らかに保持されていることだ。こういう例は他の南西部の方言テクストでもかなりの数に及んである。文法的に興味のある唯一のものは，南西部の *thicka* (< M. E. *pilke*), Pr. E. 南西部の方言 *thick*(*y*) だけである。ほかには方言的な語は現われていない。

上掲の二つの抜萃をざっと読んだだけでも，メリトンが北部 Yks 方言を正確に描こうとする試みと，ストロードが行ったデヴォンシャー方言の慣習的な扱いとの間の明白な相違がはっきりするであろうが，両者とも，英語の方言が 17 世紀に存在したままの特徴を素描している点では価値を持っているのである。

5.8.5 辞書および語彙集における方言

われわれは初期のいろいろの辞書や方言語彙集から，方言の用法に関する情報を収集することができる。もっとも初期の辞典でも知らず知らずに，編者自身の方言を露呈していることがありうる。たとえば，最初の英語押韻辞典たる，ピーター・レヴィンズの『語彙の束』(*Manipulus Vocabulorum*, 1570) がそれであって，彼は *gayt* 'goat' や *toyle* 'tool' のような形を記録することによって，

イースト・ライディング〔イングランド北東部の旧ヨークシャーの行政区〕の出身であることをさらけ出している。こうして彼は 16 世紀後期における北部の発音（および語彙）に関しての有益な情報を供してくれているのだ。しかし 100 年後，辞書編集者たちは——彼らが "口語体"，"俗語"，"低級"，"方言"（または "田舎"）の相違をどう考えていたのかをわれわれに告げてはくれないかも知れないが——明らかに地域的な言葉を含めることを実際上開始するのである。イライシャ・コールズは通常，方言の言葉を含めた最初の辞書の作り手であると信じられているが，しかしこの名誉は実際にはスティーヴン・スキンナーに与えられるのであって，彼はリンカーンで医業を営んだ人なのだが，主としてその地域の方言の言葉を，その『英語の語源集』(Etymologicon Linguae Anglicanae, 1671) の中に収録している。たとえば，（スキンナーのラテン語の定義を英訳して示すと），beck 'stream' (Lincs); kirk 'church' (北イングランドおよびスコットランド); nesh 'delicate' (ウスターシャーおよび近郊); vang (西イングランド，とりわけ，サマセットシャー。'he vang'd for me at the vant'——'he sponsored me at baptism' におけるように。ジルも同じ句を挙げている。5.8.2 参照）。

5 年後，イライシャ・コールズの『英語辞典』は，「七州における英語方言に属する多くの語や句の大幅な追加」を収めていた。たとえば，fraine（スコットランド）'to ask'; loppe ('old') 'spider'（またはむしろ，リンカンシャーにおけるように，'a flea'); stut （サマセットシャー）'a gnat'; weel (Lancs) 'a whirlpool'。この点で興味深い次の仕事は，『英語宝典』(Gazophylacium Anglicanum: Containing the Derivation of English Words, Proper and Common, 1689) である。著者は熱心な語源研究家だったし，この面でも，方言の言葉でも，スキンナーに深い恩恵を蒙っていた。論より証拠，たとえば，彼の Barken 'a word very common in the County of Wilts: a Yard of an house' を，スキンナーの Barken 'vox in comitatu Wilts usitatissima: Atrium, a Yard of a House' と比較してみるだけでよい。

この時期に関しては，われわれは最後に，'J. K.' に言及することができよう。彼が，仮に John Kersey と同人だとすると，三冊，つまり，1702 年には『新英語辞典』(New English Dictionary)，1706 年にはエドワード・フィリップの『言葉の新世界』(New World of Words, 初版は 1658 年）の改訂版，1708 年には

『アングロ=ブリタニア辞典』（*Dictionarium Anglo-Britannicum*）を作ったのだった。第一の辞典では，廃れた，「粗野で」方言的な言葉はすべて省かれているが，第二の辞典では，彼は「多くの田舎の言葉」を収録するつもりであると述べている。これらは方言の語彙編集者ジョン・レイをも含めて，さまざまな典拠からの借用だった。レイの方法の一例を示そう。

> *Gawn* or *Goan*, a Country Word for a Gallon.

Or, more precisely,

> *Kit-floor*, a particular Bed or Lay in a Coal-Mine; as at Wednesbury in Stafford-shire.

Kersey's final work, its material taken directly from the Kersey-Phillips revision, uses a more elaborate system of designation:

> *Karl-Cat*, (in Lincolnshire) a Male or Boar-Cat.
> *Mauther*, (in Norfolk) a little Girl.
> *Snag*, a Knot, Knob, or Bunch: in Sussex, a Snail.

これらの少ない例からも明らかになるように，われわれは或る程度は初期 Mod. E. の地方語彙を"発掘する"ことができるのである。

今やわれわれは初期の語彙編集者たちに立ち返って彼らを眺めることにしよう。彼らのうちには，古物研究家ディーン・ローレンス・ノウェル（1514頃-1576）——彼の『サクソン語語彙集』（*Vocabularium Saxonicum*）は Lancs の173個の語と，アングロ・サクソンの遺物として方言の中に残存した他の地域からの17個の語を収めている——や，またしてもジョージ・メリトン（彼はその『ヨークシャー対話』の第二・第三版に，語彙集（*Clavis*）を付加した）を数え上げることができよう。1685年にはメリトンはまた，『青年書記の語彙集』（*Nomenclatura Clericalis*）をも著したが，これには，語彙集（*Clavis*）にもあった，多くの北部の単語が含まれている。

しかしながら，この時期のもっとも重要な方言の語彙編集者は，疑いもなく，博物学者ジョン・レイ（1627-1705）だった。その分類体系や英国学士院会員としても有名だった彼の著作『一般には用いられざる英単語の集成』（*Collection of English Words not Generally Used*, 1674, 1691年に改訂増補されたらしい）は，最初の真の英語方言辞典だった。レイは彼自身の資料に，（スキンナーや，著

名な学者ラルフ・ソアズビーをも含めて）他の寄与者たちやさまざまな典拠からの単語を付加したうえ，その著書を「北部の州の単語」と「南部および東部の州の単語」に区分した。そこではときたま，それら単語が見いだされるべき地域の（通常，州による）大雑把な指摘がある。レイのこの集成は直接・間接に，カーシーによってばかりか，18世紀の辞典編集者たちや，後には OED によっても用いられた。したがって，これは方言学の初期の歴史においても，より一般的には辞書作りの過程においても，もっとも重要な一つの画期的なものとなっているのである。

　レイとともに，われわれは初期 Mod. E. の方言的側面に別れを告げて，これと密接に結びついた或るもの——英語の海外への拡散——へと乗り出すことになる。「密接に結びついた」と言ったのは，新世界へのごく初期の航海者たちが少なくとも或る程度は方言の話者だったからである。そして，まさしく彼らのさまざまな形の話し方が，現代アメリカ英語の根底を形成したのである。

5.9　アメリカにおける英語の起源

　イングランドからアメリカへの植民が始まったのは17世紀初めの航海による。アメリカ英語の研究に"考古学"なる用語を適用した場合，ここでの意味は，その起源やその後の初期の発達を発見しようとして，その根源を"掘り起こす"ことなのである。では，最初の植民者たちの英語を再構するためには，いったいどのような資料が利用可能なのだろうか？

5.9.1　歴史的背景

　北アメリカはごく初期から——特に10，11世紀にはヴァイキングたちにより，約500年後にはクリストファー・コロンブスによって——"発見"されてはいたのだが，最初の永住的な植民は17世紀に，主として（全員というわけではないが）清教徒的な信条をもつ数百名のピルグリム（巡礼者）たちによってなされたのである。彼らはニューイングランドの沿岸に信仰および宗教的実践の自由を求めたのであり，そこから1620年，マサチューセッツ州プリマスに一つの植民地を建設した。1627年以後は，周辺の諸領域へと拡大することにより，独立した植民地がいくつも作られたのである（地図14参照）。

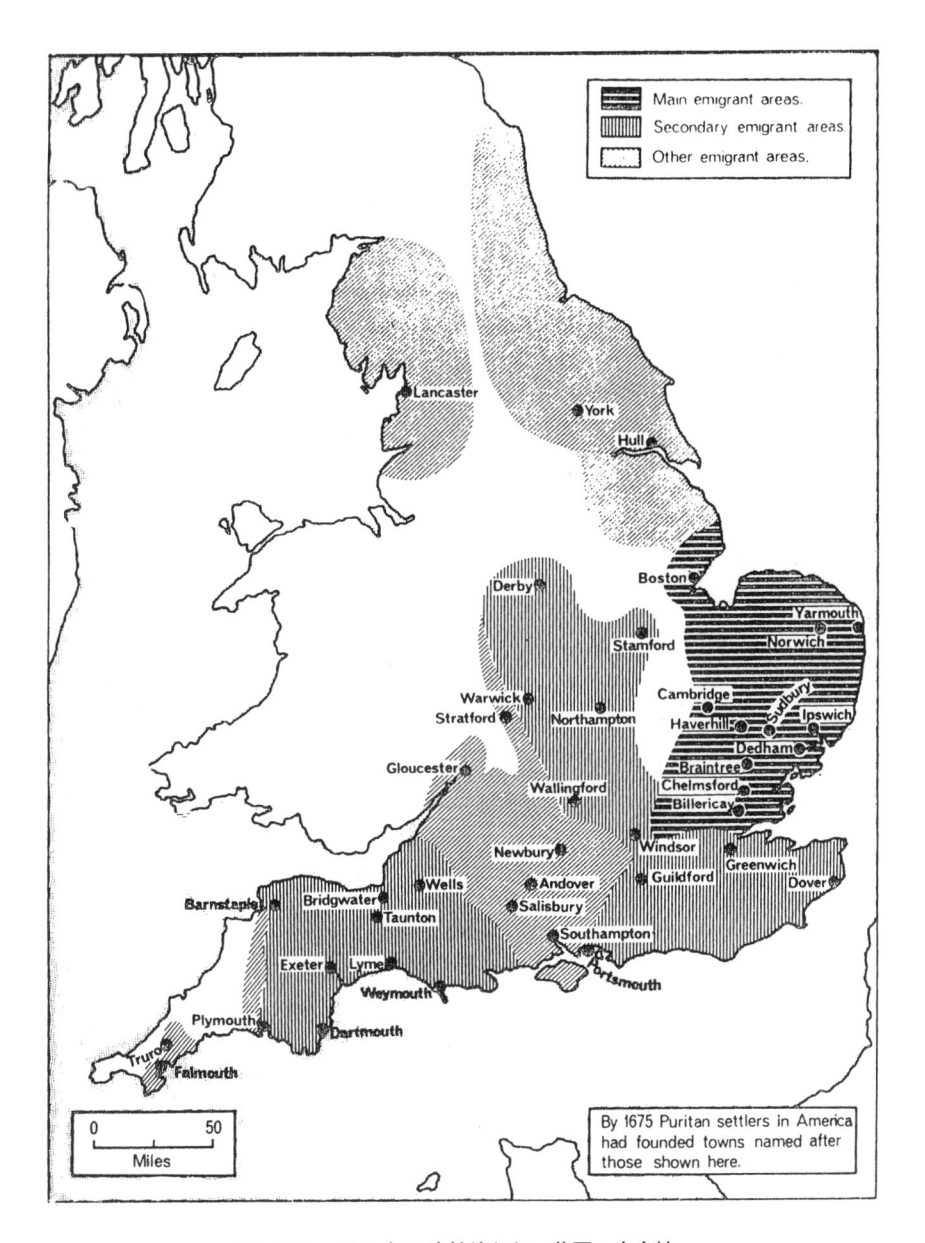

14. 1620–1675年の清教徒たちの英国の出身地

第5章　初期近代英語（1700年頃まで）　187

5.9.2 植民者たちの出身地

　最初の 100 名ばかりのピルグリムたちは，イングランドの南西海岸から出発したのだけれども，実際には主として東部の諸州（とりわけ，Lincs，ノッティンガムシア，エセックス，ケントおよびロンドン）の出身者たちだった（若干名はサマセットシャーや Lancs ほども遠方の出身者だったが）。この第一グループの中には，明らかに，ハンバー州以北やプリム川南西からの出身者は皆無だった。危険かつ不安な航海の後で，1620 年 11 月にプリマスの岩に上陸してから，彼らにはやがて母国からの他の亡命者集団も次つぎと加わることになる。

　こうして言語上ははなはなだ混淆したグループが多種多様な地方英語を話すアメリカ英語の基礎をしくことになった。彼らはいろいろな職種に就き，さまざまな技術をもつ人びと——機織職人，使用人，大工，靴屋，軍人，商人，製塩業者，呉服屋——だったし，1620 年の彼らの年齢構成は，下は 3 歳から，上は 55 歳に及んでいた。けれども，大半は 1580 年から 1600 年にかけて生まれた人たちだったらしいから，主な言語推進力は 20 歳から 40 歳にかけての人びとに起因したであろうと想像してかまわない。だから，若い共同体の言語傾向は 50 歳代の落ち着いた少数者や，固い基礎を成す 40 歳代および 30 歳代の人びとや，たぶんあまり保守的でない 20 歳代の人びとから，言語習慣では新しい傾向の先頭に立つであろう 20 歳以下の者たちにまで及んでいたことだろう。彼らはあえて言えば，1585 年から 1605 年の間に喋り方を大方学んでいたであろう。もちろん——年齢，教育，社会階級のほかにも——われわれは結婚相手や集団全体（その言語慣習は静的・不変的ではないし，もちろん，同質的でもなかったのだが）からのありうべき影響をも考慮に入れねばならない。しかしながら，一つのことは確かだ。つまり，航海上で閉所恐怖症的状況に置かれたり，その後の植民過程においても，こういう混淆した集団の成員たちが相互の声に相当関心を払って聴き入ったであろうということである。そして疑いもなく，そこには，今日でもそうだが，下品な方言特徴を有する誰かを犠牲にしたうえでの，ある程度のげす口も存在したであろう。

5.9.3　Pr. E. の方言と現代のアメリカ英語

上述のような事実や仮定から出発して，大西洋の両岸における英語の全レヴェル（音韻，文法，語彙）で比較がいろいろとなされてきた。数例を以下に示す。

音韻

ここでのもっとも魅力的な問題の一つは，米語の /r/ のそれである。英国人は通常，これをたとえばイングランド南西部で聞かれるような，一様にそり返らせるタイプの /r/ と見なしている。けれども，これは真相からはほど遠い。なぜなら，合衆国のほとんどでは，/r/ はもちろん一つの語のあらゆる位置で発音されるけれども，たとえばニューイングランドの人びとがそれを発音するのは，母音の前においてのみなのだ (*rat, tree, herring, far away*)。いったい母国のどの言語状況がこういうことを惹起し得たのだろうか？

中英語の時期には，/r/ は実際上，語のあらゆる位置において発音された (*rat, tree, herring, horse, chair*) のだが，後にはそれは St. E. では *horse, chair* 部類において消失し始めた——もっともこの過程は 100 年間ばかりでは最終的に完成したわけでないのだが。南西部や，北部の飛び飛びの地域では，それは残存しているし，今日でも強く残っている。これらは"r 音を発音する"（rhotic）地域と呼ばれる。

ところでいつも言われているように，O. E. および M. E. の /r/ はどこでも歯の背に舌の先を当ててつくられる顫音（せんおん）だった（もっとも，私見ではそれにはこの初期でさえ南西部に"裏返しされた"変種があったらしいと思うのだが）。もしこれがそのとおりだったとすると，/r/ は中世後期には（r を発音する地域をのぞき）Pr. E. の *rat, herring* におけるそれに酷似した音に変わっていたに違いないし，それから St. E. や，北東部の大半においては最終的にすっかり消失したに違いない。ニューイニグランドでは *horse, chair* のクラスにおいて /r/ がなくなっているという事実は，最初の清教徒たち——彼らの大半は同国の南東部の出身だった——がイングランドを去ったとき，英語の /r/ が消失の過程にあったので，ピルグリムたちの幾人か（たぶん，もっとも初期の人びとか，より保守的な人びと）はそれを使ったし，幾人か（たぶん，もっと後の人びとか，言語慣習においてより"進歩した"人びと）は使わなかった，

ということを示唆している。新植民地においては，"非‐使用者たち"が"使用者たち"に勝ったのだ。もちろんこのことからは，ブリテン島のさまざまな地域の出身者——そのうちでも，中部諸州（中部大西洋岸諸州）では，スコットランド人‐アイルランド人が際立っていた——が定住した合衆国のより西部地域に今なお存在する /r/ の説明はつかない。イングランドの中部諸州および西部出身のクエーカー教徒たちも，1840年以降，大挙してアメリカへやって来たアイルランド人の話し方に補強されて，ある役割を演じたのかも知れない。

第二の例として，われわれは *Tuesday, tune, blue, suit* といったクラスの単語における /(j)u:/ を挙げることができよう。ここでは第一要素 /j/ の現前または欠如は，この語における他の音に依存しているのである（たとえば，初めの二例では，/j/ は現前するが，*blue* および *suit* では，それは話し手次第なのだ）。この二重母音は当初は"下降"二重母音 /íu/ であったらしいのだが，それが上昇二重母音 /iú:/ へと発達したという初期の証拠（*cf.* Dosbon, II. 185）が存在する（それから，/ju:/ となった。ただし，/j/ がなくなった場合はこの限りでない）。より初期の /íu/ タイプはニューイングランドの植民地に限られており，明らかに逆行的ではあるが，田舎の北ニューイングランドや，ニューヨーク州北部地方，それに隣接するペンシルヴェニアの郡部では今なお一般的であるし，西マサチューセッツ州やコネティカット州でもかなり流布しているのである。

文法

アメリカ話法のこういう地域の探究は，W・ヴィレック教授（ならびに他の学者たち）によってなされてきた。彼の仕事はとりわけ，1940年代にイングランド南部で実地調査を行った故ギー・S・ロウマン2世の調査に基づいていた。ロウマンの資料のいくつかについてヴィレックが行った最新の分析には，以下のような例がある。

1. *He does* 対 *he do*
The dialectal uninflected 3pr.sg. form *do* – as distinct from St.E. *does* – is typical of the south Midlands of England (especially its eastern parts).

Such uninflected forms are, indeed, fairly familiar in these areas, being, according to *LAE* (Maps M34 and M35), especially characteristic of the south (excluding Kent and east Sussex), the west, and East Anglia. The American dialectologist, the late Raven McDavid Jnr., is quoted as saying, 'This feature [i.e. 3pr.sg. *do*] must have been brought to all of the American colonies', but it is unevenly distributed today because of cultural differences: *he do* is predictably retained more widely in the southern colonies, with their predominantly rural economy, much low-grade labour and inferior schooling, while in New England and the Middle Atlantic States *does* is almost universal (Viereck, pp. 252–3).

2. *I am* 対 *I are, I be*
The *SED* distribution of these forms, largely confirming Lowman's, is shown on map 15. According to *EDD*, however, *be* was formerly much more widespread, occurring in the entire east up to Lincs and Notts, as well as in the south and south-west. The same is apparently true of 1pr.sg. *are*, which *EDD* gives not only for the Home Counties but also for Lincs and the former county of Rutland.

In the eastern USA, *be* occurs sporadically in New England as a characteristically older form – also in New York, New Jersey and Pennsylvania; *am* occurs everywhere in the eastern USA, where two instances of *are* are also on record. *Is* has considerable currency in southern New England, and is particularly common in eastern Virginia, while a scattering of informants in North and South Carolina also used it. 'Thus almost all the forms recorded in the mother-country (*am, are, be* and *is*) crossed the Atlantic; the only exception is *bin*' (Viereck, pp. 253–5).

3. *Going*
Lowman's findings appear on map 16, and are confirmed by both *EDD* and *SED* (though in the latter it occurs only in conventional material). The exotic-looking *gwine* (which is common in parts of SW England), seen on Lowman's map, exists in two separate areas: in New England, and between the Chesapeake Bay and eastern Georgia (with which we might include /w/-less *gine* on the east coast of Virginia, around the Albemarle Sound and the lower Neuse river, which is also recorded by *EDD* for parts of Scotland, and for Yks, where it was still current in the 1970s). In the remaining areas, *going*

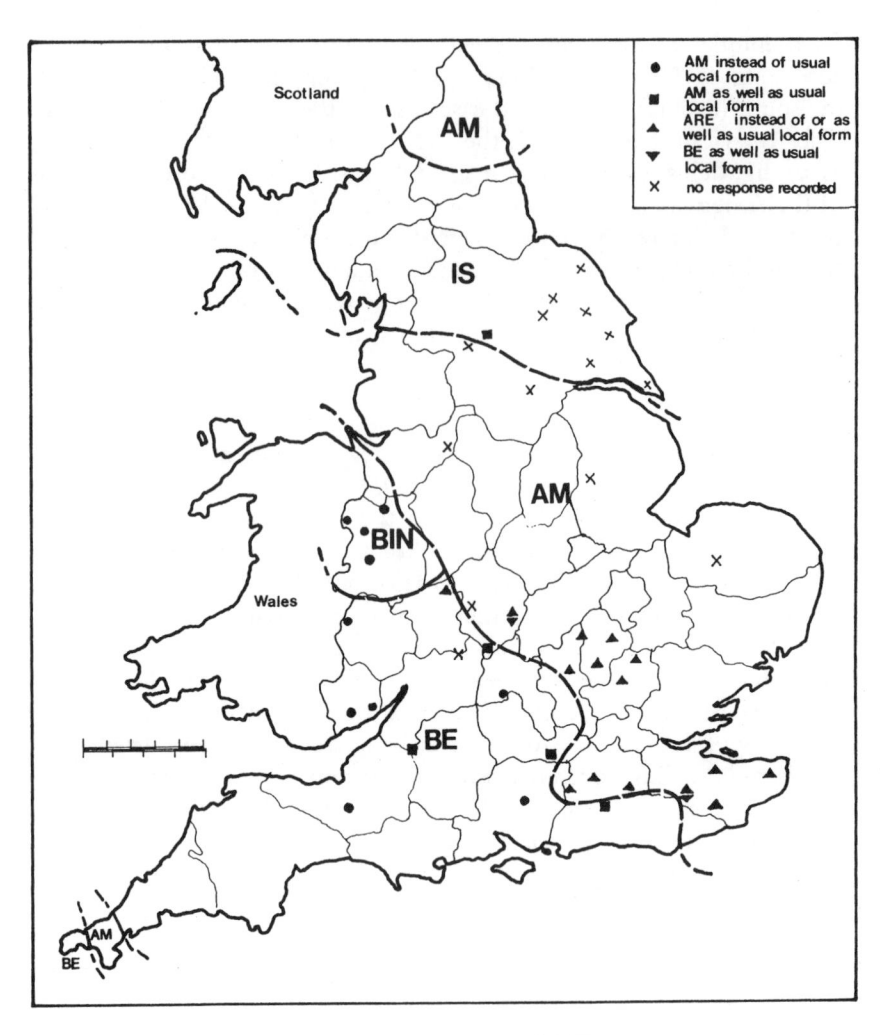

15. *SED* による，'I am' の方言区分

```
○  a-going /-in/
▲  a-gwine
+  a-gwining /-in/
×  going /-in/
◊  gwin
●  gwine / gwain (ə)/
```

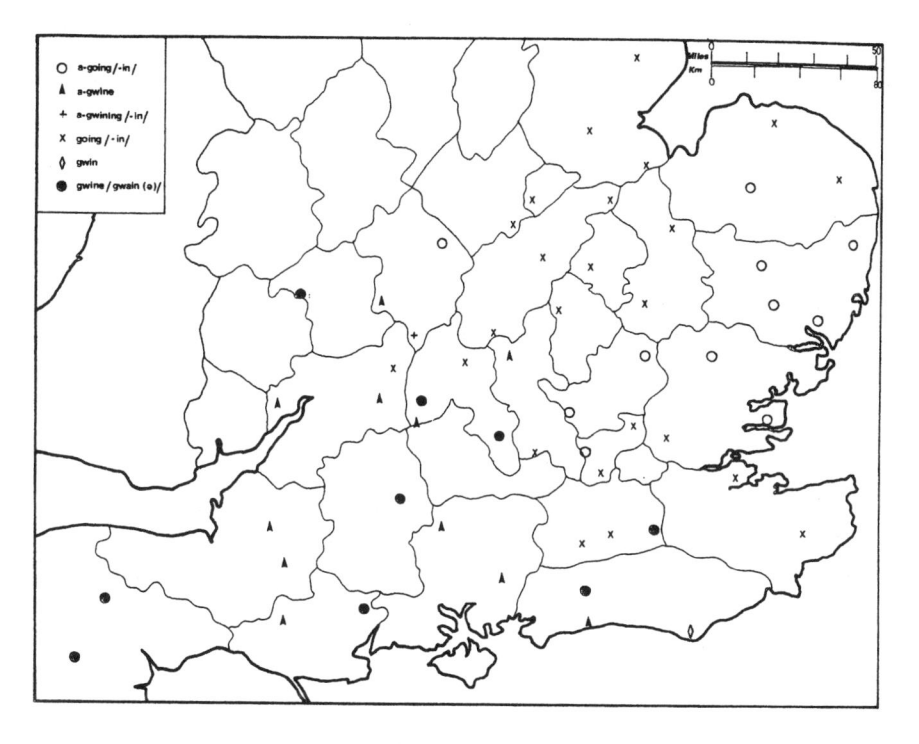

16. 'Going'

is current. In view of (a-)gwine as a rather widespread feature of southern British dialectal English, I agree with Viereck and McDavid that this form—so typically found in USA Black English—is unlikely to have originated in Africa as an early mixture of *go* and Akan language forms of *gwa, gwo, guaá* 'to flee' (Viereck, pp. 255-6).

語彙

英国の英語とアメリカの英語との線分上の関係は、以下の地図17-20で例証されているし、これらに加えた説明書きで示されている。

5.9.4 むすび

以上の簡略な概観から現出するもっとも印象的な特徴の一つは、英国英語という母語の特徴が合衆国の話法のあらゆるレヴェルに残存しているとはいえ、より顕著な方言特徴、とりわけ、発音上の下品な方言特徴の多くは取り除かれたということである。すなわち、南西部の英語の語頭音 /f, s, θ, ʃ/ が /v, z, ð, ʒ/ へと有声音化されたり、*bought* や *daughter* のような語の *'gh'* において /x/ とか /f/ が用いられたり、あるいは、*house* や *cow* において北部方言の /u:/ が用いられたり、といった痕跡がすっかりなくなっているのだ。また、EDD が北部を除くイングランドで一般的として記録しており、SED がエセックスやイースト・アングリア、および西部の南方地方の飛び飛びの諸所から記録している、*housen* における *-en* pl. のいかなる痕跡も存在しない。「複数の弱変化形 *housen* は大西洋をまったく超えなかったか、それとも、以後、合衆国では滅びたか、のいずれからしい」(Viereck, p. 265; Lowman の *housen* についての記録に関しては Viereck, pp. 265, 293 参照)。多くの方言的な単語は合衆国ではいかなる痕跡も残さなかったか、あるいは少なくとも、はなはだ稀かつ散発的であるし、このことはおそらく、より初期にはもっと広く流布していたことを示唆しているのかも知れない。たとえば、*ground* = 'field' は今や 'very rare' として、*tunnel* 'funnel' はニューイングランドでは 'not common' として記録されており、また *shallots* や *young onions* 'spring onions' はニューイングランドでは 'rarely recorded' とされているのである (Orton and Wright, Part I, ed. Burghardt 所収の図 12, 13, 24 をそれぞれ参照のこと)。

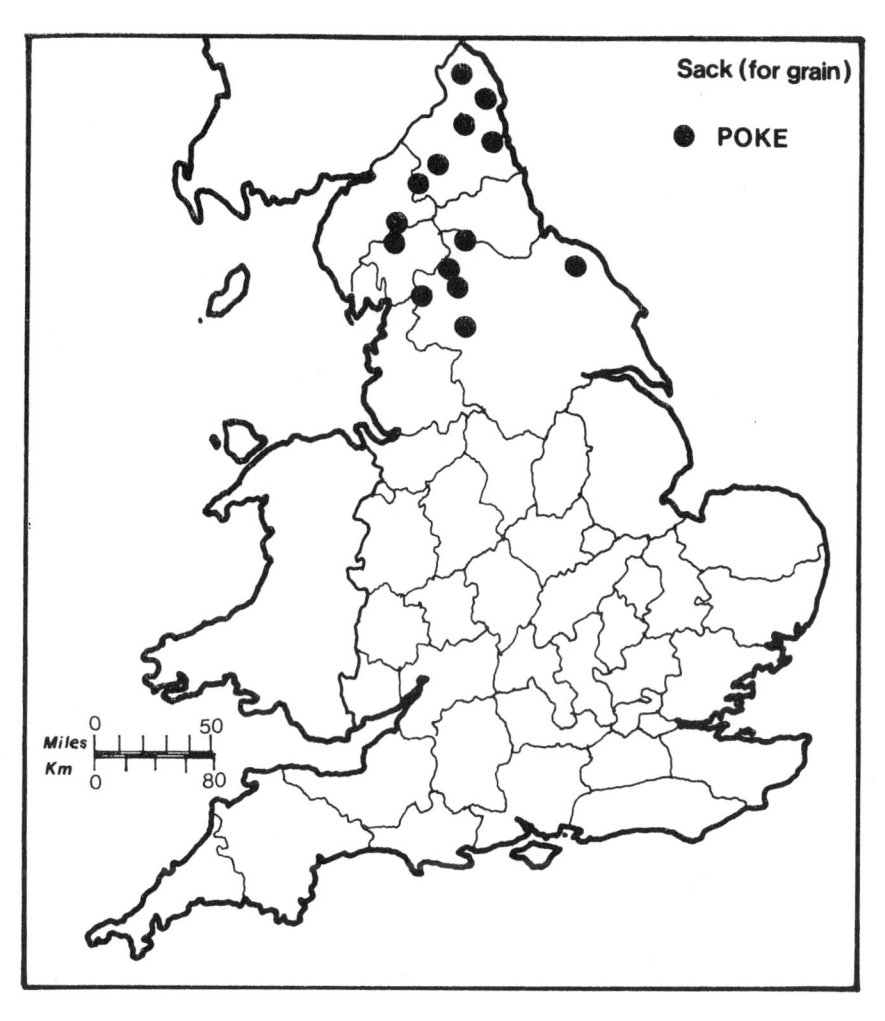

17. *Poke* 'Sack for grain'——さまざまな種類およびサイズのバッグを指す名称として合衆国では広く用いられている

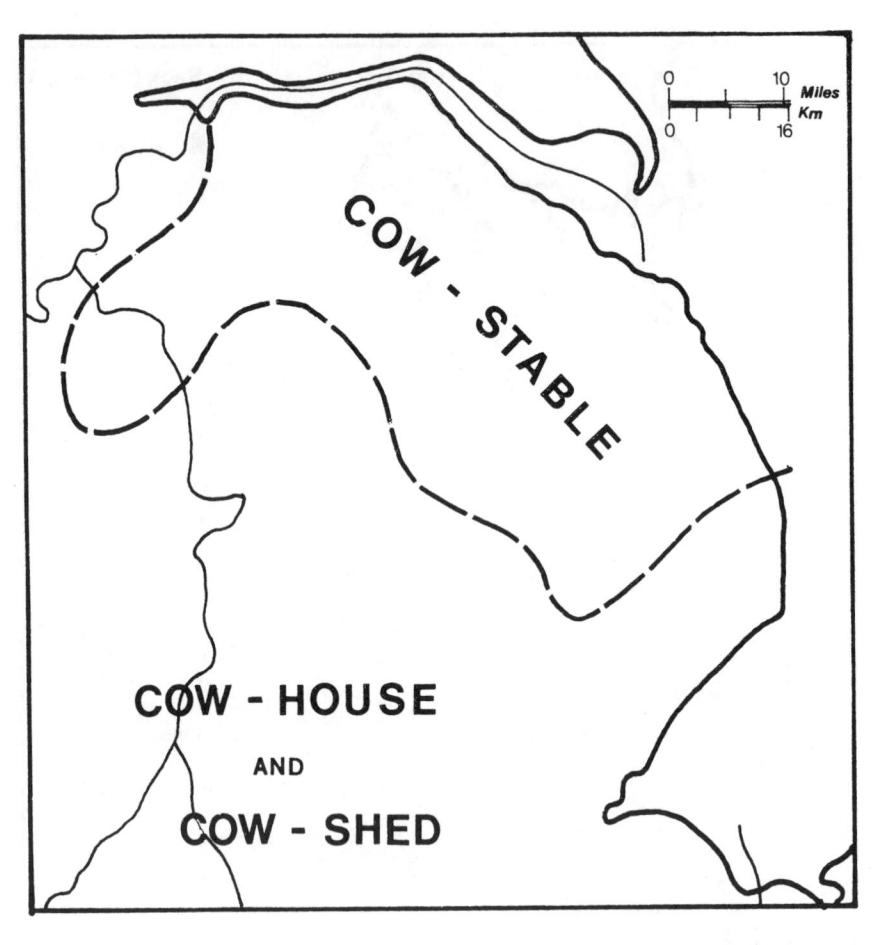

18. *Cow-stable*——合衆国では，西部を除き，広く流布している

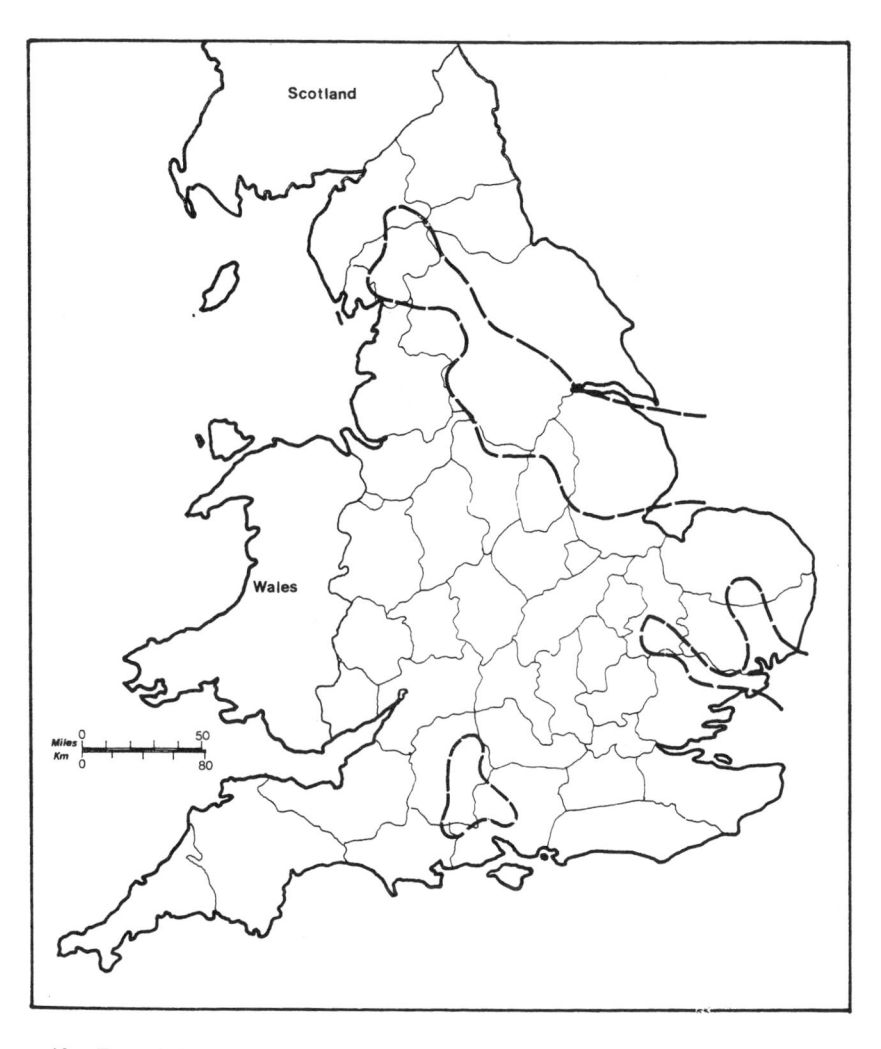

19. *Tunnel* 'funnel'——ニューイングランドおよびニューヨーク州の北部地方では（稀だが）見いだされる

第5章 初期近代英語（1700年頃まで）

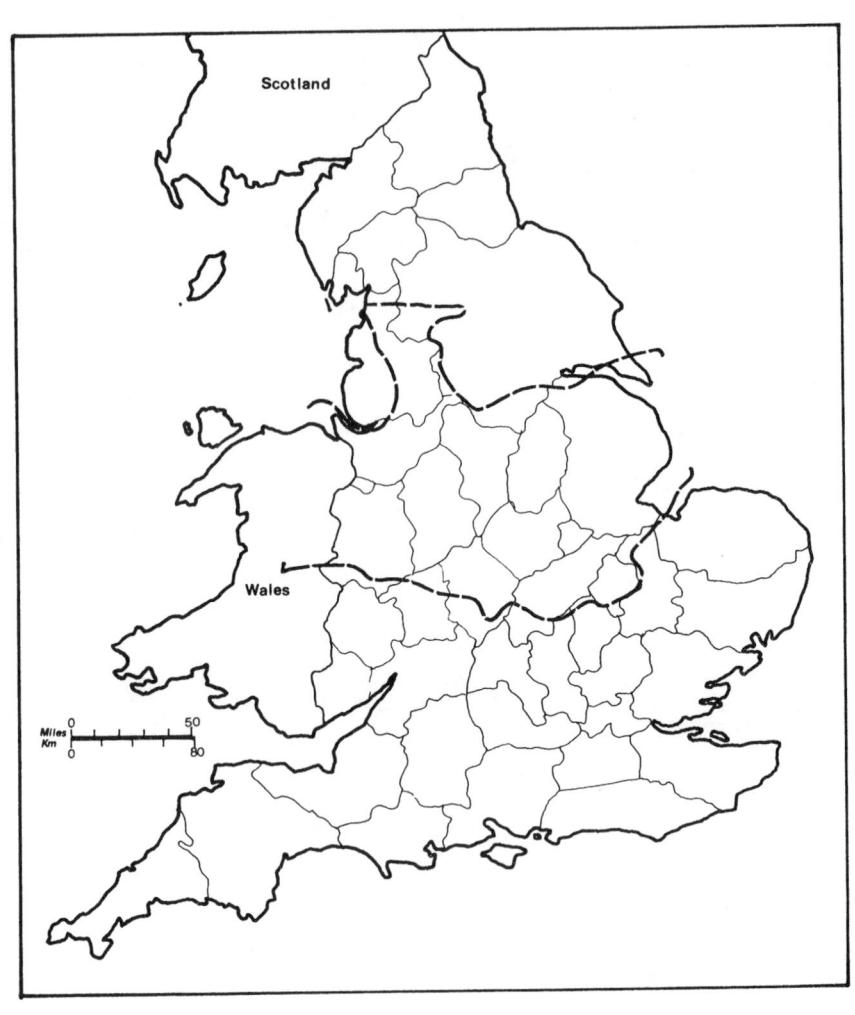

20. *Cade, cade-/cadie-lamb*──合衆国ではナランガセット湾からコッド岬にかけて見いだされる

第6章　近代英語（現代まで）

6.1　前置き

　英語が次つぎといかに変化の段階を歩んできたかを示す証拠を，われわれはこれまで概観してきた。本章で論じる時期（1700年頃–1950年頃）を，比較的安定した時代と見なすことは，心をそそのかされることではある。発音は，たとえば，1200年から1500年にかけての300年間とか，1500年と1700年との間とかに起きたよりも変化のスピードが遅かったし，綴り方や文法は実際上定着してしまった。けれども，とりわけ科学や医学の分野では，これらの領域における新しい概念や発見に対処するために（主としてラテン語やギリシャ語の要素から）新語が造られねばならなくなって，語彙に膨大な付加が行われてきた。そして，フランス語や海外からの他の借用語が——特に旅行者や亡命者による〔英国から見て〕新たな西方世界の開発とともに——浸透し続けたのである。だがそういう借用の規模は（特にフランス語からは，実際には1500年頃以降は）——より最近では，ハリウッドや二つの世界大戦の影響があるにもかかわらず——大幅に減少した。

　実際，考古学は本来，"古物"の研究であるし，私としては，1970年とか1980年がこの範疇に入りうるとは思わない——われわれの言う"歴史"（考古学はそれの補助物である）がかつてそうだったよりもわれわれにはより速く，より身近に動いているように見えるにしても。この説明を閉じるべき任意の時点を見つけねばならなくなって，私が1950年頃を選んだ理由は，この約250年という期間が先の諸章をカヴァーしていた期間と比べられうるからである。また，この半世紀と第2次世界大戦の終焉とが，過去との断絶のようなものの前兆になっており，1960年代およびその先へと向かっているように見えるし，あらゆる領域——もちろん言語分析の方法——においても驚くほど斬新なやり方を予告しているように思われるからでもある。

　従前どおり，われわれは二，三の抜萃を眺めることから始めよう。第一のそれは156–157頁のトーマス・ブラウンのテクストと比較されるべきであろう。

後者は 60 年ばかり昔のものだとはいえ，きちんとした，上品な散文という同じ伝統に則って書かれているからである。

6.1.2 見本テクスト
1. アレクサンダー・ポープ「『イリアッド』への序文」(1721 年)

1 It is certain no literal Translation can be just to an
   excellent Original in a superior Language: but it is a
   great Mistake to imagine (as many have done) that a rash
   Paraphrase can make amends for this general Defect; which
5 is no less in danger to lose the Spirit of an Ancient, by
   deviating into the modern Manners of Expression. If there
   be sometimes a Darkness, there is often a Light in
   Antiquity, which nothing better preserves than a Version
   almost literal. I know no Liberties one ought to take, but
10 those which are necessary for transfusing the Spirit of
   the Original, and supporting the Poetical Style of the
   Translation: and I will venture to say, there have not
   been more Men misled in former times by a servile dull
   Adherence to the Letter, than have been deluded in ours by
15 a chimerical insolent Hope of raising and improving their
   Author.

綴り方

（ブラウンにおけるのと同じく）大文字が頻用され続けていることや，語尾の -e の定着した状態のみが注目されるべきであろう。音声に関してはいかなる推論もできない。

文法

Be が Pr. E. では今や稀な (*cf.* B. Foster, pp. 220–222) 仮定法——*If there be* … (6–7)——として用いられている。3 pr. sg. の *preserves* (8) は，*-s* 語尾となっている (*cf.* Browne, *serveth* (6))

語彙

Chimerical 'wild, fanciful' (15) は今日では，実際上，古語である。ほかには取り上げるべき事項はない。

2. ギルバート・ホワイト『サウサンプトン旧州におけるセルボーン村の博物研究』(*The Natural History of Selborne in the County of Southampton*, 1789)

[Humphrey Milford, 1937, p. 132]

Letter IV

Selborne, Feb. 19, 1770

1 Your observation that the cuckoo does not deposit it's
   egg indiscriminately in the nest of the first bird that
   comes it's way, but probably looks out a nurse in some
   degree congenerous, with whom to intrust it's 'young'
5 is perfectly new to me; and struck me so forcibly, that
   I naturally fell into a train of thought that led me to
   consider whether the fact was so, and what reason there was for it.

3. ジョージ・バロウ『スペインにおける聖書』(*The Bible in Spain*, 1842)

[Cassell and Company Ltd., 1908, p. 279]

1   We descended from the eminence, and again lost sight of
    the sea amidst ravines and dingles, amongst which patches
    of pine were occasionally seen. Continuing to descend, we
    at last came, not to the sea, but to the extremity of a
5   long narrow firth, where stood a village or hamlet; whilst
    at a small distance, on the western side of the firth,
    appeared one considerably larger, which was indeed almost
    entitled to the appellation of town ....
        Along a beach of dazzling white sand, we advanced
10 towards the cape, the bourne of our journey.

これらの抜萃は最終的に結晶化した形の英語を示している。唯一の例外は，すっかり Pr. E. のそれと一致した綴り方をしているバロウの著書に比べて，

約 50 年以前のホワイトの著書における綴り方がいささか古めかしい点である。

ホワイトからの抜萃では，*it's*（所有代名詞，1, 3, 4）のみは，省略符がまだ可能であるという点で Pr. E. の用法とは異なる。ホワイトはこの点で完全に首尾一貫しているわけではない。なにしろ，*its* も生起しているからだ（シェイクスピアの戯曲でも，1623 年の二つ折り本初版では，OED によれば，*it's* の例が九つ，*its* の例が一つ存在する。つまり，19 世紀までは明らかに動揺が激しかったのである）。この抜萃以外には，Pr. E. のそれとは異なるかなりの数の綴りが存在する——*scissars, havock, salladoil, phænomena, œconomy* 等——し，文法形式もときたま異なっている。たとえば，p. t. sg. *sunk* や，形容詞語尾の *-en*——*beechen woods*（*wooden*，等でも同じ）において。

語彙では，両作家とも，今日では古語となっているものをときたま用いている。すなわち，ホワイトには，*congenerous* 'of the same genus or family'（4）が出てくるが，これは明らかに，最初はブラウン（1646 年）に記録されている 17 世紀の新語であり，19 世紀前半まで使われたものである。バロウには，今日ではむしろ古風に響く *dingles* 'wooded hollow, dell, small valley'（2）や *bourne* 'limit, goal'（10），等が現われている。

6.2 英語の標準と非標準に関する若干のコメント

18 世紀の英語一般に関してのもっとも説得的な見解としては，まず第一に，ほんの有名人だけを挙げれば，ドライデン，デフォー，アディスン，スウィフト，ジョンソンといった，文人たちの落ち着き払った，熟考された思想を調べなければならない。総じて，彼らの主要な関心事は二つである。すなわち，①「英語を正し，改良し，確実にする」（1712 年のスウィフトの文を一部改編した）こと，②提唱された規制を強いるために，既存の大陸のモデルに基づき"アカデミー"を，できれば創設すること。デフォーはこの提唱された協会——「全員紳士たちから成る」——のための計画書を新世紀の幕開けの寸前（1697 年）に作成した。ややナイーヴにも，彼はアカデミーの存在が宣誓の「慣行を打破する」助けになるかも知れないと考えたのである。彼の後を密着して襲ったのが，1712 年に"提案"を行ったスウィフトである。彼が関心を寄せたのは，祈禱よりもむしろ，特殊語，詩的許容，表音的綴り字，スラングのほうだった。彼はエリザベス 1 世の時代を「英語がもっとも改善された時

期」と見なして，この想定"黄金時代"を回顧したのである。もちろん，彼がこの点で嚆矢(こうし)だったのではない。ウィリアム・ハリスンも早くも1587年に英語は「エリザベス女王の時代まで決して完全な典型にはならなかった」と主張していたのだ。この言語上のユートピアは——スウィフトによると——後に，宮廷で用いられた特徴的な言葉で腐敗させられたのであり，これが話し方での礼儀作法や正しさとして，詩的使用でも「それ以来イングランドにおける最悪の流儀であり続け」たのであり，げんに，詩人たちはおそらく詩句の要求によるのであろうが，*drudg'd, disturb'd, rebuk'd, fledg'd* といったような「ずたずたの省略法」の犯人なのである。これらやそのほかの理由から，彼は或る種のアカデミーを擁護するために論陣を張るようにせき立てられたのだった（因みに，面白いことに，彼があれほどひどく毛嫌いした"省略法"がデフォーの各ページには氾濫しているのである）。

　アディスン（1711年）も，こういう省略法（彼は *drown'd, walk'd, arriv'd*; また *mayn't, shan't* を挙げている）とか，別の"省略法"——つまり，*draws, walks, arrives* におけるような，*eth* の代わりに *s* で"代替させること"とか，*mob*（ラテン語 *mobile vulgus*「気まぐれな大衆」に由来）や *incog* のような縮約形——を好まなかった。英語史の知識は，18世紀初期の知識層にとってもはや特技の一つではなかったのである。

　ジョンソン（1755年）の論述は——予測できるように——もっとも充実し，かつもっともまともなものである。彼は初めて，自分が「正字法を定め，類推を発揮し，構造を規制し，英単語の意味を確かめること」にどれほどまで成功したのかを熟考している。この時期にはありふれたことだが，過去や，雄弁や，粗野について多く思い巡らされている。とにかく，ジョンソンは大"辞典"への計画では，少なくとも体系的でかつ明快である。彼は言語における変化の原因を論じたり，また，「音声は法的抑制をかけるにはあまりにはかなく，かつ捉えにくい。音節どうしをつないだり，心を縛りつけたりすることも同じく自尊心にかかわる企てなのである」ということをしぶしぶ認めることで閉じている。しかしながら，彼はそうする努力は，たとえ完全な成功が拒まれようとも，価値のあるものだ，と結んでいるのである。

　最後にこの時点でわれわれが言及すべき人物は，綴り字法の修正（その多くはアメリカ英語に定着した）を企てた先祖として知られているノア・ウェブス

ター (1758-1843) である。彼は 1783 年にすでに『英語の文法規則』(*A Grammatical Institute of the English Language*) を公けにして，英語の綴り方の不合理な点を改革しようと努めていたし，同年には『綴り方の基本書』(*An Elementary Spelling Book*) も著した。彼の『簡約英語辞典』(*Compendious Dictionary of the English Language*) は，ジョンソンの『辞典』にはないアメリカの単語 5000 を収容していた。しかしながら，彼の主たる関心を詳しく説明しているのは，彼の『英語論』(*Dissertation on the English Language*, 1789) への付録の表題，つまり，「綴り方を改革し，語の正字法を発音と首尾一貫させることの，必要性，利点ならびに実行可能性に関する試論」である。綴り字の改革者として，彼が欲したのは，無音の文字（たとえば，*knarve, know*, における *k, might, though* における *gh*，*reign* における *g*）を省いたり，そのほかのものを規制したり（たとえば，*physic* において *ph* の代わりに *f* を用いたり，*character* において *ch* の代わりに *c* を用いたりする），若干の添付符号を付加したり，といったような手段によって，発音と綴り字とを合わせることだった。ウェブスターが 18 世紀後期の英語——とりわけ，アメリカ形におけるそれ——の評価に際して無視され得ないことは明白である。

　私が示したのは，この時期の作家たちからのもっとも重要な見本数点に過ぎないが，これらからでも，18 世紀がいかに英語改良に夢中だったかが少なくとも看取できるであろう。これらや同種のもっとマイナーな仕事は，18 世紀の英語がどのようなものであったか，またもっとも理路整然とした意見が英語をどうあるべきと考えていたか，という両方のことについてわれわれが知るための，重要な証拠をなしているのである。世紀の変わり目に，比較文献学が興隆し，その結果として，何が"正しい"か"正しくないか"という論議への制限が放棄され，そしてあれこれの言語への体系的研究がなされるようになったため，英語への態度においても，久しく必要とされていた革命が惹起されたのだった。われわれは旧来の規範主義に別れを告げることになるのだが，それでも，19 世紀——およびその後も——英語の構造がラテン語のそれと基本的には同一だとする非現実的な考え（ウォリスは 200 年も前にこれをあざけっていたのだが）から，英語を守らねばならなかったのである。

6.3　発音および文法に関する著作

以下に私が若干の著作を選び出したのは、1700年頃から1800年にかけての100年間——やや粗っぽいかも知れないが、"規範主義の時代"と呼んでよいかも知れない（たとえば、後で引用するロウスの見解〔209頁以下〕を参照）——に現われた英語の発音および文法についての多くの分析を例証するためである。

1. ジョン・ジョーンズ『実践的表音式綴り』(*Practical Phonography*, 1701)
[Ed. E. Ekwall, *Dr. John Jones' Practical Phonography* (1701), Max Niemeyer (Halle), 1907]

このジョーンズの本の長ったらしい副題は「英語の音声により語を正しく綴ったり書いたりするための、そして、英語の照準により、語を正しく発音したり読んだりするための、新しい技法」となっている。ジョーンズは音声学者であったし、彼の目的は「あらゆる語を正しく、きちっと、スマートに発音すること」を初学者たちに教えることだった。長ったらしい第3章は「アルファベット式綴り方対話」〔206頁参照〕となっており、頻出する矛盾といった数々の欠陥にもかかわらず、英語音声史の学究にとっては、もっとも貴重な部分を成している。ジョーンズは発声音から始めて、AからZまで発声音をアルファベットで表示し、それからそれらの綴り方のルールを定めているので、ときたま、当代の発音に関しての情報を与えてくれている。彼は違った音声についての正確な記述を示してはいなくて、違った音声どうしの区別を行っている。したがって、われわれは彼がどういうクラスの音声を考えていたのかについてしばしば推測することができるのである。たとえば、彼は *metre* が *see* と同じ母音で発音されたこと、*glebe* が *the* と同じ母音で発音されたこと、をわれわれに告げてくれている。こうして、母音の正確な音声は不確かであるにせよ、われわれは少なくとも、いくつかの音が同一だということを知るのである。（次ページに再録したエクウォールの版からの）一ページだけでも、ジョーンズの方法はだいたい分かるであろう。

ジョーンズは「*igh, io, is,* 等と綴られる文字 *i* と音声が結びつくのはいつか？」と自問している。残念ながら、彼は通常のアルファベットに携わらねば

An Alphabetical Spelling Dialogue.

Queſtions.		Anſwers. I.
When is the Sound of	writ- ten	
i	*igh?*	*cite, kite, quite, rite* (or ceremony) *ſhite, ſite* (or ſituation) *ſmite, ſnite, trite, white.* In ſeven more, *viz.* — *Denbigh, high, nigh, ſigh, Tenbigh, thigh, tighy.*
i	*io?*	See *e — io*, for they are the ſame.
i	*is?*	In four, — *Iſland, Iſle, Viſcount, Viſcounteſs*, which are founded without the *ſ*.
i	*o?*	See *e — o*.
i	*oi?*	When it may be founded *oi*, or *ooi*, in the Beginning or middle of Words; as in *boil, broil, coil, foil, foiſt, froiſe, groin, hoiſe, join, loin, moil, oilet, poiſe, poiſon, ſoil, ſpoil, tortois*, which ſome found as with an *i*.
i	*oy?*	When it may be founded *oy* in the End of Words, or before a *Vowel;* as *Chandois, decoy,* &c. — *loyal, royal, voyage;* ſometimes abuſively founded as with an *i*.
i	*u?*	When it may be founded *u* as in *Arthur, buſy, buſineſs, Gladuſe, Julian,* (a Woman's Name) *manufacture, manuſcript*. See *er — ur; er — ure; ery — ury.*
i	*ui?*	In theſe ten. { *beguil* | *build* | *conduit* | *guid* | *guitttern* | *biſcuit* | *circuit* | *diſguiſe* | *guil* | *Verjuice*.
i	*uy?*	See *ee — ui; gi — gui?* See *gi — gui*.
i	*y?*	In the End of all *Engliſh Words;* as *by, cry, dy,* &c. none excepted, but thoſe foreign Words, where *i* is written *i*, as above.
i	*y?*	When a Vowel is added to ſuch as end in *y*, as *crying, dying,* &c. Except that generally *i* is written, when *er* or *eſt* are added to *y*, as *happy, happier, happieſt;* but 'twere more regular to write *y* always before a *Vowel*, as *i* is before a *Conſonant*.
i	*y?*	In *Bowyer, Lawyer, Sawyer,* — *loyal, royal, voyage.* Always

ならないため，第一列のために若干の形の表音アルファベットを考案することができなかった。そのため，ここでは，文字 *i* が /i/ (*biscuit, build, circuit, conduit, guittern*) をも，/ai/（残りのもの）をも，ともに代表しているのである。彼はこうして，発声音を表わすことを全然意図していない体系に縛られていることになる。

　しかしながら，より肯定的には，ほかにおいてもそうだが，彼はさまざまな音声について貴重な情報をわれわれに供してくれている。ここで際立っている項目は，*oi* とか *oy* で綴られる語が /ai/ ――「*i* を伴うような何らかの音」――と発音されるかも知れない，ということである。

　このように，ジョーンズはアルファベットへとわれわれを導いている。彼の仕事は，おそらくは一部はその複雑な書式のせいか，明らかに広くは用いられなかった。けれども言語"考古学者たち"にとっては，本書はこの時期のジグソーにとっての有意味な一ピースとして現われていることになるのである。

2. サミュエル・ジョンソン『英語文法』(*Grammar of the English Tongue*, 1755)

　この 11 枚半の二つ折り本のページは，『辞典』の前書きであって，論述はラテン語および英語文法の伝統的な四区分――つまり，正字法，語源（ほかの同時代の文法家たちと同じく，"形態論"を意味している），統語法，韻律（つまり，発音や作詩の規則）――に分かたれている。第一の項目では，われわれはまたしても，綴り方を発音から解放しようとしたり，発音の概念を表わすために非－表音的用語を用いているジョンソンのやり方（この欠陥は，20 世紀に音声学そのものが始まるまで適切には矯正されなかった）に取り組もうとしたりする必要がある。たとえば，以下に例を採り上げてみよう (p. 31)。

OF VOWELS

　A has three sounds, the slender, open, and broad.[1]
　A slender is found in most words, as, *face, mane*; and in words ending in *ation*, as, *creation, salvation, generation*.[2]
　The *a* slender is the proper English *a* ... having a middle sound between the open *a* and the *e*. The French have a similar sound in

the word *pais*, and in their *e* masculine.³

A open is the *a* of the Italian, or nearly resembles it; as, *father, rather, congratulate, fancy, glass.*⁴

A broad resembles the *a* of the German; as, *all, wall, call.*⁵

Many words pronounced with *a* broad were anciently written with *au*, as, *fault, mault*; and we still say, *fault, vault*. This was probably the Saxon sound, for it is yet retained in the northern dialects, and in the rustick pronunciation; as, *maun* for *man*, *haund* for *hand*⁶.

The short *a* approaches to the *a* open, as *grass*.⁷

The long *a*, if prolonged by *e* at the end of the word, is always slender, as *graze, fame*.⁸

A forms a diphthong only with *i* or *y*, and *u* or *w*. *Ai* or *ay*, as in *plain, wain, gay, clay*, has only the sound of the long and slender *a*, and differs not in the pronunciation from *plane, wane*.⁹

Au or *aw* has the sound of the German *a*, as, *raw, naughty*.¹⁰

1. These categories seem to refer to quality, 'short' and 'long' (further down) to quantity.
2. In all these words the vowel would be /e:/ at this time (on this, and all the following, see Barber, 1976, pp. 292ff.).
3. Presumably = /ɛ/.
4. This would appear to be a lengthened form /æ:/, /a:/ or /a:/ in *father, rather, glass*, but short /æ/ in *congratulate* and *fancy* (for lengthening before /f, s, θ/, see Dobson II.50, Wyld (1927), para. 219, (1936), pp. 203–4).
5. = /ɔ:/.
6. *au* (/ɔ:/) in these words is of Fr. origin! The dialectal, or 'rustick', pronunciation with *au* is obscure, unless west Midland /ɔ/ before a nasal is meant.
7. *Grass* at this time would have the same vowel as *glass* (note 4, above).
8. As note 2.
9. Ibid. M.E. *ā* and *ai* fell together in /e:/, Pr.E. /ei/.
10. = /ɔ:/ (but ?? 'German *a*').

思うに上記の脚注は、ジョンソンの意図を読み解いたり、これを理解可能な現代の音声学用語に翻訳したりするには、かなりの工夫が必要なことを示していよう。

ジョンソンは形態論（"語源"）を伴うより堅固な基盤に立脚することにより、われわれを冠詞、名詞、動詞、その他へと、簡潔かつ徹底的に導いている。彼

が例証に採用しているのは，疑いもなく彼が"最良の作家"と考えたであろう人びと（ミルトン，ポープ，その他）からである。

名詞に関して (p. 35) は——

The plural is formed by adding -s, as *table, tables*; *fly, flies*; *sister, sisters*; *wood, woods*; or *es* where *s* could not otherwise be sounded, as after *ch, s, sh, x, z*; after *c* sounded like *s*, and *g* like *j*; the mute *e* is vocal before *s*, as *lance, lances*; *outrage, outrages*.

The formation of the plural and genitive singular is the same.

A few words yet make the plural in *n*, as, *men, women, oxen, swine*, and more anciently *eyen* and *shoon*. This formation is that which generally prevails in the Teutonick dialects.[1]

Words that end in *f* commonly form their plural by *ves*, as, *loaf, loaves*; *calf, calves*.

Except a few, *muff, muffs*; *chief, chiefs*. So *hoof, roof, proof, relief, mischief, puff, cuff, dwarf, handkerchief, grief*.[2]

Irregular plurals are *teeth* from *tooth*, *lice* from *louse*, *mice* from *mouse*, *geese* from *goose*, *feet* from *foot*,[3] *dice* from *die*, *pence* from *penny*,[4] *brethren* from *brother*, *children* from *child*.

1. Johnson has confused his categories here: historically, only *oxen, eyen* and *shoon* have the old -(e)n 'weak' ending, and should be joined here by *children* and *brethren*. *Men* and *women* are 'mutation' plurals, like *goose, geese, mouse, mice*, the *-n* here being purely incidental.
2. Some of these now have pls. in *-ves*.
3. All these are 'mutation' pls., derived from a change of vowel in Old English (e.g. O.E. *tēþ*, sg. *tōþ*; *lȳs*, sg. *lūs*).
4. These two are correctly derived, but historically do not belong to this category.

3．ロバート・ロウス『英文法略述』（*A Short Introduction to English Grammar*, 1762, 新版 1769）

「規範文法の父として，彼〔ロウス〕は正しさの所説のもっとも有力な主唱者になった」という，ロウスに関してのA・C・パトリッジの評価（p. 191）は，20世紀にとっては有罪証明のように響く。20世紀は規範主義をずっと前から放棄してきたし，しかも"正しさ"に関してもそれほど熱心ではなかった

からだ。ロウスによれば,「正しく自己表現する」ことをわれわれに教える「平明な方法」は, 例証を示したうえで規則を決めるというやり方である。彼は"正"と"誤"の観点から書いているのだ。ロウスの文法は20世紀に書かれた英語の基礎教育のための教科書では, おそらくもっとも有力でかつもっとも広く用いられたものであろう。これは1763年から1840年にかけて出版された数多くのほかの文法書の根底になったし, ウェブスター以前にはほかの文法書が持ち得なかった, 比類のない権威を公言することができたのである。

ロウスは発音を扱ってはいないが, 彼の"形態論"では, いくぶんかジョンソンに負うているように思われる。たとえば, 名詞の pl. についての彼の論述 (pp. 23-24) を見ることにしよう。

> In English, the Substantive Singular is made Plural, for the most part, by adding to it *s*; or *es*, where it is necessary for the pronunciation: as, *king, kings*; *fox, foxes*; *leaf, leaves*; in which last, and many others, *f* is also changed into *v*, for the sake of an easier pronunciation, and more agreeable sound. Some few Plurals end in en: as, *oxen, chicken*,[1] *children, brethren*; and *men, women*, by changing the *a* of the Singular into *e*.★ This form we have retained from the Teutonic;[2] as likewise the introduction of the *e* in the former syllables of two of the last instances; *weomen*, (for so we pronounce it)[3] *brethren*, from *woman, brother*: something like which may be noted in some other forms of Plurals; as, *mouse, mice*; *louse, lice*; *tooth, teeth*; *foot, feet*; *goose, geese*.†
>
> [ロウスの脚注]
> ★ And antiently, *eyen, shoen, housen, hosen*; so likewise antiently *sowen, cowen*, now always pronounced and written *swine, kine*.[4]
> † These are directly from the Saxon: *mus, mys*; *lus, lys*; *toth, teth*; *fot, fet*; *gos, ges*.[5]

1. This is the old form of the pl. < O.E. *cicenu*, M.E. *chickene*, etc. See note 1 on p. 128, above.
2. Cf. Johnson, p. 158–9, above.
3. This is, of course, nonsense: *women* was pronounced in 1762, as now, 'wimmen'.
4. *Housen* is a genuine old form, still surviving in dialect. An

enormous number of such 'weak' pls. were current earlier in dialect: *EDG*, para. 379, records about thirty different nouns with an -(e)n ending.
5. Lowth's knowledge of the history of English is superior to Johnson's. He refers here to the pl. 'mutated' forms in Old English; the mutation can be seen in *brethrcn* (O.E. *brōpor*, original pl. *brēper*), though not in *women* (O.E. *wīfman*, pl. *wīfmen*).

「所有ないし所属の関係」に関しては，ロウスはこう言っている。

This case answers to the Genitive Case in Latin,¹ and may still be so called; tho' perhaps more properly the Possessive Case. Thus, '*God's* grace:' which may also be expressed by the Preposition; as, 'the grace *of God.*' It was formerly written *Godis* grace: we now very improperly always shorten it with an Apostrophe,² even tho' we are obliged to pronounce it fully; as, '*Thomas's* book:' that is, '*Thomasis* book,' not '*Thomas his* book,' as it is commonly supposed.★

〔ロウスの脚注〕

★ '*Christ his* sake,' in our Liturgy, is a mistake, either of the Printers, or of the Compilers.³

1. The eighteenth-century grammarians were still addicted to the notion of Latin as The Model for English grammar.
2. This was an innovation of the late seventeenth century.
3. Not a mistake; the use of *his* in possessive constructions arose as early as the O.E. period, but was strengthened by the confusion of *his* with inflexional *-is* in late medieval English, e.g. *Godd-is*, *moder-is*, *chirch-is*, and continued up to the nineteenth century.

歴史上の不正確さがいくつかあるにもかかわらず，ロウスは絶え間なく英文法の構造に立ち入ることにより，明白で整然とした一つの見解を呈示している。彼の権威は尊重されて当然だったのである。

6.4 英語の語彙へのさらなる発掘――辞書およびその補助物

目録作り，記述，および"改良"へと18世紀がとりつかれた結果の一つは，発音および文法に関する著作過多だったのだが，これらは今日では言語史家に

とっては，たいそう有用なものとなっている。これと合致して，さまざまな辞書作りも続けられた（この時期を辞書編集法の黄金時代と呼んでもよいくらいなのである）のであり，そのピークに達したのが，ジョンソン博士の充実した仕事（1755年）だったのである。しかしながら，彼の先駆者たちは多かったのだ。'J. K.' (*A New English Dictionary*, 1702) のことは前章（5.8.5）でもすでに言及しておいたが，ジョンソンの辞典以前でもっとも流布していたのは疑いもなく，ネイサン・ベイリーの『一般英語語源辞典』(*Universal Etymological English Dictionary*, 1721–1727) であって，これは1802年までにさらに29版を数えた。ベイリーのこの著作はひどく野心的で複雑だったにもかかわらず，これの後を追って，ほかにも次つぎと現われた——辞典への熱狂は明らかに飽くことを知らなかった。そのうちでももっとも傑出していたのは，ベンジャミン・マーティンの『ブリタニア言語改革，別名，一般英語辞典』(*Lingua Britannica Reformata*, 別名 *A New Universal English Dictionary*, 1749) であり，これはベイリーの二つの辞典に大幅に依拠していたし，今や習慣になっていたことなのだが，「使用されているすべての語」を収録することを目的としていた。

　ジョンソンの目的は時代の要求と完全に一致していたのであって，それは「言語の発音を固定したり，この到達を容易にしたりするような辞典，その純正さを保持したり，その使用を確実にしたり，その持続を長らえさせたりするような辞典」を作ることだった。彼の例証的な引用は，「第一人者と評価された作家たち」（主にフィリップ・シドニー〔1554–1586〕や王政復古期（1660–1688）の人びと）から採られているだけなのだが，これからも十分に明らかになることは，ジョンソンがときどき方言——たとえば，*tole*（「これはやや粗野な地方語であるようだ」）'to train; to draw by degrees" や，*glaver* 'to flatter, to wheedle... It is still retained in Scotland... A low word' において——にへり下ってはいても，彼の関心が文学言語にあるということだ。しかしながら，廃語が「時代遅れになっていない作家たち」（たとえば，スペンサーが考えられる）「に見いだされ」るときとか，「それらが復活に値するかも知れぬ何らかの力とか美とかを有するとき」には，それらの語をジョンソンは収録しているのである。しかしもちろん，そういう廃語はたとえ St. E. では廃れていても，地方の方言では依然として通用していたのかも知れないし，またしばしば通用していたのだった。レイとソアズビー（5.8.5, 186頁参照）による

方言集成を一瞥すれば，ジョンソンの採録した項目の多くがすでにそこで特定の場所に限定された，一地方だけの項目として現われていたことが分かるのである。

　ジョンソンの業績にもかかわらず，18世紀後期には，辞書作りの流れが弱まることはなかった。ケンリック（1773年），アッシュ（1775年），シェリダン（1780，1789年）の辞書がその例である。今や「発音辞典」にも，良い発音を促進したり，ウェールズ，スコットランド，アイルランド出身者のような粗野な話し手たちから，その生まれつきの方言を取り除こうとしたりしようとして関心が高まった（たとえば，Sheridan 1780，Walker 1791）。

　最終的に1857/1858年には『オックスフォード英語辞典』（OED）と呼ばれることになるものが開始される前に，当時この分野で現われた（チャールズ・リチャードソンの四巻本（1835–1837年）が，これはほとんど重要でない。OEDが利用したのは，包括性，引用，史的原理において，以前の辞典編者たちのあらゆる経験や知恵だったし，これらが大いに改良されたのだった。現代では，この大著は英国の英語の語彙使用に関しての唯一の決定的権威となっているし，ほぼ間違いなく，世界最大の編典であって，24巻（と1933年および1972–1986年の補遺）のうちに，A. S. 時代から現代に至る英語語彙の全史を収めてある。つまるところ，英語語彙の歴史を"発掘"しようとするわれわれの企てにあっても，向かうべきはこの大著なのだし，そして，個々の語の歴史についての概略は必然的に骨格だけにならざるを得ないだろうが，それでも，それぞれの項目はわれわれを意味や用法のより深い探究へと導いてくれるのである。

　ここに手短に再検討した数々の辞書は，包括性に値する段階に到達していたのであり，これらによりわれわれは何らかの一時期に英語で存在した大量の仕事について理論上推測することが可能となるのだ。実践上では，これらはむしろ粗っぽい手引に過ぎない。なにしろもろもろの語を——いかなる根拠に基づくにせよ——一般的使用に不適なものとして広く引用したり，および/または決めつけたり，あるいは，それらを"口語体"，"低俗"，"田舎語"，等と指定したりしていることからして，われわれに或る項目の社会的・地域的な地位について十分に伝えてはいないし，だから，これの社会的・文学的・言語的背景を知るにはさらなる探究がなおも必要となるからである。

第6章　近代英語（現代まで）

Kirk (kəɪk, *Sc.* kėrk), *sb.* Forms: 3 (*Orm.*) kirrke, 3–7 kirke, 4–6 kyrke, 4–7 kyrk, (4 kirc, 6 kerke, 6–9 kurk), 4– kirk. [Northern form of CHURCH: cf. OE. *circe*, and ON. *kirkja*, Da. *kirke*, Sw. *kyrka*.]

1. The Northern English and Scotch form of the word CHURCH, in all its senses.

a. In Northern English: formerly used as far south as Norfolk; and still extending in dialect use to north-east Lincolnshire: see E. D. D. Frequent in proper names all over its original area.

c 1200 ORMIN 3533 Hallȝhedd inn hiss kirrke. *c* 1330 R. BRUNNE *Chron.* (1810) 92 Clerkes of holy kirke. *a* 1340 HAMPOLE *Psalter* Prol., Þis boke..is mast oysed in halykyrke seruys. *c* 1400 *Melayne* 29 In kirkes and abbayes that there were. *c* 1450 *Mirour Saluacioun* 1422 After the trewe kyrkes vsage. *c* 1550 CHEKE *Matt.* xvi. 18 *note*, Yis word church..commeth of yᵉ greek κυριακόν..as ye north doth yet moor truli sound it, yᵉ kurk, and we moor corruptli and frenchlike, yᵉ church. 1579 SPENSER *Sheph. Cal.* July 97 To Kerke the narre, from God more farre, Has bene an oldsayd sawe. *a* 1656 USSHER *Power Princes* II. (1683) 234 That place which..all men did call a Kirk. 1674–91 RAY *N. C. Words* 41 *Kyrk*, κυριακόν. 1785 HUTTON *Bran New Wark* (Westmld.) 14 Be serious and devout, net come to kirk with a moon belief. 1802 in Anderson *Cumbld. Ball.* 24 Helter skelter frae the kurk. 1828 *Craven Dial.* s.v., He's as poor as a kirk mouse. 1877 *Holderness Gloss., Kirk*, a church. Not much used. That at Owthorne on the coast is called the 'Sister Kirk'.

b. Used in literary Sc. till 17th c., and still retained in vernacular use in the general sense of 'church'.

1375 BARBOUR *Bruce* II. 71 Quhen he..In-till the kyrk Schyr Ihone haid slayn. *c* 1475 *Rauf Coilȝear* 574 The hie Mes was done, The King with mony cumly out of the Kirk is gane. 1567 *Gude & Godlie B.* (S. T. S.) 11 We trow the kirk Catholik be ane Faithfull Christin cumpanie. 1643 *Petit. Ass. Kirk Scot.* in Clarendon *Hist. Reb.* VI. § 340 The Kirk of England (which We ought to tender as our own Bowels). 1648 in *Rec. Kirk of Scot.* (1838) I. 507 All the corruptions that have been formerly in the Kirks of God in these Lands [England and Scotland]. *a* 1649 DRUMM. OF HAWTH. *Poems* Wks. (1711) 49 The Scottish kirk the English church do name; The English church the Scots a kirk do call. *a* 1653 BINNING *Serm.* (1743) 607 Unless their prayers do it, or their keeping the Kirk. *a* 1704 T. BROWN *Cupid turn'd Tinker* Wks. 1730 I. 112 At play-house and kirk Where he slily did lurk. 1786 BURNS *Twa Dogs* 19 At kirk or market, mill or smiddie. 1894 'IAN MACLAREN' *Bonnie Brier Bush, Lachlan Campbell* iii. 145 Away on the right the Parish Kirk peeped out from a clump of trees.

c. In official use, the name 'Kirk of Scotland' gave place to 'Church of Scotland' at the date of the Westminster Assembly: see quots. 1645, 1648. But (**d**) in subsequent English (as opposed to Scottish) usage, the term 'kirk' has often been opposed to 'church' to distinguish the Church of Scotland from the Church of England, or from the Episcopal Church in Scotland. So *Free Kirk* for the Free Church of Scotland.

c. 1560 (*title*) The Booke of the Universall Kirk of Scotland. 1637–50 Row *Hist. Kirk* (1842) 3 Instructed..in the exact knowledge of the Estate of this Kirk of Scotland. 1645 in *Rec. Kirk of Scot.* (1838) I. 437/1 Subscribed in name of the General Assembly of the Kirk of Scotland, by the Moderator of the Assembly. [1648 *Ibid.* I. 506 (*title*) A Declaration and Exhortation of the General Assembly of the Church of Scotland, to their Brethren of England. 1691 (*title*) The principal Acts of the General Assembly of the Church of Scotland conveened at Edinburgh the 16th day of October, 1690.]

d. *a* 1674 CLARENDON *Hist. Reb.* XII. § 121 Nor did she [the queen] prefer the glory of the church of England before the sordidness of the kirk of Scotland. 1708 SWIFT *Sacram. Test* Wks. 1755 II. I. 135 To swear .. as they do now in Scotland, to be true to the kirk. 1791 HAMPSON *Mem. Wesley* II. 19 A member of the kirk. 1831 MACAULAY *Ess., Hampden* (1887) 219 This government..called a general assembly of the Kirk. 1850 WHIPPLE *Ess. & Rev.* (ed. 3) I. 213 Examples which tell against kirk as well as against church. 1854 KINGSLEY *Let.* 22 Feb. in *Life* xii. (1879) I. 321 Erskine and others think [the lectures] will do much good, but will infuriate the Free Kirk.

2. Sometimes affected to render Du. *kerk*, LG. *kerke*, or Ger. *kirche*.

1673 RAY *Journ. Low C.* 25 Here [Delft] are two large Churches, the one called the old, the other the new Kirk. 1851 LONGF. *Gold Leg.* II. *Village Ch.* 69, I may to you kirk go, To read upon yon sweet book.

3. *Phr.* (*Sc. colloq.*) *To make a kirk and a mill of*: to put to any use one pleases, to do what one will with. But Kelly gives what may have been the earlier meaning.

1721 KELLY *Sc. Prov.* 252 Make a Kirk and a Mill of it, that is, make your best of it: It does not answer to the English, 'Make a Hog or a Dog of it': For that means, bring it either to one use, or another. 1822 GALT *Entail* I. xviii. 147 The property is my own conquesting..and surely I may make a kirk and a mill o't an I like. 1887 MRS. ALEXANDER *Mona's Choice* II. vii. 173, I doubt but the man I let the land to is just making a kirk and a mill of it.

4. *attrib.* and *Comb.* (see also, in many cases, corresponding combinations of CHURCH): as *kirk act, bell, door, -goer, government, preacher, rent, steeple, stile, vassal, writer*; **kirk-greedy, kirk-like** adjs.; **kirk-assembly,** Assembly of the Church of Scotland; **kirk-burial,** burial within a church; **kirk-fast,** a fast ordained by the Church; †**kirk-feuar** *Sc.* = *church-feuar* (CHURCH *sb.* 18); **kirk-gate,** the high-way or street leading to a church; **kirk-keeper** *Sc.*, a constant attendant at the kirk; †**kirk-lair** *Sc.*, 'a lair or burial place within a church, the right of burial within a church' (Jam. *Suppl.*); †**kirk-loom,** church machine or utensil; **kirk-shire** (see quot.); **kirk-skail, -skailing** *Sc.*, the dispersion of the congregation after divine service; **kirk-work** *Sc.* = CHURCH-WORK a.; **kirk-wynd,** the lane leading to a church. Also KIRK-ALE, -GARTH, -YARD, etc.

1605 BIRNIE *Kirk-Buriall* xix, The *Kirk acts against *Kirk-buriall. 1752 CARTE *Hist. Eng.* III. 425 Going..to the *Kirk-assembly at Edenburgh. 1830 GALT *Lawrie T.* VI. ii. (1899) 257 To hear the far-off *kirk-bell ringing. 1814 SCOTT *Wav.* xxx, He would drive a nail for no man on the Sabbath or *kirk-fast. 1820 — *Monast.* xvii, The son of a *kirk-feuar is not the stuff that lords and knights are made of. 1643 *Declar. Commons (Reb. Ireland)* 56 Desires for establishing Unity of Religion, and Uniformity of *Kirk-government. 1882 J. WALKER *Jaunt to Auld Reekie*, etc. 42 He neir was godly nor *kirk greedy. 1815 SCOTT *Guy M.* xi, A constant *kirk-keeper she is. 1606 BIRNIE *Kirk-Buriall* xix, Secluding all from the *Kirk-laire. *c* 1450 HOLLAND *Howlat* 82 The plesant Pacok...Constant and *kirklyk vnder his cler cape, Myterit, as the maner is. 1819 W. TENNANT *Papistry Storm'd* (1827) 201 The mickle pu pit;..was the Cardinal's ain *kirk-loom, He brocht it in a ship frae Rome. 1844 LINGARD *Anglo-Sax. Ch.* (1858) I. iv. 144 *note*, These districts adjoined to priests were called priestshires, thirdshires, or *kirkshires. 1843 BETHUNE *Sc. Fireside Stor.* 283 Hame again At *kirk-skail time she came. 1819 LOCKHART *Peter's Lett.* lxxiii. III. 265 When the service is over..(for which moment the Scotch have, in their language, an appropriate and picturesque term, the *kirk-skailing). 1826 J. WILSON *Noct. Ambr.* Wks. 1855 II. 312 The cock on a *kirk-steeple. 1552 LYNDESAY *Monarche* 4729 Thay bauld the Corps at the *kirk style. 1820 SCOTT *Monast.* iii, To hear ye come when the Lady of Avenel to seeking quarters wi' a *kirk-vassal's widow! 1430 in *14th Rep. Hist. MSS. Comm.* App. III. 21 [A penalty of £20 Scots to be paid to the] *kirkwerk [of Glasgow]. 1467 [see CHURCH-WORK]. 1680 G. HICKES *Spirit of Popery* Pref. i, Citing out of the *Kirk-Writers their Papal, ..Schismatical and Rebellious Principles. 1888 BARRIE *When a Man's single* i, A kitchen in the *kirk-wynd of Thrums.

214

このことを例証するために，余論のようなものとして，OED が（今では古めかしくて方言的となっている）語 kirk 'church' をどのように扱っているかを見るとしよう。私が kirk を選んだわけは，特にルネサンス期およびそれ以後の時期においては，これの歴史が格別に興味深いものであり，数百年間そうだったように，古語/詩語と方言/"俗語" との間で釣り合いを保ってきたからである。

Kirk

O. E. の ċyriċe（究極的には＜ギリシャ語 κυριακόν 'Lord's house' より）は，古代ノルウェー語の借用語，つまり kirkja である。これは kirke, 等として北部中英語の中に直接引き取られたか，もしくは M. E. の c /tʃ/ 形が，/k/ をもつノルウェー語の形に影響されたか，のいずれかだった。これは 1950 年代まで北部方言において（やや限られた地域を超えてはいるが——3.10 の地図 8（98 頁を参照）残存した。スコットランドではこれはずっと前から，聖公会に対立した長老教会〔カルバン主義に基づくプロテスタントの一派〕によって用いられるようになっていた。

われわれが手にした資料の豊富さをだいたい分かってもらうために，私は OED の当該の個所を 214 頁に添付してある（その後に続く複合語（例：kirk-ale, kirk-garth）は省いたけれども）。

6.5 "少数派"英語——方言舞台をもう一度

本節では，私は前章におけるのと多かれ少なかれ同じパターンに従っているが，ただし地方の記録は現代ではわれわれに告げることがはるかに少ないので（例外はあるが），これらを考察するのは無用である。

6.5.1 作家たちの初期の考察，およびその後の展開

これらの考察のタイプはいろいろである。ダニエル・デフォーのような非-職業的な移動考察者たちの（1724-1727 年における）手当たり次第の観察もここに含まれる。彼はノーサンブリアの「ごーごーいう音」（burr）——彼の言い方では 'wharle'——，つまり，喉の奥でつくられる /r/ 音（「喉の中でうつろにぎーぎー言わせなくては発音できない」）について初めてコメントした。

他方，より"職業的な"タイプのさまざまな陳述，たとえば，上述したトーマス・シェリダン（1780年）やジョン・ウォーカー（1791年）のそれもここに含まれる。1762年には，前者は『発声法講義』(Lectures on Elocution) なる講義録を編集したが，それ（第2章）はわれわれに，"田舎風の発音"の"悪癖"のようなものを告げている。明らかに，われわれはクートの「あなたたち田舎者の粗野な話し方」や，ダニエルの「民衆の発音における彼らの粗野な慣習」から遠くへと移動してはいないことになる。彼はこう言う。

Nay, in the very metropolis two different modes of pronunciation prevail, by which the inhabitants of one part of the town are distinguished from those of the other. One is current in the city, and is called the Cockney; the other at the court-end and is called the polite pronunciation.

宮廷の流行は必ず勝利するもの，と彼は確信しているのだ。

All other dialects are sure marks, either of a provincial, rustic, pedantic, or mechanic education; and therefore have some degree of disgrace annexed to them.

彼はさらに，アイルランド英語やロンドン訛りのいくつかの"欠陥"を例示している。しかし，（より意味深いことに）いくつかの田舎臭い発音が——彼の告げるところによると——明らかにさまざまな州の地方の紳士階級や教養人士たちの間で依然として優勢だったのだし，この主題に関しては，約170年前になされたパトンハムの指摘（175頁参照）と比較すればと興味深いであろう。

20年ばかり後（1780年），"良い"発音を促進したくてシェリダンはその『辞典』の中に，「アイルランド生まれの人びとが正しい英語の発音をなし遂げるために守るべき規則」なるものをもったいぶって備えつけ，また，スコットランド人やウェールズ人が「地方の方言を免れる」ことが可能になるための有益なヒントや，サマセットシャーにおける語頭音 /f/ および /s/ の有声音化に関しての結びの一節をも収録した。同じような指導細目として，ウォーカーは「ロンドン人たち（つまり，コクニーたち）の」四つの「欠陥」を加えている。

英語方言の体系的研究をその始まりから，英国方言協会の創設（1873年）や，ジョゼフ・ライトによる『英語方言辞典』や『英語方言文法』（1898-1905）の編纂，A-J・エリスの記念碑的な『初期英語の発音について』（*EEP*, 1889）を経て，20世紀の『英語方言調査』の頂点に至るまで，詳細に追跡するには及ばない。そういう基本的な著作や，多かれ少なかれ同時期に産みだされた個別方言に関するさまざまな著述は，過去100年の非-標準英語への不可欠な手引書となっている。史的原理に自分たちの方法をしっかりと基礎づけたり，19，20世紀の方言の音声をあったがままに記述したりして，彼らはM. E. の音声をその最終結果にまで丹念に追跡したのだが，彼らの関心はただ"純粋な"（つまり，伝統的，歴史的）発音にあったのであり，"非-純粋な"形を別の方言——特にSt. E.——からの押しつけと見なしたのだった。こういう取り扱いが，話し方における都会の社会的区別が主たる関心事になっている，現代の世代の方言学者たちにはいかに"旧式"に見えようとも，それらの取り扱いは現代のすべての方言研究が不可避的に受け継がざるを得ない，本質的な背景となっているのである。

6.5.2　文学的方言と，舞台上の方言

　前章でわれわれが追跡したのは，こういう現象や方言文学における現象のもっとも初期なのである。ここで考察される時代には，両方ともが大量に開花するのである。作品に方言を用いたすべての作家を列挙するスペースはないが，もっとも傑出した人びとを選べば，（後でより詳しく扱われる人びとは言うに及ばず）ジョン・クレア（1793-1864；ノーサンプトンシャー州），エリザベス・ギャスケル（1810-1865; Lancs），チャールズ・ディケンズ（1812-1870, Yks, Lancs, イースト・アングリア），エミリー・ブロンテ（1818-1848；ノース・ヨークシャー州），ジョージ・エリオット（1819-1880；ウォリックシャー州），トーマス・ハーディ（1840-1928；"ウェセックス"〔ドーセット地方〕），ラドヤード・キプリング（1865-1936；『兵営のうた』（*Barrack-Room Ballads*, 1892）におけるロンドン下町訛り），アーノルド・ベネット（1867-1931；スタッフォードシャー州北部の製陶地帯），そしてより最近では，北部/北ミッドランドの作家フィリス・ベントリーとJ・B・プリーストリーがいる。

　本節でも，最前と同様に，"文学的方言"と"方言文学"とを別個に考察す

第6章　近代英語（現代まで）　217

ることとし，やはり舞台から始めよう。

　民衆劇の分野では，『リッチモンドでの王と王妃の娯楽』(*The King and Queenes Entertainement at Richmond*, 1636) に見られるような "仮面" の伝統が，『親切な夫と横柄な妻，またはイングランド西部地方の呉服商』(*The Obliging Husband and Imperious Wife or, The West Country Clothier*, 1717) のような作品でも続いており，後者では，方言要素は，デヴォン州の方言まるだしの話し方をする呉服商の "夫"，"オーネスト・ハンフリー" によって供されている。この芝居では，オーネスト・ハンフリーは女性たちおよび結婚についての自らの見解をこう表現している。

> 1　Why then, Meister, you mun¹ know that my Meister Hawkins was zike² another young Man then, as you be now; he had good Means to live on, and wanted vor nought; but as it shou'd zeem, he was troubled with a rumbling in his Codpice,
> 5　as me hap³ you may be, Meister, and he'd'n have a Wife; not only to lay the Surrection,⁴ che think they call it, o' the bottom of his Belly, but to make'n a good Husband, that he might'n prevent idle Expences, and get a good Vortune beside.

¹must ²such ³mayhap (i.e. perhaps) ⁴i.e. erection

　主な特徴は慣習的である。つまり，語頭音 /f, s, ʃ/ は有声音化されている——例: *vor*（3），*vortune*（8），*zike*（2），*zeem*（4）; *che* 'I'（6）やそのほかいくつかの南西部の周知の単語や形——*meister* 'master'（1; Pr. E. の方言でも，/meːstər/ は今なお広く行きわたっている）; *you be*（2）; *nought*（3）; *he'd*（5），*make*（7），*might*（8），等に付け加えられた *'n* ははっきりしないが，おそらく，18世紀のデヴォン州の話し方の一特徴だったのだろう。*Surrection* 'erection' は故意の誤用語法である。若干の語は北部起源であるように見える。たとえば，*zike*（2）('such' の北部形) は，メリトンの『対話』2 行目（既出，181頁参照; 後で出てくる *himsen* も北部およびミッドランドの形である）でも生起している。しかし，南西部方言における北部の形のこのような混合は，まったく知られていない。

　第二の見本ははるか後のものである——ただし，18世紀初期と19世紀中葉との期間は，舞台の方言にほとんど熱意を見せていない。言語の社会的脈格か

ら，言語へ深い関心を寄せた一作家の手になるだけに，この見本は初期のロンドン訛りについて何か——少なくとも舞台で上演されたもの——をわれわれに信頼できる程度に告げることができるのである。バーナード・ショー（1856-1950）の『船長ブラスバウンドの転向』（*Captain Brassbound's Conversion*, 1899）におけるドリン・クウォーター氏の話の一つから採られている。

1 Bless your awt,[1] y' cawnt be a pawrit[2] naradys.[3] Waw,[4]
  the aw[5] seas is wuss pleest[6] nor Piccadilly Suckuss.[7]
  If aw was to do orn[8] thet there Hetlentic Howcean the
  things aw did as a bwoy in the Worterleoo Road, awd ev
5 maw[9] air cat[10] afore aw could turn maw ed. Pawrit be
  blaowed! Awskink yr pawdin, gavner.

[1]heart [2]pirate [3]nowadays [4]Why! [5]high [6]policed [7]Circus [8]on [9]my [10]cut

ショーは以前の劇作家に比べて，自らの音声体系をやや詳しく示している。つまり，aw＝/ɔ:/（容認発音 /a:/）——*awt*（1），*cawnt*（1），*awskink*（6），*pawdin*（6），（容認発音 /ai/）——*pawrit*（1, 5），*waw*（1），*aw*（'high', 'I', 2, 3），等（すなわち，容認発音 /a:/ および /ai/ に匹敵する音声は明らかにこの方言では合体してしまっている）；容認発音 /əu/——*Howcean*（3）；ただし *y* または *i* ＝/ai/（容認発音 /ei/）——*naradys*（1），等；*a*＝/a/（容認発音 /ʌ/）——*cat*（5），*gavner*（6）；*e*＝/ɛ/（容認発音 /a/）——*ev*（4），*thet*（3），等；*aow*＝/æu/（容認発音 /əu/）——*blaowed*（6）。このように，ショーがこの短い抜萃においてさえ示しているのは，六個以上の母音や二重母音に相当するロンドン訛りなのであり，これらにわれわれとしては，*bwoy*（4；/b/ の後に /w/ が付いている），*Awskink*（6；"余剰音" /k/ が付いている），*naradys*（1；/w/ の代わりに /r/ となっている）；また方言的な *nor* 'than'（2），といった項目をも付け加えることができよう。

文学的方言の他の形に戻るとして，以下においては，著名な多くの作家のうちから，四名を例示しておく。

1. ロバート・バーンズ（1759-1796），「シャンタルのタム」
   ('Tam o'Shanter', 1790）

第6章 近代英語（現代まで） 219

1   But to our tale, Ae¹ market night,
    Tam had got planted² unco³ right,
    Fast by an ingle,⁴ bleezing⁵ finely,
    Wi' reaming⁶ swats,⁷ that drank divinely;
5   And at his elbow, Souter Johnny,
    His ancient, trusty, drouthie⁸ crony;
    Tam lo'ed him like a very brither;⁹
    They had been fou¹⁰ for weeks thegither.
    The night drave on wi' sangs and clatter,
10 And aye the ale was growing better.

¹one ²(i.e. firmly in their seats) ³'just (right)'; *unco* short for *uncommonly*) ⁴(a fireside nook) ⁵blazing ⁶creamy ⁷new ale ⁸thirsty ⁹brother ¹⁰drunk

〔参考訳〕
だが私たちの話に帰り，或る市(いち)の晩のこと，
タムはどっかりと腰を据えていた，
真赤に燃えている炉床のすぐわきに，
とても素晴らしい味のした泡立ち溢れる新しいエイルを手にして。
そして彼の肘のところには靴直しのジョニー，
彼の昔からの，信用のおける，飲み助の親友。
タムは彼を本当の兄弟のように愛していた。
彼らは幾週間もぶっ続けに酔っぱらっていた。
夜は歌たちと騒々しいおしゃべりとで更けていった，
そしてエイルはいよいよますますうまくなった。
    (中村為治訳『バンズ全訳詩集』第一部，「シャンタルのタム」，角川書店，1959年，24頁)

ここで興味深いのは語彙——*unco*（2），*reaming*（4），*drouthie*（6），等——であるが，バーンズは方言の音声についていくらか分からせようとしている。たとえば，/i/——*brither*（7），*sangs*（9；/ŋ/ の前に北部の典型的な /a/ がきている）——や，さらに重要なのは，*drave*（9）における *a* であって，これは O. E. の ā (O. E. *drāf*) が M. E. の *a* へと保持され続け，最終的に > /eː/ になった——このことはここでは疑いの余地がない（この詩の

ほかの個所では, *stane* 'stone', *hale* 'whole', 等が存在する)——ことである; *bleeze* は 'blaze' のスコットランドおよび北部の一つの形である。

2. アルフレッド・テニスン (1809-1892)「北部の靴直し」('The Northern Cobbler', 1879-1880)

テニスンはこの詩のほかにも, 1864年の「北部の農夫, 旧式」('Northern Farmer, Old Style') に始まり, 1892年の死に至るまでにさらに五編を加えて, いくつかのLincs方言の詩作品を書いている。彼は生涯の初めの28年間をすべて南Lincsの高原の上の小村サマーズビーの近くで過ごしたのであり, これらの詩作品の方言はどうやら, 19世紀初期のそこの地域のものであることを意図しているらしい。靴直しが自分の初期の飲酒癖についてこう語っている。

1　Meä an' thy sister was married, when wer it ? back-end o' June,
　　Ten years sin', and wa 'greed as well as a fiddle i' tune:
　　I could fettle and clump[1] owd booöts and shoes wi' the best
　　　　　　　　　　　　　　　　　　　　　　　　　　on 'em all,
　　As fer as fro' Thursby thurn[2] hup to Harmsby and Hutterby Hall.
5　We was busy as beeäs i' the bloom an' as 'appy as 'art could think,
　　An' then the babby wur burn, and then I taäkes to the drink.
　　　　　　　　　　. . . . .
　　An' Sally she weshed foälks' cloäths to keep the wolf fro' the dour,
　　Eh, but the moor she riled[3] me, she druv me to drink the moor,
　　Fur I fun',[4] when 'er back wur turned, wheer Sally's owd stockin' wur 'id,
10　An' I grabbed the munny she maäde, and I weäred[5] it o' liquor, I did.

[1]mend and sole　[2]thorn　[3]angered　[4]found　[5]spent

テニスンは巧妙に説明体(ディアレシス)を用いて, M. E. の音声から発達したLincsの二重母音を表現しようとした（次のバーンズを参照）。すなわち, *eä*（=/iə/）——'me'（1）, 'bees'（5；両方とも M. E. *ẹ̄* を含む）——*aä*（=/εə/）'takes'（6）, 'made'（10; M. E. *ā* および——'weäred'（10）, M. E. *ę̄*); *ooö* 'boots'（3; M. E. *ǭ*) においては明らかに /u:/ のはなはだ長い形である; *oä*（おそら

くは=/oə/）——'folks'（7）, 'clothes'（7 ; M. E. ǭ）。以上はここに見られる彼の用法でもっとも重要なものだが，彼はまた，Lincs の"特別な"発音を一，二示唆してもいる——sin'（2）, thurn（4）, burn（6 ; /ur/ の容認発音は /ɔː/）, weshed（7）, moor（8）, fun'（9）。以上のものや，若干数の短縮形，k の正しくない使用，等は，そっくり，北部の田舎の話し方の印象を与えることを意図している。Thy（1）は今日でも方言として用いられ続けている。

3．ウィリアム・バーンズ（1801-1886）「鉱柱の穴」（'The Pillar'd Geate'）
[Poems of Rural Life in the Dorset Dialect, 1879 より]

次例ももうひとりの詩人からのものである。彼は文献学を益する限りでは，テニスンやハーディと同じく，地方の方言の音声を伝えようといくらか骨折ったのだが，それをどの程度まで詳しく呈示できるかに関しては若干疑念に出くわしたのだった。当初，自らの方言詩においてさまざまな綴り方を試みたのだが，『くつろいだ詩』（Hwomely Rhymes, 1859）では，二番目の，簡素化された体系が完全に用いられた。彼は19歳のときから多作な作家だったし，またドーセット州の方言について二つの文法書を著しもした（1863, 1886年）ほか，エリスの EEP（1889）に情報を供した。

 1 As I come by, zome years agoo,
   A-burnt below a sky o' blue,
   'Ithin the pillar'd geäte there zung
   A vaïce a-sounden sweet an' young,
 5 That meäde me veel awile to zwim
   In weäves of jaÿ to hear its hymn;
   Vor all the Zinger, angel-bright,
   Wer then a-hidden vrom my zight,
    An' I wer then too low
 10 To seek a meäte to match my steäte
   'Ithin the lofty-pillar'd geäte,
   Wi' stwonen balls upon the walls:
    On, no ! my heart, no, no.

ほとんどの特徴は音声にかかわっている。つまり，/f/ および /s/ の有声音化（*veel*（5），*vrom*（8），*zome*（1），*zinger*（7），等）; *eä*（?＝/iɛ/: *geäte*（3），*meäde*（5），*steäte*（10），等）; *aï* および *aÿ*（?＝/ai/: *vaïce*（4），*jaÿ*（6）——これらはまた，/ɔi/ における第一要素の母音が唇を丸めないで発音されることを示している）; *oo*（＝/u:/: *agoo*（1））; *'ithin* 'within'（3）における /w/ の消失——ただし *stwonen* 'stone' (adj., 12) においてはわたり音 /w/ が現われている。いくつかの文法特徴も見られる——a-＋p. p.: *a-burnt*（2），*a-hidden*（8），*a-sounden*（4）。

バーンズの約 500 語のストックには取り立てて方言語彙は現われていない。

4. D・H・ローレンス『チャタレイ夫人の恋人』(*Lady Chatterley's Lover*, 1928)

最後に，方言で書かれたより最近の一節を採り上げることにする。D・H・ローレンスの小説はコンスタンス・チャタレイ夫人と夫の猟場番人メラーズとの情事を中心としている。メラーズはインドで陸軍中尉をしていたのだけれども，コンスタンスも言うように，好きなときには，「丸出しのダービーシャー訛り」で喋っている。方言による，方言をめぐっての箇所は，20 世紀における方言話者たちの今なお特徴的な"二方言併用"(bi-dialectalism) を反映している点で，特に興味深い。このエピソードはコンスタンスとメラーズとの関係の初期に現われている。

メラーズはズボンのポケットから小屋の鍵を取り出して言う。

1   'Appen[1] yer'd better 'ave this key, an' Ah[2] mun[3] fend[4] for t'bods[5] some other road.'[6]
    She looked at him.
    'What do you mean ?' she asked.
5   'I mean as 'appen Ah can find anuther pleece[7] as'll du for rearin' th' pheasants. If yer want to be 'ere,

you'll no[8] want me messin' abaht a' th' time.'[9]
   She looked at him, getting his meaning through
the fog of the dialect.
10 'Why don't you speak ordinary English?' she said coldly.
   'Me! Ah thowt[10] it *wor*[11] ordinary.'

[1]happen (= 'perhaps') [2]I [3]must [4]make provision [5]the birds [6]may [7]place [8]not [9]all the time [10]thought [11]were (i.e. was)

〔参考訳〕
「この鍵はあなたがお持ちになっていらしたほうがいいと思います。わたしはべつになんとかいたしましょう」
彼女は彼の方を見た。
「どうなさるつもりですの？」と彼女が訊いた。
「雉の飼育に適当した場所をほかに捜そうと思っているんです。ここへお出になるときにわたしがそばでうろうろ働いているのはお目ざわりだと思いますから」
彼女は彼を見ながら、強い訛りで発音されたこの言葉の意味を捕捉しようと骨を折っていた。
「なぜあなたはあたりまえの英語でお話しにならないのですの？」と彼女は冷たくいった。
「これがあたりまえの言葉だと思うのですが」
   (伊藤整訳『チャタレイ夫人の恋人』、「世界文学全集」第49巻、河出書房新社、1974年、98頁)

ローレンスはダービーシャー方言の効果を音声、文法、語彙において伝えようと明らかに努めている。たとえば、音韻面を見ると、*the* の縮約形 (*bods* (2) の前の *t'* や、*pheasants* (6)、*time* (7) の前の *th'*); 容認発音 /ə:/ に代わる /ɔ/——*bods* (2); *anuther* (5) における *u* = /u:/; *pleece* (5) における *ee* = (おそらく) /ɛ:/ または /e:/; *du* 'do' (6) における *u* はおそらく、/ʏ:/ (つまり、/u:/ の前舌音になった形) を意味するのであろう; *abaht* (7) における *ah* = /a:/ (*Ah* 'I' (1) においても、おそらく、短音の /a/ または /a/); *a'* 'all' (7) における /l/ の消失; *thowt* 'thought' (11) における *ow* = (おそらく) /au/。文法面では、*wor* 'was' (11; おそらく、< O. N. *váru* 'were' pl. に由来していよう)。

224

ローレンスが言語に関心を寄せたのは，性格および階級の指標としてであったから，ここで方言を用いているのは，猟場番人をダービーシャーという地方的脈絡に置くためだけではなくて，後者の社会背景に注意を引き付けたり，こうして，コンスタンス・チャタレイという，彼女の所属していた「裕福な知識階級」に特徴的な標準英語の上流階級ブランドを備えた人物から彼を差別化するためでもあるのだ。したがって，この猟場番人は特殊地方的な方言に加えて，いくつかの階級指標をも有している。これらの特徴はいかなる特定地域にも限られない，まさしく一般に非－標準とされているものなのである。たとえば，'you' の非－強勢形 yer; 'appen, 'ave, 'ere における /h/ の消失; 'il に短縮された will; an' における終末音 /d/ の消失; messin' における /ŋ/ の /n/ への縮減，のように。

6.5.3 方言文学

これまで見てきたように，方言文学が書かれているのは，しばしば古物研究とか言語学上の目的のために，一方言の諸特徴を示したり，あるいは，一方言の保存を促したりする目的からである。こういう作品の言語的正確さは往々疑わしいのだけれども（たとえば，多くの方言作家たちは自らの世代のそれとは隔たった旧式なやり方で書いている），こういう民衆的な作品は，たとえば，1750 年とか 1870 年に存在したままの方言語彙についてのわれわれの知識を拡大することができることもあるから，若干例をこれから見てゆくことにしよう。

1. アノン〔？ ジョシュア・ホール師〕「エクスムアの求愛，または，エクスムアの森近辺での，デヴォンシャー方言および様式による，求婚対話」('Exmoor Courtship. Or, a Suitoring Discourse, in the Devonshire Dialect and Mode, near the Forest of Exmoor', *The Gentleman's Magazine*, 16 (1746), pp. 297–300)

このユーモラスな短い対話は第二の対話「エクスムアの叱責」('Exmoor Scolding') と一緒に，上記のように初めて印刷された。両方とも明らかに人気があったことが分かる。1839 年まで数々の版が出たからだ。対話はやや議論めいた調子で表現されているが，若い農夫アンドリュー・ムアマンと，恋人

マージェリー・ヴァグウェルとの間で交わされており，北デヴォンの田舎に属するものであることが意図されている。

[He takes hold of her, and paddles in her neck and bosom.]
1   *M.* Come, be quiet – be quiet, ees[1] zay. A-grabbing o' wone's tetties ! Eees won't ha' ma tetties a-grabbed zo; ner[2] ees won't be zo mullad[3] and soulad.[4] Stand azide; come, gi' o'er.
    A. Lock, lock[5] ! How skittish we be now ! Yow weren't zo
5   skittish wey[6] Kester Hosegood up to[7] Daraty Vuzz's up-zetting[8] – no, no, yow weren't zo skittish than, ner zo squeamesh nether. *He* murt[9] mully and soully tell ha wos weary.
    M. Ees believe the vary dowl's[10] in voke vor leeing.[11]
    A. How ! zure and zure, you won't deny et, wull ye, whan oll
10 the voaken[12] took noteze o' et ?
    M. Why, cozen Andra, thes wos the whole sump[13] o' tha bezneze.[14] Chaw'r[15] in wey en to donce; and whan tha donce was out, tha crowd[16] cry'd 'Squeak, squeak, squeak, squeak' (as ha uzeth[17] to do, you know), and ha cort ma about tha neck, and
15 wouden't be, a zed,[18] bet[19] ha would kiss ma, in spite o' ma, do what ees coud to hender en. Ees coud a borst tha crowd in shivers,[20] and tha crowder[21] too, a foul slave[22] as ha wos, and hes veddlestick to tha bargen.
    A. Well, well, es ben't[23] angry, mun,[24] and zo let's kiss and
20 vriends.

[1]I [2]neither [3]moiled [4]soiled [5]look [6]with [7]at. [8][obscure] [9]might [10]devil's
[11]lying [12]folks [13]core [14]business [15]I were [16]fiddle [17]as he is accustomed
[18]wouldn't rest, he said [19]unless, except [20]fragments [21]fiddler [22]wretch
[23]am not [24][familiar term of address]

他の方言作品でもそうだが，ここでも綴り方の多くは実際の音声表記では，事実上無意味である（例：*wone's, yow, wos, woud* および *coud, bargen*）が，とにかくこれらは，方言丸出しの話し方の印象を与えようとしている。いくつかは明らかに，北デヴォンシャーの発音をはっきりと示唆している。もっとも重要な例を挙げると，/f, s/ が慣習的に /v, z/ へ有声音化されていることは，語頭音や，ときには語中音（頻出）でも示されている——/ʃ/ も *zure* （9）

において /z/ として現われており，これは /ʒ/ を示唆している；'I' は ees（1, 等；すでに指摘したとおり，これが実際には 'us' の一つの形であれば，話は別である）の形で現われているが，奇妙な形 chaw'r 'ich were'（12）では ch として現われている；/i/ は e と綴られており（tetties (2,2), tell (7), thes (11), hender (16), 等）——南西部のもう一つの見慣れた特徴——，同じく /ɔ/ は a として現われている（Daraty (5) ='Dorothy'）。興味深い個々の形としては，murt 'might（7；r はこの作品では，摩擦子音 /x/ または /ç/ を表わすために習慣的に用いられている）；vary (8) における /ɛ/ は /a/ に降下されている——南西部では見慣れない特徴ではない——が，しかし than (6) や whan (9) は O. E. の pænne や whænne（両方とも，O. E. æ＞容認発音の /ɛ/——/a/ に代わるもの——となった）から直接派生しているのかも知れない；leeing 'lying' は母音 /iː/ を示すが，これは南西部方言のこのクラスの他の語でも生起している（sheen 'shine', leeke 'like', 等。上述の 183 頁参照）；dowl 'devil' (8) も南西部のもう一つの普通の形である（究極的には＜Lat. diabolus に由来する）；wull (9) は，/w/ および /l/ の両方から影響されて，/i/ から /u/ ないし /ʌ/ になったことを示唆している；donce(12) は，leeing 同様，同種の南西部の初期文書に典型的な，もう一つの論争の的になっている形である。最後に，cort 'caught'（14）は，この綴り方が無意味でなければ，南西部の方言に頻出するように，語中に /r/ を挿入した発音を実際上表わしているのかも知れない。また，縮減された，非‐強勢の夥しい形——o', ha', ma, gi', (h)a 'he', 等にも注目されたい。

文法特徴：a-＋pr. p. (a-grabbing 1) および p. p. (a-grabbed 2)；be pr. pl. (4) および ben't 1 pr. sg. (19)；動詞の 3 pr. sg. 形 -eth（uzeth (14)；代名詞 ye (9)，および en 'him' (12)；名詞の pl. -n——voaken (10)。

2．「ノーフォーク風の対話」('A Norfolk Dialogue', from *Erratics by a Sailor*, by the Revd. Joshua Larwood, London, 1880, pp. 69－74)
 [Reprinted in *Nine Specimens of English Dialects*, ed. W. W. Skeat (EDS, 1896).]

馴染みの様式のもう一つの喜劇的な対話である以下の抜萃は，"襟飾り職人

の娘"(the knacker's mawther) アーシュラなる者の不正と災難を話し合うふたりの隣人どうしの間で交わされている。音声表示は多くの方言の言葉をできるだけ収めたいという欲求にほとんどすっかり服従させられている。次の箇所は典型的である。

1 *Rabbin.* She's a fate mawther,[1] but ollas in dibles[2] wi' the knacker[3] and thakster;[4] she is ollas a-ating o' thapes[5] and dodmans.[6] The fogger[7] sa she ha the black sap:[8] but the grosher[9] sa she have an ill dent.[10]

5 *Tibby.* Why ah ! tother da[11] she fared stounded;[12] she pluck'd the pur[13] from the back-stock,[14] and copped[15] it agin the balk[16] of the douw-pollar,[17] and barnt it; and then she hulled[18] at the thackster, and hart[19] his weeson[20] and huckle-bone.[21] There was nothing but

10 kadders[22] in the douw-pollar, and no douws; and so, arter she had barnt the balk, and the door-stall,[23] and the plancher,[24] she run into the paryard,[25] thru the pytle,[26] and then swounded[27] behinn'd a sight[28] o' gotches[29] o' beergood.[30]

[1]clever girl [2]troubles [3]collar-maker [4]thatcher [5]gooseberries [6]snails [7]man at the chandler's shop [8]consumption [9]grocer [10]is out of her senses [11]day [12]appeared struck mad [13]poker [14]stove-back [15]flung [16]beam [17]pigeon-house [18]threw [19]hurt [20]throat [21]hip-bone [22]jackdaws [23]door-frame [24]floor [25]cow-yard [26]small field [27]fainted [28]great quantity [29]pitchers [30]yeast

ここでの方言的な趣きはほとんどすべて，語彙のせいなのだが，しかし音韻や文法の事項も一，二存在する。まず第一に，注目すべきは *ollas* 'always' (1, 2), *a-ating* (2; 強勢のある音節では /ei/ とか /e:/ のようなものを伴う), *sa* 'say' (3, 4) および *da* 'day' (5), *agin* (7), *ar* (=/ar/)——*barnt* 'burnt' (7), *hart* 'hurt' (8)。*arter* 'after' (11), *behinn'd* (13)——*o'* や *wi* のような短縮形と一緒に出ている。これらのほとんどは方言では一般的なものである (*sa* および *da* の発音は疑わしいけれども)。文法面では，a-+pr. p. (*a-ating* 2, 余分の *o'* が後に付いている), *she have* (4; および短縮形 *ha* 3), *she run* p. t. (12)。

3. エリザベス・ウェッバー「徘徊老人」('Owd Scrawmer', 1934)

　エリザベス・ウェッバーは Lancs のベリ近辺に生まれ，11歳から詩を書いた。ここにコピーされている詩（最初の二篇のみ）は1934年に方言詩のためのマンチェスター抒情詩クラブによって二等賞を授けられた。これは19世紀以降，「ランカシャー州における地方の自意識」と呼ばれたものの主要局面をなした，方言による著作群の一つの好例である。

1　Yo' o'[1] know a mon co'ed[2] Owd Scrawmer,
　　　He wer' a practical joker, yo' know;
　　Aw've yerd o' mony a prank ov his,
　　　But last ut[3] he's done caps[4] o'.
5　He yerd as they had at a farmheawse nearby
　　　Sum whoam's cured[5] bacon an' good,
　　So he thowt ut he'd like sum to thry[6] for hissel,
　　　Aye, an' gerr[7] it for nowt if he cud.
　　He geet[8] to th' farmheause an' knocked uppo th' door,
10　　An' when th' missis coom[9] sed, 'Hello !
　　Aw've yerd yo'n[10] sum very nice bacon just neaw,[11]
　　　An' nobry[12] con cure it like yo' con, aw know.'
　　That pleased t'farmer's wife reet away an' hoo[13] said:
　　　'Come in, an' ceawer[14] deawn for a bit,
15　Aw'll fotch[15] t'bacon eaut an' cut what yo' like,
　　　Aw'm sure yo'll be suited[16] wi' it.'

[1]all [2]called [3]at (i.e. 'that') [4]beats [5]home-cured [6]try [7]get [8]got [9]come (i.e. 'came') [10]you have [11]now [12]nobody [13]she [14]sit [15]fetch (i.e. bring) [16]pleased

　音韻特徴（ごく重要なもののみ）：西ミッドランドの /n/ の前での o(=/ɔ/)——mon (1), mony (3), con (12); 北部およびミッドランドの oo (=/u/)——coon (10: 首尾一貫していない; sum (11) や come (14) にも注目されたい); eaw および eau は両方とも容認発音 /au/ に匹敵する Lancs の二重母音を表わす—— -heawse (5) と -heause (9), neaw (11), ceawer (14), deawn (14), eaut (15); aw (=/ɔː/)——aw've 'I've' (3), aw'll 'I'll' (15), aw'm 'I'm' (16)。個別項目としては，yo' (1, 2, 等: Lancs 式の 'you' の発

第6章　近代英語（現代まで）　229

APRIL hez 30 Days.

7t.—Full mooin, 7h. 16m. morn. | 22d.—New mooin, 8h. 19m. neet.
14t.—Last quarter, 10h. 34m. neet. | 29t.—Furst quarter, 0h. 18m. after.

1	W	April fooil day, for them at's no more sense.
2	Th	Furst stoane laid ov Bradforth Mechanics' Institute, 1839.
3	F	Lenkashire an Yorkshire Railway Co.'s warehus at Huthers-
4	Sa	field Station burned dahn, 1867, an abaht £15,000 damage.
5	S	Paum Sunday.] W. E. Foster nominated M.P. for Bradforth '61.
6	M	There is a chap at Huthersfield at says he's reight dahn stall'd
7	Tu	ov tailyers, for when onny on em macks him onny trowsers
8	W	they all mak em nock-a-need.
9	Th	T'new covered market at Leeds wor oppened, 1857.
10	F	Gooid Friday.] Hay, it's gooid for t'shop lads, kos the'v halliday.
11	Sa	Iv Jack happens to be e love he's net a judge ov Jill's bewty.
12	S	Easter Sunday.] A poor Lenkashire man at hed gooan to
13	M	Thornton, near Bradforth, deed an wor burried as follas:
14	Tu	A coil cart for a hearse, t'chief mourner wor a chap set on't
15	W	coffin smokin, an e gooin he called at two public-hahces to
16	Th	get his guzzil; one on em wor kept bit coffin macker, 1866.
17	F	A ox went intul a lawyer's office e Heckanwauk an started ov
18	Sa	walkin upstairs as clever as if it wor gooin to ax advice, bud
19	S	afore it gate tut top some chaps pooled it dahn bit tail, with-
20	M	aht givin him a chonce to state his case, 1867.
21	Tu	Theare's a woman at lives at Dawgreen at they say hez sich a
22	W	' wide mahth at they can cram a bairn intul it.
23	Th	Furst stoane ot new Catholic Church, Dewsbre, wor laid, 1867.
24	F	Theare wor a owd man at lived at Bradforth, at when he wor
25	Sa	asleep he used to snoar like a pig at wor brussen up wi fat.
26	S	One time he went off for a toathree days an left t'wife at
27	M	hooam, bud when sho gate to bed at neet sho cuddant sleep
28	Tu	for t'life on hur, kos t'owd chap worrant theare to lull hur
29	W	asleep wi his snoarin. Hur two dowters consulted together
30	Th	what wor to be done abaht it; at last they bethowt em on a

plan at ad do; they gate t'coffee miln an filled it wi coffee, an went tul hur bed
side on started ov grindin away as hard as they could, and wi that they sooin
gate t'owd lass asleep.

Year.   **REMARKABLE EVENTS.**

1691.—T'gurt bell e Halifax steeple wor cast, on which is t'follahin words:—
             All you that hear my mournful sound
             Repent before you lye in ground.
1739.—April. Dick Turpin, t'heeway robber, wor henged at York, an t'next
             mornin his body wor berried, bud at Tuesday mornin after abaht three
             o'clock, it wor tayed up bi "resurrection men" an hid in a garden, wheare
             it wor fun bi a mob an some ov his mourners, an they carried it thro't
             city e triumph, and put it in a coffin an covered it up wi wick lime so
             at it woddant be fit for't dissectin fowks, an then filled up t'grave.

Back o't Mooin Olmenac, 1867 の一ページ　滑稽な方言年鑑はヨークシャー州（特に以前のウェスト・ライディング）だけの事象で、そのスタートはチャールズ・ロジャーズの 1840 年の『バーンズリー民間年報』（Bairnsla Foak's Annual）である。"素人仕事"ながら、綴り方はしばしばいくらか正確に旧い方言の音声を表わしている。たとえば、初めの二つの段落だけでも、fooil, stoane, dahn, reight, onny, macks が注目されよう。

音）; *o' *'all' (4) および *co'ed* 'called' (1) は, *owd* 'old' もそうだが, /l/ の典型的な喪失を示している; *yerd* 'heard' (3) は西部方言に典型的な, 語頭の /j/ を示しており, 同様に *whoam* (6) は語頭音 /w/ を示している; *thowt* 'thought' (7) は地方的な発音 /θaut/ である; 'thry' (7) における *th* は, /r/ の前における /t/ の北西部の変種を表わしている; *gerr* (8), *nobry* (12) に表われている /r/ は, /t/ や /d/ の代わりをするごく普通の方言特徴である; *geet* (9) は 'got' の Lancs の一つの形である; *reet* (13) では, 容認発音 /ai/ の代わりに北部の /i:/ になっている。普通の "縮約形" ——*an'*, *th'* （北部により典型的なのは *t'*), *wi'*——もいくつか存在する。

　文法特徴：北部の *hissel* (7); 西ミッドランドの *yo'n* (11) ——動詞の語尾が /n/ で終わっている; *hoo* (13) は西ミッドランドの 'she' であり, 元は O. E. の *hēo* に由来する。

6.6　19世紀およびその後の発達

　19世紀はわれわれが "考古学" とともに歩みたいと思うほとんど局限にまで導いてくれる。それというのも, 20世紀が展開させたのは, 言語研究における違った種類の関心, つまり, F・ド・ソシュール (1875–1913) が "共時的" と名づけたアプローチであるからだ。もろもろの言語の歴史的進行の研究（"通時" ないし歴史言語学, またはより広くは "文献学"）が 19 世紀の第一の関心事だったのとは異なり, 特定の一時点におけるコミュニケーション体系として言語を研究するやり方である。

　前者が支配した 19 世紀の言語研究は, まずドイツから刺激を受けたのであり, 「ロマン主義として知られた 18 世紀後期から 19 世紀中葉にかけての知的・芸術的運動全般」に平行していた。だが, 歴史的見解は現代思想とも結びついていたのであり, その着想源は特に物理学（ここからは, 言語における音声変化の歴史を, むしろ物理学におけるような, 普遍的 "法則" の観点から記述するという考え方や, あらゆる事象を力と動きの法則の観点から記述するという慣行が出てきた）と生物学（ここからは, 諸言語は一定の法則に従って形成された有機体であり, それぞれのうちに成長し発達する生命原理が含まれているという考え方が出てきた）であった。後者の分野では, ダーウィン説が重要な影響を及ぼした。すなわち, "樹系説" なる言語進化論は最初アウグス

ト・シュライヒャーによって1861年に正式に表明されたが、これはダーウィンの『種の起源』(The Origin of Species, 1859, ドイツ語訳は1860年)の出現とほとんど同時だったし、他方、"比較文法"なる新しい学問にもっとも密接な科学は比較解剖学だという示唆は、早くも1808年(フリードリヒ・フォン・シュレーゲルにより)と1819年(ヤーコプ・グリム——ゲルマン言語学の創設者の一人——により)になされていたのである。

19世紀末頃には、言語研究への歴史的アプローチは、まるでさらなる進歩がなされるべき最先端領域のように見えた。けれども、そうではないことが証明されたのは、一部には、言語変化が科学的方向を有するとなす考え方が人気を失うようになったし、こうして、"自然淘汰"というダーウィンの概念が言語に適用され得なくなったからである。つまり、"もっとも簡単"で、もっとも機能的、等の言語が複雑な恐龍を犠牲にして残存したという考え方が有効とは見なされなくなったのだ。それからさらに、言語変化の諸原因についても疑念が抱かれだし、これらの原因は普遍的というよりもむしろ、地方的である(したがってまた、たとえば地理的ないし気候学的条件といった、非–言語的因子による、"地方的"説明を必要としている)と徐々に見なされるようになったのである。

ソシュールの学問は主に伝統的、歴史的方法に基づいていたのだが、彼は死後出版されたその講義ノート『一般言語学講義』(Cours de Linguistique Générale, 1916)において、"共時言語学"なる概念を初めて明らかにしたのだった。この著作は20世紀の言語学の発展に決定的かつ永続的な影響を及ぼしたのであり、その成果は、アメリカのエドワード・サピーア(1884–1939)とベンジャミン・リー・ウォーフ(1897–1941)といった学者たちや、20世紀前半の"プラハ学派"や、ノウム・チョムスキー(1928–)、等の仕事に追求されねばならない。しかしながら、彼らの仕事は、英語の歴史的基礎を掘り起こそうとするわれわれの仕事にはほとんどかかわる必要がない。それというのも、これらの学者たちは刻印、写本、文法書、といったような"物理的"性質をもつ項目というよりも、抽象的総体としての言語構造のほうに没頭しているからである。

ヘンリー・スウィート(1845–1912)は19世紀の数少ない英国の歴史言語学者たちのうちでもっとも偉大な人だったが、同時代のドイツ人たちとは違って、彼は歴史的研究の基礎を音声器官の働きの詳細な理解に置いた。彼は文献学者

であるのみならず,音声学者だったのだ。彼の『音声学便覧』(*Handbook of Phonetics*, 1877) は事実上,近代科学としてのこの学問の始まりを画したし,彼はまた,『新英文法——論理と歴史』(*A New English Grammar; Logical and Historical*, 1891-1898) をも著した。その序文からの一文 (p. x)——「この文法で私が骨を折ったのは,古英語の定式をできるだけ徹底させることである」——は,この仕事の方向を示唆しているが,このことが決して,19世紀英語についての純粋な記述の要素に影を投げかけてはいないのであり,それの説明に対してわれわれは感謝してよいであろう。

歴史文法では,オットー・イェスペルセンの『史的原理に基づく近代英語文法』(*Modern English Grammar on Historical Principles*, 7 vols., 1909-1949) がスウィートの仕事の当然の継承物と見なされてよかろう。しかし,20世紀に産み出された文法のほとんど(たとえば,カークその他の『現代英語文法』(*Grammar of Contemporary English*, 1972) の書誌に挙げられているもの)は,あつかましくも"記述的"であり,それらの理想像を今し方言及した権威書に見いだしているし,カークたちの分野は「20世紀後半に世界の主要な英語圏で行われている教養英語の文法にほかならない」のである。ところで,アメリカ英語はW・N・フランシス (*The Structure of American English*, 1958),C・C・フリーズ (*American English Grammar*, 1940),H・L・メンケン (*The American Language*, rev. ed., 1963) といったような学者たちによってすっかりカヴァーされてしまっている。

上記の書誌的要約は,本章および前章において英語史のわれわれの知識の源を扱う際に,抜け落ちた未処理の問題点をうまくこなしたいという意図から行ったものに過ぎない。したがって,これは自明のことながら,包括的というよりも選択的である。

参照文献および書誌選

第1章
〔個別トピックを本書において後でより詳しく扱っている著書は，ここよりも，然るべき章の書誌に掲げてある〕

1.1 言語変化
BARBER, C., *Linguistic Change in Present-day English,* Oliver and Boyd, 1964.
FOSTER, B., *The Changing English Language,* Penguin, 1970, p. 9.
STRANG, B. M. H., *A History of English,* 2nd rev. edn., Methuen, 1972. (See Part I.)
STURTEVANT, E. H., *Linguistic Change: an Introduction to the Historical Study of Language,* new edn., with an Introduction by E. P. Hamp, Chicago University Press, 1961.

1.2 アングロ・サクソンの侵入と定住
標準的著書：
BLAIR, P. H., *An Introduction to Anglo-Saxon England,* Cambridge University Press, 1956.
CAMPBELL, J. (ed.), *The Anglo-Saxons,* Phaidon, 1982.
HODGKIN, R. H., *A History of the Anglo-Saxons,* 2 vols., Clarendon Press, 1935.
JACKSON, K. H., *Language and History in Early Britain,* Edinburgh University Press, 1953. (*cf.* Chap. 6.)
MYRES, J. N. L., *The English Settlements,* Clarendon Press, 1986.
STENTON, F. M., *Anglo-Saxon England,* 3rd rev. edn., OUP, 1971.
ケルトの遺物：
JACKSON, K. H. (既出)，Chap. 6, and especially pp. 234 ff.
WAKELIN, M. F., *English Dialects: an Introduction,* 2nd rev. edn., Athlone Press, 1977, pp. 15-16, and further references, p. 171.
"ケルトの周辺"（Wales, north Scotland, 等）の歴史については：
PRICE, G., *The Languages of Britain,* Edward Arnold, 1984.

1.3 原始ゲルマン語とインド・ヨーロッパ語族
標準的な英語史から選べば：
BARBER, C. L., *The Story of Language,* Pan Books, 1964.
BAUGH, A. C., and CABLE, T., *A History of the English Language,* 3rd rev. edn., Rout-

ledge, 1978.

JESPERSEN, O. (後出)

WRENN, C. L., *The Englisn Language,* Methuen, 1949, 1952.

WYLD, H. C., *A Short History of English,* 3rd rev. edn., John Murray, 1927. (Especially useful for the history of Sound-change)

WYLD, H. C., *A History of Modern Colloquial English,* 3rd rev. edn., Basil Blackwell, 1936.

STRANG, B. M. H. (既出).

1.7 他の諸言語からの借用

以下は標準的なもの：

BLISS, A. J., *A Dictionary of Foreign Words and Phrases,* Routledge and Kegan Paul, 1966.

JESPERSEN, O., *Growth and Structure of the English Language,* 9tn edn., Basil Blackwell, 1972, Chaps. IV–Ⅶ.

SERJEANTSON, M. S., *A History of Foreign Words in English,* Kegan Paul, Trench, Trubner and Co. Ltd, 1935.

SHEARD, J. A., *The Words we Use,* Deutsch, 1954.

ケルト語およびラテン語からの借用語については特に：

JACKSON, K. H. (既出).

WAKELIN, M. F. (既出), pp. 126–130.

スカンジナヴィアの定住および借用語については，*cf.* 3.9ff., 後出。

1.9 誰が何を話したり書いたりしたのか？

WILSON, R. M., 'English and French in England 1100–1300', *History,* N. S., 28, 1943, pp. 37–60.

第2章

2.1 諸言語の再構

WYLD, H. C., *The Universal Dictionary of the English Language,* Geurge Routledge and Sons Ltd, 1934 (Introduction). 後出参照。

2.2 インド・ヨーロッパ人たちは何者だったのか？

CROSSLAND, R. A., 'Indo-European Origins: the Linguistic Evidence', *Past snd Present,* 9, 1957, pp. 16–46. (Has detailed bibliographical notes.)

LOCKWOOD, W. B. L., *A Panorama of European Languages,* Hutchinson, 1972.

RENFREW, C., *Archaeology and Language; the Puzzle of Indo-European Origins,*

Cape, 1987.
THIÈME, P., 'The Indo-European Language', *Scientific American*, 199, 1958, pp. 63-74.

2.3 ゲルマン諸語

PROKOSCH, E., *A Comparative Germanic Grammar*, Linguistic Society of America, University of Pennsylvania, 1939.
STREADBECK, A. L., A Short Introduction to Germanic Linguistics, Pruett Press, Boulder, Colorado, 1966.

2.3.1 北ゲルマン語

初期のノルウェーの碑文については：
GORDON, E. V., *An Introduction to Old Norse*, 2nd edn., rev. A. R. TAYLOR, Clarendon Press, 1957, pp. 179-193.
HAUGEN, E., *The Scandinavian Languages: an Introduction to their History*, Faber and Faber, 1976.

2.3.2 東ゲルマン語

Cf. 2.5, 後出。

2.3.3 西ゲルマン語

第3章の書誌を参照。

2.4 原始ゲルマン語——碑文

ELLIOTT, R. W. V., *Runes: an Introduction*, Manchester University Press, 1959.

2.5 ゴート語

WRIGHT, J., *Grammar of the Gothic Language*, 2nd edn., with supplement, by O. L. SAYCE, Clarendon Press, 1954.

第3章

3.1 前置き

標準的な著書および抜萃書：
CAMPBELL, A., *Old English Grammar*, Clarendon Press, 1959.
BROOK, G. L., *An Introduction to Old English*, Manchester University Press, 1955.
MITCHELL, B., and ROBINSON, F. C., *A Guide to Old English*, 4th rev. edn., Basil Blackwell, 1986.
SWEET, H., *An Anglo-Saxon Primer*, 9th edn., rev. N. DAVIS, Clarendon Press, 1953.
SWEET, H., *A Second Anglo-Saxon Reader*, rev. T. HOAD, Clarendon Press, 1978.
QUIRK, R., and WRENN, C. L., *An Old English Grammar*, 2nd edn., Methuen, 1957.

3.2 後期西サクソン語の背後にある形成的なもろもろの影響

BLAIR, HODGKIN and STENTON（既出 1.2），STRANG（既出，Chap. VI）における関連の節を参照。

Beowulf に関しては：

KLAEBER, F., *Beowulf and the Fight at Finnsburg,* 3rd edn., Boston, D. C. Heath and Co., 1936（with Supplements 1941, 1950）.

WRENN, C. L., *Beowulf, with the Fintneyburg Fragment,* 3rd edn., rev. W. F. BOLTON, Harrap, 1973.

翻訳は：

GORDON, R. K., *Anglo-Saxon Poetry,* 2nd rev. edn., Dent: Everyman's Library, 794, 1954, pp. 1–62.

BRADLEY, S. A. J., *Anglo-Saxon Poetry,* Dent, 1882, pp. 405–494.

Beowulf のファクシミリ版：

ZUPITZA, J., *Beowulf, Reproduced in Facsimile…With a Transliteration and Notes,* 2nd edn., EETS, O. S. 245, 1959.

3.3 O. E. のその他の写本伝統

O. E. の方言に関しては：

BROOK, G. L., *English Dialects,* 2nd edn., Deutsch, 1965.

CAMPBELL, A.（既出）.

WYLD, H. C., *Short Hostory*（既出）.

主要な O. E. の方言は以下に見いだされる：

SWEET, H.（rev. HOAD）, *Second Anglo-Saxon Reader*（既出）.

アルファベットについては：

DENHOLM-YOUNG, N., *Handwriting in England and Wales,* Cardiff, 1954（with 31 plates）.

SCRAGG, D. G., *A History of English Spelling,* Manchester University Press, 1974, Chap 1.

3.4 以下　ルーン文字

ELLIOTT, R. W. V.（既出）および以下をも参照：

PAGE, R. I., *An Introducton to English Runes,* Methuen, 1973.（個別の刻文については Elliott および Page における書誌を参照）

写本における O. E. ルーン文字に関しては，上掲および以下をも参照：

DEROLEZ, R., *Runica Manuscripta: the English Tradition,* Bruges: Rijksuniwersiteit te Gent, 1954.

DICKINS, B., *Runic and Heroic Poems*, Cambridge University Press, 1915.

SISAM, K., 'Cynewulf and his Poetry', *Proceedings of the British Academy*, 18, 1932, pp. 303-331.

3.4.5 ラスワル十字塔

ラスワルの刻文を扱っている *The Dream of the Rood* のもっとも新しい版は：

DICKINS, B., and ROSS, A. S. C., Methuen's Old English Library, 4 th edn., 1954, and SWANTON, M. J., Manchester University Press, 1970.

以下を参照：

FORBES, M. D., and DICKINS, R., 'The inscriptions of the Ruthwell and Bewcastle Crosses and the Bridekirk Font', *Burlington Magazine*, 25, 1914, pp. 24-29.

3.5 非-ルーン文字の刻文

多くの写真を収めた決定版：

OKASHA, E., *Hand-List of Anglo-Saxon Non-Runic Inscriptions*, Cambridge University Press, 1971.

3.6 コイン

BLACKBURN, M., ed., *Anglo-Saxon Monetary History*, Leicester University Press, 1985.

COLMAN, F., 'Anglo-Saxon Pennies and Old English Phonology', *Folia Linguistica Historica*, 5.1, 1984, pp. 91-143（重要な書誌付き）.

DOLLEY, M., *Anglo-Saxon Pennies*, Trustees of the British Museum, 1970.

VON FEILITZEN, O., and BLUNT, C., 'Personal Names on the Coinage of Edar', in CLEMOES, P., and HUGHES, K., eds., *England before the Conquest*, Cambridge University Press, 1971.

THOMPSON, J. D. A., *Inventory of British Coin Hoards A. D. 600–1500*, no. 1, 1956.

A. S. や他のコインのカタログおよび写真で重要な進行中のシリーズ：

Sylloge of Coins of the British Isles, published for the British Academy by OUP and Spink and Son Ltd. 約30巻が出版ずみ。地名については特に *cf.* Vol. 28, 1981.

コイン上のルーン文字の名前に関しては，PAGE（既述），Chap. 9. を参照。

3.7 要約

O. E. 後期の綴りおよび音声の体系については，STRANG（上述），para. 159. を参照。

3.8 写本における地名と人名

アングロ・サクソン年代記：

PLUMMER, C., *Two of the Saxon Chronicles Parallel*, 2 vols., Clarendon Press, 1892

-1899 (reprinted, 1952).

SMITH, A. H., *The Parker Chronicle* (*832–900*), Methuen's Old English Library, 1935.
土地台帳：
HOLT, J. C., ed., *Domesday Studies,* Boydell and Brewer Ltd., 1986.
地名：
CAMERON, K., *English Place-names,* rev. edn., Batsford, 1988.
DODGSON, J. McN., 'Domesday Book: Place-names and Personal Names', in HOLT, J. C., ed., above.
EKWALL, E., *The Concise Oxford Dictionary of English Place-Names,* 4 th rev. edn., Clarendon Press, 1960.
REANEY, P. H., *The Origin of English Place-Names,* Routledge and Kegan Paul, 1960.

3.9 スカンジナヴィアの衝撃

ASC に関しては，既出 3.10 を参照。
Treaty of Alfred and Guthrum および他の文書に関しては：
WHITELOCK, D., ed., *English Historical Documents,* Vol. 1: c. 500–1042, Eyre and Spottiswoode, 1955.
York の発掘は次のものに収められている：
HALL, R., *The Excavations at York: the Viking Dig,* The Bodley Head, 1984.

3.9.3 スカンジナヴィアのルーン文字

ELLIOTT, R. W. V. (Chap. 3) and PAGE, R. I. (Chap. 12), under 3.4 (既出).
Bridekirk の洗礼盤については：
FORBES, M. D., and DICKINS, B., under 3.4.5 (既出).
PAGE, R. I., 'How long did the Scandinavian language survive in England? the epigraphical evidence', in CLEMOES, P., and HUGHES, K., *England Before the Conquest,* Cambridge University Press, 1971.

3.9.4 スカンジナヴィア語からの借用：

ORTON, H., and WRIGHT, N., *A Word Geography of England,* Seminar Press, 1974, pp. 14–17.
WAKELIN, M. F., *English Dialects,* 2 nd rev. end., Athlone Press, 1977, pp. 130–138 (書誌は p. 178).
スカンジナヴィアの地名：
Cf. REANEY, P. H., 上掲 3.8 (Chap. 7), および CAMERON, K., *ibid.* (Chap. 6).

3.10 ノルマン征服

DOUGLAS, D. C., ane GREENAWAY, G. W., *English Historical Documents,* Vol. II: *1042–1189,* Eyre and Spottiswoode, 1953.

The Peterborough Chronicle, 1070–1154, CLARK, C., ed., OUP, 1958. ASC の最新の協同的な版については, 上掲3.8を参照.

第4章
4.2 写本

IRWIN, R., *The Origins of the English Library,* George Allen and Unwin, 1958.

McINTOSH, A., SAMUELS, M. L., and BENSKIN, M., *A Linguistic Atlas of Late Mediaeval English,* 4 vols., Aberdeen University Press, 1986.

SISAM, K., *Fourteenth-century Verse and Prose,* Clarendon Press, 1921 (入門).

WORMALD, F., and WRIGHT, C. E., eds., *The English Library before 1700 : Studies in its History,* Athlone Press, 1958.

4.4 要約

M. E. 文法の素晴らしい要約は Dickins and Wilson, Bennett and Smithers, and Sisam を参照のこと.

アイルランドの中英語については:

SAMUELS, M. L., 'Prolegomena to a Study of Mediæval Anglo-Irish', *Medium Ævum,* 37, 1968, pp. 1–11 (M. E. 後期の諸方言と標準文語の出現).

4.5 大法官庁以前の"標準"や大法官庁そのものについては:

SAMUELS, M. L., Some Applications of Middle English Dialectology', *English Studies,* 44, 1963, pp. 1–11. さらに:

FISHER, J. H., RICHARDSON, M., and FISHER, J. L., *An Anthology of Chancery English,* University of Tennessee Press, 1984.

4.6 ラテン語手稿本:

地名に関しては, 3.8参照.

第5章
5.2 ここで言及されている文法家たちに関しては:

DOBSON, E. J., *English Pronunciation 1500–1700,* 2vols., 2nd edn., Clarendon Press, 1968, Vol. I (彼らの"証拠"は Vol. II に出ている).

個別作家の出現順 (注 – 下の略号 'S. P.' は the Scolar Press のシリーズ *English Linguistics 1500–1800* におけるファクシミリ版を指す):

NOWELL: cf. MARCKWARDT, A. H., *Laurence Nowell's Vocabularium Saxonicum,*

Ann Arbor, 1952 ; WAKELIN, M. F., *English Dialects* (既出の 1.2), pp. 43 - 44.
SOMNER: *Dictionarium Saxonico-Latino-Anglicum,* 1659 (より以前の典拠に基づき編纂されている。S. P. 247, 1970).
HICKES: *Linguarum Vett. Septentrionalium Thesaurus Grammatico-Criticus et Archaeologicus.* 復刻版：*Anglistica and Americana,* 64, George Olms, Hildesheim and New York, 1970 ; S. P. 248, 1970.
COOTE: *The English Schoole-Master,* 1596 ; S. P. 98, 1968.
JONSON: cf. NEUMANN, J. H., 'Notes on Ben Jonson's English', *Publications of the Modern Language Association of America,* 54, 1939, pp. 736 - 763.
GIL: *Logonomia Anglica,* 1619, 2 nd edn. 1621 ; ed. JIRICZEK, O. L., K. J. Trübner (Strassburg), 1903.
DAINES: RÖSLER, M., and BROTANEK, R., eds., Max Niemeyer (Halle), 1908 ; S. P. 31, 1967.
COOPER: *cf.* SUNDBY, B., *Christopher Cooper's English Teacher* (1687), C. W. K. Gleerup (Lund) and Ejnar Munksgaard (Copenhagen), 1953 ; S. P. 86 (1685 edn.), 1968 ; S. P. 105 (1687 edn.), 1969.

辞書やその編纂者については：
BURCHFIELD, R., ed., *Studies in Lexicography,* Clarendon Press, 1987.
MATTHEWS, M. M., *A Survey of English Dictionaries,* OUP, 1933.
STARNES, DE W. T., and NOYES, G. E., *The English Dictionary from Cawdrey to Johnson 1604–1755,* Chapel Hill, 1946.

個別の語彙学者たち（年代順）：
LEVINS: *Manipulus Vocabulorum,* 1570, ed. WHEATLEY, H. B., EETS, O. S. 27, 1867, 1937. S. P. 195, 1969.
CAWDREY: *A Table Alphabeticall,* 1604 (159 頁参照).
SKINNER: *Etymologicon Linguæ Anglicanæ,* 1671.
COLES: *An English Dictionary,* 1676. S. P. 268, 1971.
KERSEY: 6th rev. edn. of EDWARD PHILLIPS' (1658) *The New World of Words,* 1706 ; *Dictionarium Anglo-Britannicum,* 1708 (S. P. 156, 1969)；また（おそらく）'J. K.' *A New English Dictionary,* 1702 として刊行。
BAILEY: *An Universal Etymological English Dictionary,* 1721 ; Vol. II, 1727. Vol. I 復刻版：*Anglistica and Americana* 52, Georg Olms (Hildesheim and New York), 1969.

JOHNSON: *A Dictionary of the English Language,* 1755.
5.3 英語の諸型
DOBSON, E. J., 'Early Modern Standard English', *Transactions of the Philological Society,* 1955, pp. 25 - 54.
5.4 語彙と"衒学的"論争
BOLTON, W. F., ed., *The English Language: Essaya by English and American Men of Letters, 1490–1839,* Cambridge University Press, 1966.
JONES, R. F., *The Triumph of the English Language,* OUP, 1953.
MOORE, J. L., *Tudor-Stuart Views on the Growth, Status and Destiny of the English Language,* Max Niemeyer (Halle), 1910.
5.5 英語の分析——1. 音声
Gil, Daines, Cooper については既出参照。本章に引用のすべての作家については: PARTRIDGE, A. C., *Tudor to Augustan English,* Deutsch, 1969.
ハートについては:
DANIELSSON, B., ed., *John Hart's Works on English Orthography and Pronunciation* [*1551・1569・1570*], Almqvist and Wiksell (Stockholm), 1955 - 1963.
WALLIS: reprinted S. P. 142, 1969.
Mod.. E. 初期の音声組織の要約:
BARBER, C. L., *Early Modern English,* Deutsch, 1976, Chap. 6.
5.6 英語の分析——2. 文法
BARBER (既出), Chap. 5 参照。
5.7 たまさかの綴り方:
WYLD, H. C., *1627, 1936,* 1.3 (既出).
5.8.1 方言の綴り方 (出現順)
ORTON, H., *The Phonology of a South Durham Dialect,* Kegan Paul, Trench, Trubner and Co. Ltd, 1933.
HEDEVIND, B., *The Dialect of Dentdale in the West Riding of Yorkshire,* University of Uppsala: *Studia Anglistica Upsaliensia,* 5, 1967.
KÖKERITZ, H., *The Phonology of the Suffolk Dialect,* University of Uppsala, 1932.
MATTHEWS, W., 'South Western Dialect in the Early Modern Period', *Neophilologus,* 24, 1939, 193 - 209.
VIKAR, A., *Contributions to the History of the Durham Dialects,* Röhr (Malmö, Sweden), 1922.

5.8.2 作家たちの考察

Carew に関しては：

HALLIDAY, F. E., *Richard Carew of Antony: The Survey of Cornwall*, Melrose, 1953.（これは *Excellency* をも含む）

Puttenham に関しては：

DOBSON, 5.3, ed. WILLCOCK, G. D., and WALKER, A., Cambridge, 1936, reprinted 1970 ; S. P. 110, 1968.

Coote と Gil に関しては, 5.2（既出）参照。

5.8.3 文字および舞台における方言

Chaucer に関しては：

TOLKIEN, J. R. R., 'Chaucer as a Philologist: The Reeve's Tale', *Transactions of the Philological Society*, 1934, pp. 1–70.

Shakespeare に関しては：

KÖKERITZ, H., 'Shakespeare's Use of Dialect', *TYDS*, 9, Part 51, 1951, pp. 10–25.

Jonson に関しては，NEUMANN（既出）参照。

南西部の文学方言に関しては：

WAKELIN, M. F., *Varieties of English around the World: T5, The Southwest of England*, John Benjamins Publishing Company, 1986, para. 1.7, and Texts 11 and 43.

コクニーの舞台に関しては，KÖKERITZ, 既出参照。

5.8.4 方言文学

Meriton の *Dialogue* ならびに Cawley の版については：

DEAN, C., *The Dialect of George Meriton's 'A Yorkshire Dialogue (1683)': Studies in the Stressed Vowels*, Yorkshire Dialect Society Reprint III, 1962.

5.8.5 辞書および語彙集

WAKELIN, M. F., 'The Treatment of Dialect in English Dictionaries', Chap. 9 in BURCHFIELD, R., ed., 5.2（既出）.

5.9 海外の英語

KURATH, H., 'The Origin of the Dialectal Differences in Spoken American English', *Modern Philology*, 25.4, 1928, 385–395 ; and also 'Some Aspects of Atlantic Seaboard English considered in their Connection with British English', *c.* 1965 ; both reprinted in *A Various Language: Perspectives on American Dialects*, ed. WILLIAMSON, J. V., and BURKE, V. M., Holt, Rinehart and Winston Inc., 1971.

VIERECK, W., 'On the Interrelationship of British and American English: Morphological Evidence', in VIERECK, W., ed., *Focus on England and Wales*, John Benjamins, 1985.

WAKELIN, M. F., 'English on the Mayflower', *English Today*, 8, October, 1986, pp. 30 – 33.

第6章

6.1 以下.

BARBER, C. L. (既出).

BOLTON, W. F., and CRYSTAL, D., eds., *The English Language*, Vol. 2, Cambridge University Press, 1969.

6.3 発音および文法に関するもの

Jones は S. P. 167, 1969.

Lowth に関しては, PARTRIDGE, A. C (既出) 参照 ; S. P. 18, 1967.

6.4 辞書類

5.2 を参照。

6.5 以下 方言

DEFOE *et al.* : WAKELIN, M. F., English Dialects (既出), pp. 40 – 42.

SHERIDAN: *A General Dictionary of the English Language*, 1780. S. P. 50, 1967.

WALKER: *A Critical Pronouncing Dictionary*, 1791. S. P. 117, 1968.

18, 19 世紀のモノグラフ, 語彙集, 辞典:

WAKELIN, M. F. (既出), pp. 43 – 46. 本節に引用した著書全体の文献上の委細は, ibid., p. 173.

6.5.2 文学上の方言と舞台上の方言

The Obliging Husband : WAKELIN, M. F., *The Southwest of English*, 既出 Text 12.

TENNYSON: TILLING, P. M., 'Local Dialect and the Poet', in WAKELIN, M. F., *Patterns in the Folk Speech of the British Isles*, Athlone Press, 1972.

BARNES: WAKELIN, M. F., *Southwest England*, (既出), Text 36.

6.5.3 方言文学

Exmoor Courtship: WAKELIN, M. F. (既出), Text 13.

6.6 19 世紀およびその後の発達

ここで扱ったすべての作家および主題については:

SAMPSON, G., *Shcools of Linguistics: Competition and Evolution*, Hutchinson University Libray, 1980.

訳者あとがき

　本書は Martyn Francis Wakelin（1925- ）の *The Archaeology of English*（B. T. Bratsford Ltd., London, 1988; Barnes & Noble Books, Totowa, New Jersey, 1989; Harpercolins, 1989）の全訳である。原著は訳者がサバティカル年（1999年）に滞英中，図書館で発見し，興味を抱いたのだったが，帰国後，発行元を調べても英米いずこも絶版となっており，版権交渉もままならないながら，勤務先の「英語史」講義教材として最適なため，あえて訳筆を執った次第である（版権所有者がおられれば，申し出て頂けると幸いである）。

　本書の特色は，往々にして空論に走りがちな一般の英語史とは違って，常に史実に依拠している（考古学的方法を採用している）点にある。したがって，イングランド各地の方言（および方言文学）が大きくクローズアップされることになる。地図や史料を満載して，一般読者を，英語の考古学的発掘へと誘っている。この点は本書の独壇場と言ってよかろう。

　邦訳のある分は「参考訳」としてふんだんに活用させて頂いた。訳者各位に深謝申し上げる。何分にも多岐にわたる内容や，特殊な音声学記号の頻出，等で，書房の宮永捷氏には多大の迷惑をお掛けしたことをお詫びしたい。

　数十点を算えるわが国の英語史文献の中に，本書がユニークな地位を占めるであろうことを期待して筆を擱く。
　　2002年9月2日　台風一過の行徳にて

谷口　伊兵衛

　付記　筆者が2001年より以前に亡くなっていることは確かなのだが，正確な没年は調査してもついに得られなかった。ロイヤル・ホロウェイや，ベドフォード・ニュー・カレッジ，ロンドン大学で英語を講じた。著書としては，ほかに『コーンウォールの言語と歴史』（1975年），『英語の方言──序説──』（1977年），『英語方言の発見』（1985年）がある。

索　引

人名索引

ア　行

アッシュ, J　213
アディスン, J　202, 203
アノン　225
アルフリック修道院長　54, 56, 111
アルフレッド王　23, 53, 54, 56, 85, 180
イェスペルセン, オットー　233
ヴィカー, A　174
ウィクリフ, ジョン　18
ウィリアム1世　83
ウィルソン, トマス　160
ヴィレック, W　190
ウェッバー, エリザベス　229
ウェブスター, ノア　203, 204, 210
ウォーカー, ジョン　216
ウォーフ, ベンジャミン・リー　232
ヴォーティガン　20
ウォリス, ジョン　167〜170, 176, 204
ウルフィラ　50
ウルフスタン大司教　54, 87
エクウォール　83, 205
エドワード告解王　79, 80, 87
エリオット, ジョージ　217
エリオット, R・W・V　47, 50, 67, 72, 75, 157
エリザベス1世　138, 202
エリス, A-J　217, 222
オケイシャ, エリザベス　77, 78
オートン, ハロルド　173
オルミン　115
オルム　115, 116

カ　行

カーク, R　233
カーシー, ジョン　157, 186
カムデン, ウィリアム　160
カーライル, T　65
カリュー, リチャード　175
キプリング, ラドヤード　217
キャクストン, W　140, 149
ギャスケル, E　217
キャドモン　54, 57, 59
キャメロン, K　137
キングズリー, Ch　65
グスルム王　85
クート, エドマンド　157, 175, 216
クヌート　85, 87
クーパー, クリストファー　157, 158, 176
グリム, ヤーコプ　232
クレア, ジョン　217
グレゴリウス1世　53
ケーカリッツ, H　173, 179
ケンリック, T　213
コードリー, ロバート　157
コールズ, イライシャ　157, 158, 184
コールマン, フラン　80, 81
コロンブス, クリストファー　186

サ　行

サイサム, ケニス　119
サイモン, ダーラムの　87
ザクリソン, R・E　171

サピーア, エドワード 232
サミュエルズ, M・L 109, 110
シェイクスピア, ウィリアム 140, 155, 158, 160, 162, 177, 178, 202
シェリダン, トーマス 213, 216
シドニー, フィリップ 212
シュライヒャー, アウグスト 232
シュレーゲル, フリードリヒ・フォン 232
ショー, バーナード 219
ジョン, ハンガーフォードの 138
ジョーンズ, ジョン 205, 207
ジョンソン, サミュエル 35, 157, 203, 204, 207, 208, 210, 212, 213
ジョンソン, ベン 157, 178, 202
ジル, アレクサンダー 157, 158, 166, 175, 176
スウィート, ヘンリー 232, 233
スウィフト, J 202, 203
スキンナー, スティーヴン 157, 184, 185
スコット, W 65
スティーヴン王 97
ストロード, ウィリアム 180, 182
スペンサー, E 158, 212
聖オズワルド 87
聖ヒエロニムス 18
聖マタイ 15
ソアズビー, ラルフ 186, 212
ソークリン, G・J 54
ソシュール, F・ド 231, 232
ソムナー, ウィリアム 156

タ 行

ダーウィン, Ch 232
タキトゥス 47
チェンバーズ 13
チョーサー, ジェフリー 30, 107, 125, 127, 129, 132, 133, 176
チョムスキー, ノウム 232
ディキンズ, ブルース 72
ディケンズ, チャールズ 217
テニスン, アルフレッド 221, 222
デフォー, ダニエル 202, 203, 205, 216
デロニー, トーマス 179
デーンズ, サイモン 157
デンビー, エリザベス 145
デンホルム=ヤング 58
トスティ, ノーサンブリア伯 79
ドブソン, E・J 158, 164, 166, 167, 171, 172
ドライデン, J 160, 202

ナ 行

ノウエル, ディーン・ローレンス 156, 185

ハ 行

パストン3世, ジョン 141
パストン, マーガレット 141
ハーディ, トーマス 217, 222
ハート, ジョン 157, 164～168
バトラー, Ch 158
パトリッジ, A・C 209
パトンハム, ジョージ 37, 158, 175
バーバー, ジョン 122, 127, 132
パリス, マシュー 138
ハリスン, ウィリアム 157, 203
バロウ, ジョージ 201, 202
バーンズ, ウィリアム 222, 223
バーンズ, ロバート 219, 220
ヒックス, ジョージ 69, 156
ヒードヴィンド, バーティル 173
フィッシャー, ジョン 133
フィリップ, エドワード 184
フォークビアド, スウェイン 85

プライス, オーウェン　158
ブラウン, トーマス　155, 199, 200, 202
フランシス, W・N　233
フリーズ, C・C　233
プリーストリー, J・B　217
ブルック, G・L　57, 59, 61, 63
フレシュルフ　45
プロコッシュ, E　45, 47
フローレンス, ウースターの　87
ブロンテ, エミリー　217
ペイジ, R・I　69, 70, 88
ベイリー, ネイサン　157, 212
ベーダ尊者　20, 59, 63, 83
ベネット, アーノルド　217
ペーパーズ, ウェントワース　145
ベントリー, フィリス　217
ポープ, アレクサンダー　200, 209
ホール, ジョシュア　225
ホワイト, ギルバート　201, 202
ホワイトロック, D　87

マ 行

マイケル, ダン　119
マウロウ, クリストファー　152
マーク, ジョン　134
マシューズ, W　174
マッキントッシュ, アンガス　109, 110

マーティン, ベンジャミン　212
マロリー, トーマス　149
ミルトン, J　140, 158, 209
メリトン, ジョージ　95, 180〜183, 185, 218
メンケン, H・L　233

ヤ 行

ヨルダネス　45
ヤング, トマス　135

ラ 行

ライト, ジョセフ　217
リチャードソン, チャールズ　213
レイ, ジョン　185, 186,
レヴィンズ, ピーター　157, 183
ロウス, ロバート　209, 210
ロウマン2世, ギー・S　190
ロジャー, ウェンドーヴァーの　87
ロビンソン, F・N　125
ロル, リチャード　92
ローレンス　119
ローレンス, D・H　223〜225

ワ 行

ワイルド, H・C　40, 170, 171

事項索引

ア 行

『アーサー王の死』 149
アビングドン写本 57
アメリカの英語の起源 186
アルドブラフ出土の日時計の刻文 79
『アングル人の歴史』 138
『アングル人への狼の説教』 87
『アングロ・サクソン年代記』 20, 54, 56, 83, 85, 87, 97
『アングロ＝ブリタニア辞典』 185
EEP ⟶『初期英語の発音について』
『イギリス教会史』 59, 63, 83
『イージルのサガ』 87
『一般英語語源辞典』 212
『一般言語学講義』 232
『一般には用いられざる英単語の集成』 185
「『イリアッド』への序文」 200
イールバーグ憲章 64
『イングランド歴史文書（500年頃 – 1042年）』 87
インド・ヨーロッパ語の原郷 43
ヴァイキングの侵入 86
ウェイカリー出土のブローチ 66
『ウスター断簡』 110
『ウェスパシアヌス詩編集』 58, 61
ヴェルチェッリ写本 75
"ウルガタ"聖書 18
『英国の校長』 175
『英国の地名』 137
英国方言協会 217
『英国方言調査書（SED）』 97
『英国歴史文書』 97
『英語辞典』（コールズ） 184
『英語辞典』（ジョンソン） 204, 207
『英語の技巧』 37
英語の原郷 21
『英語の言語体系』 175
『英語の語源集』 184
『英語の卓越性』 175
『英語の文法規則』 204
『英語文法』 167, 207
『英語方言辞典』 217
『英語方言調査』 217
『英語方言文法』 217
『英語宝典』 184
『英語論』 204
『英文法略述』 209
ASC ⟶『アングロ・サクソン年代記』
「エクスムアの求愛，または，エクスムアの森近辺での，デヴォンシャー方言および様式による，求婚対話」 225
「エクスムアの叱責」 225
SEDによる，'I am'の方言区分 192
エトルスク字母 47
『エピナル』 61
M. E.の諸方言の伝統的な分類 32
エリザベス女王とスコットランド王ジェームズ6世の手紙 143
エルズミア写本 125
『エルフルト語彙集』 61
『オックスフォード英語辞典』（OED） 97, 213, 215
『桶物語』 178
『オルムラム（オルム詩集）』 115
『音声学便覧』 233

カ 行

『カヴァナー』 157
『ガーウェイン卿と緑の騎士』 93, 121,

122, 127, 132
Cow-stable 196
カークデールの日時計の刻文 79
kirk の生起 98
『悲しき羊飼い』 178
ガフ・マップ 138
kirn 'churn' の生起 99
『簡史』 171
『カンタベリー物語』 30, 107, 125, 132
『ガンマー・ガートンのあざけり』 178
『簡約英語辞典』 204
『教会史』 ⟶ 『イギリス教会史』
『共和国』 178
『欽定訳聖書』 18, 19, 36
『くつろいだ詩』 222
グレートアースウィック出土の記念碑 70
ケイスター・バイ・ノーウィッチ出土の距骨 66, 70
ケイスター・バイ・ノーウィッチのルーン文字 68
Cade, cade-/cadie-lamb 198
『ゲルマーニア』 47
ゲルマン式フーサルク 48
『現代英語文法』 233
現代のアメリカ英語 189
『ケントの賛歌』 63
『ケントの讃美歌』 63
ケント方言 63
『語彙集』 111
『語彙の束』 183
『恋の骨折り損』 146, 162
'Going' 193
コイン上の綴り方 81
コイン上の名前 81
『後期中英語の言語地図』 108
「鉱柱の穴」 222
古英語の諸方言 24

Codex Argenteus 50, 51
『言葉の新世界』 184
『コーパス』 61

サ 行

『サウサンプトン旧州におけるセルボーン村の博物研究』 201
『サクソン語語彙集』 185
サットンのブローチ上の刻文 79
"ザルツブルク写本" 67
『賛歌』 54, 57, 59
GGK ⟶ 『ガーウェイン卿と緑の騎士』
『実践的表音式綴り』 205
『史的原理に基づく近代英語文法』 233
『辞典』 ⟶ 『英語辞典』 (ジョンソン)
『死の歌』 59
『シャンタルのタム』 219
「十字架の夢」 22, 57, 75
『種の起源』 232
『純潔』 122
「荘園管理人の話」 176
『諸王の歴史』 87
『初期英語の発音について』 217
ジョージ 3 世の戸棚のコイン 66
『新英語辞典』 184
『新英文法——論理と歴史』 233
『箴言』 63
『真珠』 122
『親切な夫と横柄な妻, またはイングランド西部地方の呉服商』 218
『新約聖書』 17
スカンジナヴィアからの四つの借用語 100
スカンジナヴィア人の定住 28
スクラマサクス 67
『スペインにおける聖書』 201
正音学者 34

事項索引 251

『正書法』 157, 164, 166
『青年書記の語彙集』 185
『世界走破者』 117
『船長ブラスバウンドの転向』 219
セントポール大聖堂の教会墓地の墓石 88
1620−1675 年の清教徒たちの英国の出身地 187
「それが何であるかは明白だ」 160
ソーンヒルの記念石 66

タ 行

『大語源辞典』 40
『大辞典』 35
『大年代記』 138
大母音推移 33
『大法官庁の英語アンソロジー』 135
『対話』（メリトンの） 218
ダービーの骨の標札 66
"たまさかの綴り方" 170
『魂と肉体との論争』 111
『ダーラム祭式』 57, 59
Tunnel 'funnel' 197
『地図』 109
『地名辞典』 83
『チャタレイ夫人の恋人』 223
『勅命語彙集』 61
『綴り方の基本書』 204
DB ⟶『土地台帳』
テムズ川出土のナイフ 67
デューズベリーの十字塔 77
『土地台帳』 83

ナ 行

『謎』 66
『20 世紀辞典』 13
『尼僧の掟』 113
『尼僧の手引』 113

『ニューベリーのジャック』 179
『忍耐』 122
ネガウのブロンズのヘルメット 48
『年代記』 138
ノーサンブリア方言 59, 70
「ノーフォーク風の対話」 227
『農夫ピアスの夢』 122

ハ 行

「徘徊老人」 229
パイプ・ロウル（財務府記録） 137
パーカー写本 56
パストンの手紙 140
パターンの異なる分布 101
『発声法講義』 216
『バーンズリー民間年報』 230
『ピーターバラ年代記』 30, 97
『美徳と悪徳の大全』 119
「『ヒュドリオタフィア』，すなわち『骨壺埋葬』への献辞」 155
ピルグリム 186, 188
非ルーン文字の刻文 76
『フェスティバル』 134
『フォースタス博士』 152
福音書第 17 章 15
フーサルク 48, 50, 65, 66, 88
フーソルクのアルファベット 67
ブライドカークの洗礼盤 89, 91, 92
"プラハ学派" 232
フランクス小箱 66, 68, 72
『ブリタニア言語改革，別名，一般英語辞典』 212
『ブリテン島に関する遺物』 160
『プリマスの不思議』 180, 182
『ブルース』 122, 127
『文法』 111
文法学者 34
『兵営のうた』 217

『ベーオウルフ』 54, 55, 65
ベネディクト会会則（1000 年頃）の写本 57
『ヘンリー五世』 177
ヘンリー・セント・ジョンがオーラリ伯に宛てた手紙 147
『方法』 157
『牧師の仕事』 53, 56
「北部の靴直し」 221
「北部の農夫，旧式」 221
『北部の古い諸言語シソーラス』 69
Poke 'Sack for grain' 195

マ 行

マーシア方言 61, 70
『もっとも勝ち誇った征服者，スコットランド王ロバート・ブルースの事蹟と生涯』 127
モーテイン小箱のカークヒートンの石碑 70
モルタンの遺物ないし小箱 66
『モールドンの戦い』 87

ヤ 行

『ユニウス詩編』 56
『ヨークシャー対話』 95, 180, 185

『余は眠る』 92

ラ 行

『ライデンの謎』 59
『ラシュワース福音書』 59, 61
ラスワル十字塔 22, 63, 66, 67, 72, 73
ラテン語手稿本 137
lait 'look for' および laik 'play'，等の分布 102
ランティグロス十字棒 78
『リア王』 178
『リーチの書』 56
『リッチモンドでの王と女王の娯楽』 178, 218
『良心の呵責』 119, 121
『リンディスファン福音書』 59
ルーン字母 48
ルーン文字 22, 26, 46, 48, 50, 53, 58, 64, 66, 69, 88
『ルーン文字――序説――』 47
ルーン文字のモニュメント 71
『歴史の精華』 87
『レディングのトーマス』 179
『レトリック術』 160
ローダデール写本 56
「ロビン・フッドの物語」 178

〔訳者紹介〕

谷口　伊兵衛（たにぐち　いへい）〔本名：谷口　勇〕
  1936年　福井県生まれ
  1963年　東京大学大学院西洋古典学専攻修士課程修了
  1970年　京都大学大学院伊語伊文学専攻博士課程単位取得
  1975年11月～76年6月　ローマ大学ロマンス語学研究所に留学
  1992年　立正大学文学部教授（英語学・言語学・西洋古典文学）
  1999年4月～2000年3月　ヨーロッパ，北アフリカ，中近東で研修
  主著訳書　『ルネサンスの教育思想（上）』（共著）
          『エズラ・パウンド研究』（共著）
          『中世ペルシャ説話集』
          「教養諸学シリーズ」既刊7冊
          「『バラの名前』解明シリーズ」既刊7冊
          「『フーコーの振り子』解明シリーズ」既刊2冊
          「アモルとプシュケ叢書」既刊2冊
          K・L・パイク『英語学の基本概念──タグミーミックス入門──』
          D・デュリシン『理論　比較文学』
          L・デ・クレシェンツォ『物語中世哲学史』ほか

英語の考古学──英語史提要──

2003年7月25日　第1刷発行

定　価　本体3000円＋税
著　者　マーティン・F・ウェイクリン
訳　者　谷口伊兵衛
発行者　宮永捷
発行所　有限会社而立書房
　　　　〒101-0064　東京都千代田区猿楽町2丁目4番2号
　　　　振替00190-7-174567／電話03（3291）5589
　　　　FAX 03（3292）8782
印　刷　有限会社科学図書
製　本　大口製本印刷株式会社

落丁・乱丁本はお取り替えいたします．
©Ihei Taniguchi, 2003. Printed in Tokyo
ISBN 4-88059-303-6　C 1010